今度こそ納得！

難しくない品質工学

鈴木 真人 [著]

日刊工業新聞社

はじめに

　これまで，日刊工業新聞社から3冊の書籍を出版していただきました．『バーチャル実験で体得する実践・品質工学』は，仮想実験装置を使って品質工学を使ったシステムの最適化を実際に体験して，品質工学の有用性を理解していただくことが目的でした．

　『試して究める！品質工学 MTシステム解析法入門』では，品質工学を構成する1つの柱であるMTシステムについて，数理や使い方，さらには各手法がかかえる問題点の解説をしました．また，MTシステムを使ってみようと思ったときに最大の障壁となる演算を自動的に実施できるように，Excelのマクロ機能を使ったファイルを提供しました．

　そして，『めざせ！最適設計 実践・公差解析』では，品質工学の損失関数を活用した公差の最適化方法を解説し，許容差設計についてもふれています．

　今まで執筆した書籍は，読者が品質工学を最適化技術，あるいは道具としてすぐに活用できることを目的として，そこに重心を置いた内容となっています．

　今回，本書を書かせていただいた目的は，品質工学の本質を十分に解説することにより，読者の方々に品質工学を深く正しく理解していただいたうえで活用し，成果に結びつけていただくことです．

　道具を使うときにはその機能や構造を理解して，正しい使い道で正しい使い方をしなければケガをします．品質工学のような汎用技術も同様です．したがって，品質工学を正しく活用するにはその修得や実践において浮かぶわずかな疑問さえも解消する必要があります．

　筆者は過去所属していた地方研究会でその会員を対象として，品質工学の思想・原理から数理や，直交表などの道具について解説してきました．残念ながら，すでに品質工学を活用していても，その思想や原理が十分理解されておらず，思うように活用できていない方もいました．また，初心者の方はなおさら，品質工学の思想や原理は受け入れ難いようでした．

　なぜ，品質工学は受けいれ難いのか，と考えてきたのですが，2つの大きな原因があることに気づきました．その原因の1つは，パラメータ設計で設計目的の機能の目標値を獲得する前に，まず，機能のばらつきを減らすことを優先

はじめに

することや,『品質』という一般的にはよいこと,よいものととらえられる特性を,品質工学では『損失』という負の指標で評価するなど,天邪鬼的と思われてしまう方法論や思考過程です.

そして,もう1つの原因が品質工学の数理です.ほとんどの書籍は品質工学で使う評価指標の『感度』といくつかの『SN比』を計算する数式を,ぽんと提示しているだけで,その数式がどのように導き出されてきたのか,の解説はほとんど見あたりません.

そのほかにも,品質工学独特の表記やことばがあり,これらにひっかかりを持つ技術者もかなり多いことと思われます.例えば $y=\beta M$ という動特性の基本機能をあらわす式です.数学や統計学では,多くの場合直線の方程式は $y=bx$ と表記されます.なぜ,b ではなく β なのか?なぜ,x ではなく M なのか?技術者の多くは,原理やなりたちが理解できないものごとにたいして,とても懐疑的になりがちです.そのため,品質工学とのふれあいには消極的になるのでしょう.

今回,品質工学の思想と原理を正しく理解して活用いただけるように,本書ではこれら品質工学の理解や活用をはばむ大きな2つの問題の解決と,いくつかのひっかかりの解消を目的として企画しました.本書では,例えば品質は損失という負の指標でなければ評価できない理由や,パラメータ設計の方法論について,なぜ天邪鬼にならなければいけないのか,などをわかりやすく説明したつもりです.本書を読んでいただければ,まず,第1の大きな問題は解決できるはずです.

また,品質工学の数理の源流は統計学です.本書では,品質工学の数理を解説する前に,それを理解するうえで必要不可欠な統計学の基礎を十分に解説することにしました.そのなかには,なぜ,分散という2乗した情報でばらつきを調べるのか?その分散の計算で,なぜ偏差平方和を(データ数 -1)で割るのか?の本当の理由など一般的な統計学の教科書にも載っていない内容も含めて解説しました.

そして,これら統計学の数理から品質工学の数理に至る工程をしっかりと解説したつもりです.統計学の知識などなくても品質工学は実践できる,と説かれる方もいるのですが,やはり,統計学の知識があるのとないのとでは,品質

はじめに

工学を正しく活用して，その結果得られる成果にはとても大きな差がでてしまうことはあきらかです．

統計学の基礎をしっかりと身につけ，そのうえで品質工学の数式を導く工程を理解すれば，田口玄一先生が考案された数式という形で提供されている品質工学の数理だけでなく，その数式に込められた思想と哲学もきっと理解していただけるものと思います．

その他，筆者が自身の品質工学の推進や地方研究会での議論などから得ることができたパラメータ設計を実施するときの注意点や，まかない料理的な裏メニューなどについても述べさせていただきました．これらの情報が読者の方々にとってパラメータ設計を実施するときになんらかの助けになれは幸いです．

それでは，本書の主柱となる考えを紹介します．それはパラメータ設計の原理にも結びつくことなのですが，生物の進化の源泉，つまり，『進化論』として語られている進化のメカニズムと品質工学の共通点です．

2年ほど前に「パラメータ設計とは科学・技術への進化論の適用である」ことに気づきました．進化論が成立するための必要条件は「多様性の獲得」と「環境による選択と淘汰」です．これについては本書で十分に解説していますので，きっと，パラメータ設計と進化論の共通点についてはご理解いただけるはずです．そして，その結果，パラメータ設計は進化論に通ずる自然の摂理にのっとった技術活動であることをご理解していただけるものと思います．

さらに本書では，従来の品質工学の手法だけでなく，筆者の考案も含めた新しい解析方法や解析指標などについても紹介し，品質を獲得するための技術手段から得られる情報に『多様性』を与えることも目的としています．これは品質工学自体の進化を願ってのことです．あとは，本書を活用して，紹介した新たな解析方法など試していただき，皆様の『環境』のもとで，『選択と淘汰』がなされれば，品質工学はさらに進化するはず，というのが筆者の思いです．

しかし，新たな解析方法も多くの方に実際に使っていただかなければ進化も進みません．そこで，今回もL18直交表にのっとった実験について，直交表への割付，データ解析，要因効果図による可視化，分散分析，確認実験の立案支援，利得の再現性の確認までの一連の処理がとても簡単な操作で実施できるExcelファイルを用意しました．そのなかに，新しい解析方法を実施する機能

はじめに

も実装してあります．

　そしていっしょにダウンロードできる Excel ファイルとして，損失関数の理解を深め活用を支援するためのツールや，理解と納得に困難がともなう統計学の中心極限定理を体験するためのツールも合わせてダウンロードしていただけます．これらの Excel ファイルもきっとお役にたつものと思いますので，ぜひ，使ってみてください．

　本書を執筆するにあたり，数理解説などの一部は，著者が浜松品質工学研究会用に制作したテキストをもとにしています．研究会の場でいただいたテキストに対するご意見などを取り入れて，内容と文章を熟成させることができました．浜松品質工学研究会ならびに会員の方々に感謝いたします．

　また，本書で紹介しているいくつかの内容は，一昨年よりお招きいただいた山梨県品質工学研究会，長野県品質工学研究会，関西品質工学研究会，そして，現在著者が所属している QEF 埼玉で報告，議論していただいたことで考えをまとめあげることができました．各地方研究会ならびに研究会会員の皆様に感謝いたします．

　また，関西品質工学研究会の太田会長には，「エネルギ比型 SN 比」の紹介と Excel ファイルへの機能の実装のご許可をいただきました．あわせてお礼を申し上げます．大変ありがとうございました．

　本書の原稿を完成させるにあたり，ちょうど品質工学の勉強をはじめた同僚の齊藤一誠君には，原稿の誤記だけでなく表現の悪さやゆらぎをいくつも指摘していただき，とても助かりました．ありがとうございました．

　2015 年 9 月のシルバーウィークの 5 日間を Excel のマクロ作成に筆者が没頭したため一切外出などもできなかったのに，不満もいわずいろいろと手伝ってくれた妻にも感謝しています．

　そして，筆者が提案させていただいた本書の企画を実現するために，大変なご尽力をいただいたうえに，最後の最後までいろいろとご苦労をおかけした日刊工業新聞社 書籍編集部の木村文香さんにお礼を申し上げます．ほんとうにありがとうございました．

2016 年 7 月　鈴木真人

─── 無償ソフトウェアのダウンロードの仕方 ───

　本書をよくお読みいただいたうえで，以下のサイトにアクセスしてください．特設サイトへつながります．

$$\boxed{\text{http://pub.nikkan.co.jp/html/hinshitsukougaku}}$$

　詳細については，第7章7・2節（234ページ），および特設サイト内の注意事項をご確認いただくようお願い申し上げます．

Microslft, Windows, Excel およびマイクロソフト製品は，米国マイクロソフト社の米国およびその他の国における登録商標です．

その他本書に掲載されているすべてのシステム名，製品名，商標あるいは登録商標は，それぞれ帰属者の所有物です．なお，本書では®，©，TM は割愛しています．

目　次

はじめに ·· i

第 1 編　品質工学の源流思想と原理 ·· 1

第 1 章　品質工学を正しく使うために知っておくべきこと ················ 2
1・1　出荷検査を合格した製品が出荷直後にクレームを起こすのはなぜ？
　　　　　　··· 2
　　　1・1・1　まずは劣化の本質を理解しよう ·· 3
　　　1・1・2　製品の機能と劣化と寿命との関係 ·· 4
　　　1・1・3　故障のメカニズムを考える ··· 6
　　　1・1・4　製品が機能不全におちいらないようにするには ··················· 8
1・2　『品質』を実感できるように表現するには ······································· 9
　　　1・2・1　一般的な『品質』の定義と品質工学での『品質』の定義の違い
　　　　　　··· 9
　　　1・2・2　『品質』を損失という負の指標で評価する理由は？ ············ 10
　　　1・2・3　『損失』という特性で品質を考えてみる ····························· 12
　　　1・2・4　品質をお金で定量化する手段 ―損失関数― ····················· 15
　　　1・2・5　損失関数の 3 つのパラメータはどのように決めるべきか ······ 18
　　　1・2・6　工場の会話から説明する損失関数が 2 次関数になるわけ ······ 20
1・3　システムについて考えることが品質工学の第一歩 ······················· 21
　　　1・3・1　『技術』という言葉を定義することから品質工学が始まる ······ 21
　　　1・3・2　技術者の立場からシステムを定義すると ··························· 24
　　　1・3・3　通信システムにおけるノイズと品質工学におけるノイズを考える
　　　　　　··· 26
1・4　システムを評価する SN 比とはなにを表現しているのか？ ········· 29
　　　1・4・1　通信システムでは情報伝達特性の良さをどのように表すのか
　　　　　　　～SN 比を使って『技術』を評価する ································ 29

vii

目次

  1・4・2　『機能』に対してSN比はどのようにかかわってくるのか？ ……… 34

第2章　パラメータ設計の思想と原理 …… 36
2・1　パラメータ設計の思想とは …… 36
  2・1・1　パラメータ設計をダーウィンの進化論で考えるわけ …… 36
  2・1・2　進化論をパラメータ設計にあてはめて考える …… 37
2・2　パラメータ設計の原理 …… 40
  2・2・1　狙撃兵を例としてシステムを考える …… 40
  2・2・2　パラメータ設計の原理と進め方
     ～効率良く設計諸元を探すために …… 41
2・3　直交表という道具について …… 42
  2・3・1　直交表を簡単に説明すると …… 42
  2・3・2　直交表の使い方　～割付について …… 45
2・4　パラメータ設計の思想をより深く理解する …… 46
  2・4・1　コンティンジェンシープランとは …… 46
  2・4・2　ノイズを与えて実験を行う本当の理由とは …… 48

第3章　品質工学を理解するために必要な統計学の基礎の基礎 …… 51
3・1　集団の特徴を表すために集約されたいくつかの数値：基本統計量 …… 51
  3・1・1　母集団とサンプル，およびサンプルの集め方 …… 51
  3・1・2　サンプルの『平均』～母集団の中心はどのあたりにあるか …… 52
  3・1・3　『偏差平方和』～サンプル群のばらつきを調べるために …… 54
  3・1・4　『分散』と『標準偏差』～母集団のばらつきを推定する …… 58
3・2　分布を調べてサンプル群のばらつき方を可視化する …… 61
  3・2・1　サンプル群のデータでヒストグラムをつくる …… 61
  3・2・2　正規分布と標準正規分布　～その特性と活用方法 …… 62
  3・2・3　データ数，平均，標準偏差，分散，分布をイメージする …… 65
3・3　統計数理の源泉　—中心極限定理— …… 66

  3・3・1 サンプル平均の群れについて
     ～その分布とばらつきの特徴 66
  3・3・2 体験してみよう！『中心極限定理』 68
  3・3・3 分散はなぜ偏差平方和を（n-1）で割るのか？ 69
 3・4 相関と回帰分析 ―動特性解析の原理を理解する― 71
  3・4・1 入出力関係を可視化する散布図と相関係数の役割 71
  3・4・2 偽相関，擬似相関 75
  3・4・3 回帰分析 ～原因系から結果を予測する 77
  3・4・4 寄与率 ～回帰分析結果のあてはまりの良さを示す指標 80
  3・4・5 動特性評価の原理 ～ゼロ点回帰分析について 86
  3・4・6 ゼロ点回帰分析の問題点 ～寄与率の計算方法について 87
 3・5 F検定と分散分析 92
  3・5・1 F検定 ～得られた結論の信頼性を調べるために 92
  3・5・2 分散分析 ～水準の効果と偶然誤差とをはかりにかける 95
  3・5・3 どの要因がどの程度結果を支配しているのか
     ―分散分析の実施― 104
  3・5・4 交互作用を分離して交互作用を検証する方法 107
  3・5・5 プーリングの意味とその方法，および寄与率とは 111
 付録1 標準正規分布表 115

第2編 品質工学の実践 117

第4章 損失関数 118
 4・1 分布と損失関数 118
  4・1・1 正規分布にしたがう品質特性の製品を損失関数で評価する ... 118
  4・1・2 どちらの製品を買うべきか？
     ～分布の違いによる損失の比較 124
 4・2 損失関数を使ってコストと品質の経済性を評価してみる 127
  4・2・1 加工方法を変更するべきか？
     ～工場内の損失で判断するには 127

- 4・2・2 部品を変更するべきか？ 〜社会に与える損失で判断する … 129
- 4・3 損失関数が2次関数になる理由　損失関数の数理 … 134
- 4・4 正規分布以外の分布での損失関数 … 137
  - 4・4・1 MTシステムへの損失関数の導入 … 137
  - 4・4・2 MT法でのしきい値の決め方
    〜第1種の過誤と第2種の過誤 … 142
  - 4・4・3 任意の確率密度関数と損失関数の関係 … 146

第5章 パラメータ設計の数理の理解と実践法 … 149
- 5・1 パラメータ設計　〜数理の理解の準備 … 149
- 5・2 パラメータ設計の本質—静特性解析の数理— … 152
  - 5・2・1 パラメータ設計が提案された時代背景を知っておく … 152
  - 5・2・2 静特性　〜望目特性の考え方 … 153
  - 5・2・3 望目特性の数理　〜なぜ，V_eをひくのか？ … 158
  - 5・2・4 望小特性，望大特性の使い方 … 163
  - 5・2・5 ゼロ望目特性　〜その名前にひそむ危険な落とし穴 … 164
- 5・3 パラメータ設計　〜動特性の数理と注意点 … 167
  - 5・3・1 動特性の評価の意味と原理，および利点について … 167
  - 5・3・2 動特性評価でのノイズの役割とその影響を調べる … 170
  - 5・3・3 動特性評価で使う$y=\beta M$という式が意味すること … 171
  - 5・3・4 動特性　〜感度とSN比の式を導出する … 173
  - 5・3・5 動特性解析に関するいくつかの検証 … 183
- 5・4 標準SN比による解析方法とその注意点 … 188
  - 5・4・1 非線形問題に対応するための標準SN比と転写性のSN比評価 … 188
  - 5・4・2 標準SN比　〜解析の原理と解析上の注意点 … 190

第6章 直交表を使いこなすために … 195
- 6・1 採集したデータの解析 … 195
  - 6・1・1 直交表の性質を調べる　—加法性と交互作用— … 195

6・1・2　交互作用を減衰するための対数変換と直交表の列の性質 ……… 198
　6・1・3　2水準系の直交表の性質 …………………………………… 203
6・2　直交表にのっとって採集したデータの分散分析のしかた ……… 207
　6・2・1　L18 直交表の場合 …………………………………………… 207
　6・2・2　L8 直交表の場合 …………………………………………… 211
　6・2・3　L8 直交表　〜交互作用の検証 …………………………… 213
6・3　L9 直交表とL18 直交表 ………………………………………… 215

第7章　パラメータ設計　実験計画から確認実験，最適化まで ……… 218
7・1　パラメータ設計の準備 …………………………………………… 218
　7・1・1　パラメータ設計のながれを確認する ……………………… 218
　7・1・2　実験計画の立案と準備段階での留意点 …………………… 220
　7・1・3　実験を実施するときの心得 ………………………………… 226
　7・1・4　実験結果の解析 ……………………………………………… 227
　7・1・5　確認実験の実施と再現性の検査 …………………………… 230
7・2　L18 直交表　実験計画から解析の実施 ………………………… 234
　7・2・1　L18 直交表　〜解析支援ファイルのダウンロード ……… 234
　7・2・2　解析ファイルの説明 ………………………………………… 236

第8章　SN 比について考えてみる ……………………………………… 238
8・1　進化するSN 比 …………………………………………………… 238
　8・1・1　汎用性と拡張性が大幅に向上
　　　　　　―エネルギ比型SN 比とは― ……………………………… 238
　8・1・2　回帰寄与率型SN 比の紹介 ………………………………… 242
8・2　SN 比の計算工程についての問題点とその解決方法の提案 …… 246
　8・2・1　SN 比の計算工程にひそむ問題点とは …………………… 246

参考文献 …………………………………………………………………… 255
索引 ………………………………………………………………………… 256

第1編
品質工学の源流思想と原理

$$y = \beta M$$

$$b_{all} = \frac{\sum_{j=1}^{n}\sum_{i=1}^{m}\sum_{k=1}^{p} M_i y_{ijk}}{np\sum_{i=1}^{m} M_i^2} = \frac{\sum_{j=1}^{3}\sum_{i=1}^{3} M_i y_{ijk}}{3\sum_{i=1}^{m} M_i^2}$$

$$\hat{\eta} = \frac{\frac{1}{r}(S_\beta - Ve)}{V_N}$$

$$\hat{S} = \frac{1}{r}(S_\beta - Ve) = \frac{1}{r}S_\beta = \frac{1}{r}\frac{1}{r}\left(\sum_{j=1}^{n} L_j\right)^2 = \left(\sum_{j=1}^{n} L_j/r\right)^2$$

$$b_1 = \frac{\sum_{i=1}^{n}(x_i y_i)}{\sum_{i=1}^{n} x_i^2}$$

$$\hat{S} = \frac{1}{r}(S_\beta - Ve)$$

第1章
品質工学を正しく使うために知っておくべきこと

1・1 出荷検査を合格した製品が出荷直後にクレームを起こすのはなぜ？

　日々，工場では製品が製造されて，出荷検査（最終検査）に合格したものが出荷されて店頭に並んだり，ユーザーの手元に送られたりしています．そして，この時点ではほとんどの場合，製品を構成している部品や要素，ユニットは新品であり，当然，それらが劣化しているなどとは考えられません．出荷検査では，その製品に期待されている機能の範囲よりもせまい区間で上下の規格範囲を定めて，マージンと呼ばれる機能水準の余裕をとっているので，最終的にユーザーの手元に届いた時でも，その製品に期待されている機能が，その製品に期待されている範囲から外れてしまうことなど，ありえないはずです．

　製品が機械や電気機器の場合，試作品や量産の初期段階で生産された品物を抜き取って，ライフテストと呼ばれる耐久性の確認実験が行われているため，少なくともユーザーが不満を持たない最低限の使用回数や使用時間は，満足できることも事前に確認してあるはずです．

　ところが，その製品をユーザーが使用しはじめてから，驚くほど短期間でその製品に期待されている機能が発揮できなくなった，つまり，故障してユーザーからクレームをつけられた，という経験を持つ企業や技術者は少なくないと思います．

　設計部門の技術者が製品の仕様を満足すべく設計して図面を描き，その設計情報を具現化するために，生産技術部門の技術者が生産設備と生産工程を作りあげ，品質管理部門の技術者が製品の品質を満足できるように，工程ごとに品

質管理の方法と判定基準を定めています．それぞれの技術部門の技術者は自分の持てる自然科学や工学の知識と創造力，そして，情熱をこめて自分の仕事にうちこんでいるはずです．しかし，その成果物，しかも，新品の状態であるにもかかわらず，なぜこのような事態が発生してしまうのでしょうか？

1・1・1　まずは劣化の本質を理解しよう

　製品がユーザーにわたってからすぐに発生する初期不良には，出荷検査での見逃しなどもありますが，多くの場合その原因は『劣化』によるものです．しかし，製品を構成する部品や要素，ユニットは新品，または，新品に近い状態なのに本当に劣化などしているのでしょうか．

　設計者が設計業務の目的・目標とし，ユーザーがその製品に期待している『機能』が発揮できなくなるのは，その製品を構成する部品や要素，ユニットが工場出荷時点などの初期状態から変質して，それぞれに要求される特性が変化したからです．その時その部品や要素，ユニットが劣化した，といいます．

　製品を構成する部品や要素，ユニットが劣化すると，多くの場合，その製品に期待されている機能の発揮が妨害され，最悪，故障とよばれる状態に陥ります．初期不良などと呼ばれるように，ユーザーの手元にわたってからごく短時間で故障が発生する原因も，多くの場合，その製品を構成する部品や要素，ユニットが劣化してしまったからです．

　劣化はその現象面からみて，膨張，収縮，磨耗，摩滅，疲労，脆化，変形，剥離，応力緩和，移動，酸化，還元，分解，脱落，重合，架橋，拡散，蒸発，凝集，分散，離散，崩壊，吸着，閉塞，破過，反応促進，凍結，軟化，硬化，分離，混濁，溶解，融解，昇華，腐食，腐敗，潮解，膨潤，乾燥，転移，転位，再結晶，析出，粘着，溶着，固着，凝着，固溶，侵入，置換，変態などがあります．

　そして，劣化を引き起こしたり促進したりする原因になる外的要因として，環境に存在する各種元素（酸素，水素，塩素など）や化学物質，熱，水，水蒸気，光，電磁波，放射線，力，圧力，衝撃，摺動，振動，塵埃，生物などがあげられます．

　なお，後ほど詳しく解説しますが，品質工学ではその製品に期待されている

機能の発揮を妨害する要因を"ノイズ"といいます．

ノイズは3つに分類することができ，おもに使用環境やユーザーの使い方の違いなどの"外乱"，本項で説明した劣化などの"内乱"，そして，製品を製造する段階でやむなく発生する，同一製品内でも特性が異なるという"個体差"です．

1・1・2　製品の機能と劣化と寿命との関係

それでは，劣化による初期不良が発生するメカニズムについて考えてみましょう．

ノイズとなる特性が変化すると，製品を構成する部品や要素，ユニットの特性も変化します．そのため，製品に期待されている機能は変質します．例えば，外乱である温度というノイズが変化すると，熱膨張などにより部品の寸法が変化して，結果として製品の機能は多かれ少なかれ変質します．しかし，ノイズがもとの状態に戻ればほとんどの場合，製品の機能も回復します．ただし，このような可逆的な変質であっても，回数が重なると機能が十分に回復しなくなる場合もあります．疲労という現象です．

一方，劣化とはノイズによって引き起こされる不可逆的な部品や要素，ユニットの変質です．そして，それが原因となって不可逆的に製品機能も変質します．つまり，製品自体の劣化です．

劣化は個体差と，保存，輸送，使用環境，使用方法，使用期間という時間的，空間的要因が影響を及ぼし合うことで，個体ごとに進行の度合いに違いが生じます．

現実にはありえませんが，ある製品でまったくばらつきがない同じ特性の部品・要素で構成されて，まったく同じように組み立てられて，組み立て直後には個体差がまったくない2つのモノがあったとします．しかし，出荷までの保管状態や輸送される目的地，そして，そこまでの経路や時間などの違いによって，ユーザーの手元に届いた時に，両者はまったく異なる特性の個体に変質してしまっているかもしれません．そして，製品の設置環境やユーザーの使い方，使用頻度などの違いによって，さらにその特性の異なりは増幅してしまうかもしれません．同じ製品であっても別々の個体間では，劣化の仕方や進み方

第 1 章　品質工学を正しく使うために知っておくべきこと

にばらつきが生じます．使用回数や使用時間が増加してさらに劣化が進行すると，製品に期待されている機能がまったく発揮されなくなります．その状態を"製品寿命"，あるいは，単に"寿命"といいます．

寿命には，その製品や構成要素の特性によって，次の 2 つのパターンがあります．製品の構成要素の劣化により，製品に期待されている機能自体が減少して使用に耐えられなくなってしまった場合と，機能を発揮するために補助的にはたらいている構成要素の機能が低下したことにより，使用できなくなってしまった場合です．

前者には機能の消費自体が使用の目的となる乾電池やプリンターのインクカートリッジなどが該当し，後者には目的の機能を発揮するために，副次的に消費され劣化が進行する DC モーターのブラシや，電球のフィラメントなどが該当します．

あるシステム（変換機）に対して，図 1・1 の一番上のような入出力関係が期待されている時，劣化が進行した場合，二番目のように一定の入力に対し弊害が増大して，本来ほしい出力が減少する特性のシステムと，三番目のように出力を一定にするために，入力を増加させなければならない特性のシステムが考えられます．当然，三番目の場合も弊害が増大します．

ほとんどの場合，その製品に期待される機能が理想値を発揮するように，部品や要素，ユニットを組みあわせて設計されているので，新品状態がもっとも理想に近い機能を発揮します．したがって，図 1・1 の例では劣化によりシス

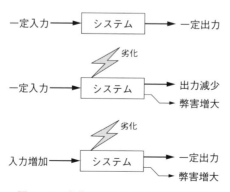

図 1・1　劣化による入出力関係の変化

テムの変換効率は低下します．

そして，使用時間や使用回数の積み重ねで劣化が進行し，そのシステムに期待されている機能の源泉である変換効率が限界に達した時，製品の寿命となるのです．寿命とは，ユーザーがある程度納得できる製品の機能不全です．しかし，ユーザーが想定していた使用時間や使用回数よりも早く変換効率が下限に達してしまうと，ユーザーの立場としては納得できない製品の機能不全となるため，故障や不具合と判断されてクレームになるのです．

1・1・3 故障のメカニズムを考える

設計内容に起因した故障や不具合はどのように発生するのでしょうか．

設計者は製品設計を行う場合，当然，市場でクレームが発生しないように，保存環境や使用環境を考慮して設計を進めているはずです．

設計者は，市場で予想される故障や不具合の原因になるであろう要因の平均的な値と，製品設計時に設計者が決める機能や特性のねらい値の開きを設計マージンと呼んで，コストが許す限りなるべく設計マージンを大きくとろうとします．そして，設計と試作品の評価が正しく行われ，生産に移行して製造現場での工程設計や品質管理なども正しく行われた場合，量産された製品の特性値は，たぶん設計者が決めた値に近い値をとるはずです．そして，無事検査に合格して出荷となるわけですが…

それでは，製品が市場にでて予想もしない早さで故障してしまい，クレームになる理由を考えてみましょう．

設計者は部品の寸法や機能について公差を定め，また，カタログや仕様書に記載されている公差範囲を確認して購入品を選択します．この時，公差の集積を計算し，場合によっては公差解析を実施して設計段階で設計不良にならないか，などを確認しています．多くの設計者がばらつきという特性を気にするのはこの時までです．

また，生産技術の担当者も，設計段階では自身が設計する工程や設備について，設計中にはばらつきを気にするのですが，そこで生産される成果物自体についてのばらつきに関する意識は，それほど高くありません．

一方，常にばらつきとの戦いにさらされている品質管理担当者は，工場から

出荷するまでの製品品質のばらつきに，おおいに注目しています．しかし，その意識は工場内でのばらつき，つまり，出荷までの製品品質が対象であり，他の部門の技術者と同じく，その製品が使われる市場の環境やユーザーの使い方などのばらつきについては，ほとんど気にとめることがないようです．

『ユーザーは，製品の使い方については驚くほど想像力がはたらかず，使い道については恐ろしいほどの想像力を発揮する』というのが今まで技術者人生を送ってきた筆者の感想です．

唯一，製品品質と市場での使われ方や環境の両方のばらつきを意識しているのは，品質保証にかかわる技術者だけかもしれません．しかし，製品品質のばらつきの大きさはある程度把握できているかもしれませんが，市場環境やユーザーの使い方のばらつきについて，その実態はほとんどつかめていないことでしょう．そのため市場での使われ方や環境の異なりを定量化することなど，現実には不可能なことです．

故障や不具合が発生するメカニズムは**図1・2**のように考えられます．横軸が出荷から経過した時間，縦軸が想定される製品機能と市場環境・使われ方の

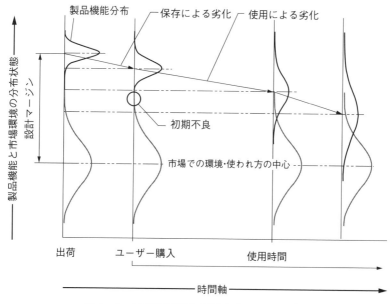

図1・2　故障や不具合が発生するメカニズム

分布です．

　図1・2にあるように，設計者が自身で納得し，他部門を説得する時に使う設計マージンとは，設計時点における機能・性能の中央付近の値と，想定される市場における環境や使われ方の中心付近との距離のことです．

　この市場における環境や使われ方の中心は，その製品のことをもっともよく理解している設計者が生活している環境において，設計者自身の使い方で想定している場合がほとんどです．ですから，この設計マージンは非常にあいまいに決められていることになります．

　製品が完成し出荷検査を終えて入庫される直前において，生産された製品品質の分布はもっとも急峻であり，設計マージンも同様に最大になっているはずです．

　入庫と輸送を経て製品は商品として店頭に並びます．しかしこの間，経時変化や輸送，そして，環境変化というノイズによるストレスで，製品を構成している部品や要素，ユニットに劣化が発生し，製品品質の分布の中心は出荷直前のそれから変化し，しかもほとんどの場合，設計マージンが小さくなる方向に移動します．また，分布自体も出荷直前よりすそのが広がり扁平になっている可能性があります．

　製品がユーザーの手元にわたって使用され始めると，時間が経過するごとに劣化によって分布の中心は設計マージンが小さくなる方向にさらに移動し，製品に期待されている機能の水準の分布はさらに扁平になります．

　そして，製品に期待されている機能の水準の分布と市場の環境，使われ方の分布が交錯したところで故障や不具合が発生します．その位置で故障や不具合が発生する確率は，2つの分布それぞれの位置における確率の積になります．

　以上が，故障や不具合が発生するメカニズムです．

1・1・4　製品が機能不全におちいらないようにするには

　それでは，なるべく故障や不具合が発生しないようにするにはどうしたらよいでしょうか．方法は次の6通りになると思います．

　1. 設計マージンはあいまいであるため，設計マージンをさらに広くとる．
　2. 製品品質の分布をもっとせまく急峻にする．

3. 製品品質が時間経過で扁平化するのを極力防止する．
4. 市場の環境・使われ方を制御する．（ユーザーの啓蒙）
5. 製品自体が環境の変化をとらえ，自身のシステムを調整する．（自動制御）
6. 環境が変化しても，乱暴な使われ方をしても，安定的な機能が発揮できるように設計する．

1，2，3は製品を構成する部品の公差を厳しくしたり，材質や購入品をグレードアップしたりする必要があり，コストアップに直結してしまいます．4は営業活動で相当なエネルギーを必要としたり，売り上げが減少したりする懸念があります．

また，5は自動制御システムを製品に組み込むことになり，当然コストアップして企業側の利益が減少します．

では，6は？というと，これが一番コストアップしそうですが……

本書を読み終わるころにはどの方法を選べばよいか，が明確になることでしょう．これを明確に理解していただくことが，本書の目的のひとつです．

1・2 『品質』を実感できるように表現するには

1・2・1 一般的な『品質』の定義と品質工学での『品質』の定義の違い

ところで，「品質とはなんですか？」と聞かれた時，明確，かつ，即座に答えることができますか．ISO9000と整合性をとるために2000年以降のJIS規格での品質の定義は

『品質とは，本来備わっている特性の集まりが，要求事項を満たす程度』となっています．それ以前は，

『品質とは，品物又はサービスが，使用目的を満たしているかどうかを決定するための評価の対象となる固有の性質・性能の全体』という定義でした．何回読み直しても難解な文章です．

品質工学ではどのように品質を定義しているか，というと

『品質とは，製品が出荷後，社会に与える損失である．ただし，機能そのものによる損失は除く．』です．文章としては単純明快なのですが，その意味を理解して受けいれることはなかなか難しいのではないでしょうか．それは，多

くの方がこの文章に違和感を覚えるからです．品質というと本来"よいこと，よい特性"というイメージを持つ方がほとんどでしょう．

しかし，この文章では，『品質』＝『損失』という"悪いこと，悪い特性"として表現しています．この逆説的な定義を納得して違和感を解消することができれば，品質工学の源流思想に近づくために大きな山を1つ乗り越えたことになります．なぜ，このように負の特性で品質を表現する必要があるのか？については次項以降で解説します．

1・2・2　『品質』を損失という負の指標で評価する理由は？

それでは，工業製品を例にして，品質が『社会に与える損失』と等価になるのか，を具体的に説明していきます．

ある企業がある製品を設計・製造し，出荷にこぎつけたとします．その企業では生産した製品を最終的に出荷してよいか否かの判断を，その製品に期待・要求されている機能が発揮されるかどうかを検査して行います．出荷検査と呼ばれる検査です．

図1・3のように製品に期待されている機能はその理想値を中心に正規分布に従うことを前提として，理想値の上側と下側にある幅をもった規格値を設定し，その範囲におさまっていれば出荷してもよいと判定しています．また，そ

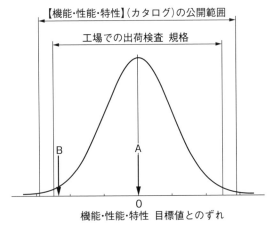

図1・3　製品品質の分布と規格の設定

の規格値からはずれたものは取りのぞかれるので出荷されません．

当然，その規格の幅はその製品のカタログに記載されている機能のばらつきの範囲よりも，せまく設定されているはずですから，理論的にはカタログ値からはずれた製品は，店頭にはならばないことになります．

一般的に顧客は情緒的な価値や，その製品のカタログに記載されている物理的・化学的な特性値の範囲と，価格を比較して妥当性を検討したうえで，その製品を購入するか否かという意思決定をします．前述のように，工場での出荷検査の規格は多くの場合，カタログ値よりもせまい範囲で決められているので，カタログ値に納得してその製品を購入した顧客は，その時点では不満を感じることはないはずです．

逆説的に述べると，市場で公表している製品の特性であるカタログ値の範囲内に特性値がおさまっている製品であれば，図1・3に示す範囲内のどの位置（品質水準）にある製品を購入してもユーザーの満足度に違いはあらわれにくい，ということになります．

つまり，機能・性能・特性の中央付近の製品が購入できたユーザーAも，工場における検査規格の下限ぎりぎりで合格した商品をつかんでしまったユーザーBも，自身が価格とカタログ値に納得してその商品を購入しているので，満足度という観点ではあまり大きな差はないということです．

一般的には製品に期待・要求される機能の水準の高さを"品質のよさ"と思う方が多いと思います．製品に期待・要求される機能とその購入者について考えると，必要最低限の機能をはたすことができればよいと考えるユーザーと，機能のよさを徹底的に追及，要求するマニア的なユーザーがいます．

企業・工場ががんばって機能の水準を高める活動をおこない，非常に機能性が高い製品に仕上げたとしても，後者のマニア的なユーザーにはある程度は喜ばれるかもしれませんが，前者のユーザーにとっては特に喜ばしいことではないかもしれません．つまり，顧客満足という観点からでは品質を定量的にはおろか，定性的にすら評価することはできないのです．

では，逆に，品質の悪さを顧客の不満足という観点で評価することを考えてみます．

同じ製品を購入したAとBのふたりのユーザーが，互いの製品を比較した

場合,規格値ぎりぎりの機能しか発揮できない製品を購入したユーザーBは,当然,おおいに『不満』という感情をいだきます.また,機能のよさを徹底的に追及,要求するマニア的なユーザーの場合,たとえ製品カタログに記載されている特性値の範囲であっても,自分の購入した製品の特性値がその範囲のなかで悪いほうに近いほど,不満は大きくなるものと思います.

つまり,製品の品質は顧客の『満足度』ではなく,『不満足度』という負の指標でなければ評価できないのです.しかも,ほとんどの場合,それは製品の機能のばらつきに由来しているのです.そして,購入した製品に『不満足』を覚えたユーザーはきっとこうつぶやくでしょう.
「買って,損した！」

製品に期待される機能のばらつき,つまり,品質の悪さがユーザーという社会を構成する一員に損失を与えたのです.

ところで,必要最低限の機能をはたすことで十分と考えているユーザーであっても,製品が想定していた使用時間や使用回数に満たないで使えなくなってしまった場合,つまり,早期の故障の発生や短寿命であったときにも,同様に不満を感じます.

製品を購入したユーザーの不満は,必要最低限の機能水準から離れれば離れるほど,また,購入してから故障するまでの時間が短ければ短いほど大きくなります.定量的な金額はともかく,ユーザーは購入した製品の機能や寿命などの特性値が期待していたものより悪いとき,損をしたと感じるのです.ユーザーの不満は機能のばらつきの大きさと,寿命までの時間の短さによって醸成されるのです.

1・2・3 『損失』という特性で品質を考えてみる

これまで説明してきましたように,製品は購入直後から使用環境や使用回数,そして,使い方の影響をうけ,多くの場合,その製品に期待されている機能は悪化していきます.そして,ある時点で機能が期待されている範囲からはずれてしまうと,故障ととらえてユーザーに不満が発生します.

製品が故障した時,その製品自体がなんらかの利益をうむ目的で使われている場合,製品を使えないことによりユーザーは損害をこうむります.これを実

第 1 章　品質工学を正しく使うために知っておくべきこと

損失といいます．また，その製品自体が直接利益をうむことを目的としていなくても，その製品が故障したことにより利益をうむ活動を停止しなければならなくなった場合，同様にユーザーは損害をこうむります．これを機会損失といいます．

一方，その製品を製造・販売した企業という立場では，出荷した製品がまったく故障もなく使われ続けることができれば，ユーザーのクレームを受けつける業務や修理対応する部門など必要はないのですが，何万台に1台の割合であっても製品が故障する懸念がある場合，これに対応するための部門をおいてそこに人員を配置しなければなりません．また，故障の頻度が多いほどその人員を増やす必要があります．さらに，故障の原因を追究したり，その結果をもとに設計の見直しや製造工程の変更など再発防止措置を講じたりするために，ここでも多くの費用がかかります．

そして，なにより故障や不具合により発生したユーザーの不満が大きいと，製品に関する情報はそのユーザーだけにとどまらず，いわゆる口コミで社会に広まります．インターネットやSNSが発達した現代社会では，それこそ，あっという間に情報が拡散してしまいます．匿名性の高い場に悪い情報が公開されると，その情報には尾ひれがつき，誇大，過激になってしまいがちです．このため，たったひとりのユーザーが所有しているたった1台の製品の故障や不具合がひきがねとなって，その企業の暖簾，あるいは，ブランドに大きな傷をつけることもあるのです．このように製品の故障によって，その製品を製造・販売した企業側にも損失が発生します．

さらに，修理のためにサービスマンが移動で自動車を使うと，CO_2の発生やごくわずかでしょうがアスファルト道路の摩耗など，その製品とはまったくかかわりのない人々にも，公害というかたちで損失を与えてしまいます．

つまり，出荷した製品の品質の悪さは，その製品を使うユーザー，その製品を製造・販売した企業，そして，その製品にはまったく関係していない人々にも経済的に損害を与えることになるわけです．

この3つの損失の合計を低減させることこそ，品質工学を考案した統計学者の田口玄一先生（以下，敬称略）の目的です．そして，それを実現するためには，製品の品質を悪くさせないための手段が必要になるわけです．製品の品質

を「よくする」，ではなく「悪くさせない」と書いたのには，意味があります．これについては，次節を読んでいただければ理解していただけるものと思います．

1・2・2項で説明したように，品質という概念は顧客満足としてとらえることはできません．品質のよさという概念がいくら高くなったとしても，顧客の満足度はそれほどあがらないのです．

しかし，品質の悪さという概念であれば顧客の不満足度で敏感に検出することができ，その指標として損失，つまり，金額という定量的な概念で評価できることになりそうです．

では，再度品質工学における品質の定義を示します．

『**品質とは，製品が出荷後，社会に与える損失である．ただし，機能そのものによる損失は除く．**』

社会に与える損失とは，ユーザー，その製品を製造・販売した企業，そして，その製品にはかかわりのない社会全般の人々がこうむった経済的な損害の全体です．

それでは，この文章の後半，『機能そのものによる損失は除く』について説明します．

はさみは紙などを切るため道具です．ある社員がはさみを使って大量に新聞の切り抜きをしているとします．しかし，はさみの切れ味が悪くて切り抜きに時間がかかってしまい，残業することになってしまいました．この場合，はさみという道具に期待・要求されている機能の発揮（つまり，品質特性）の悪さが原因となって，その会社には残業手当を支払うという損失が発生します．これは，品質に関する文章前半の『品質とは，製品が出荷後，社会に与える損失』に相当します．

一方，切れ味の悪さが原因となって作業時間がかかり，注意力がおちた結果，目測を誤って自分の指をはさみで切ってしまいました．この時，その社員には痛みと，消毒剤の購入や治療費という損失が発生します．しかし，これははさみというものを切るための道具に要求されている機能そのものによる損失であって，はさみの切れ味という，本来はさみに要求されている品質特性とは関係がありません．このような状況で発生する損失は品質問題ではない，とい

うことです．

　以上が，田口が提唱した品質の定義になります．

　では，どのようにして品質を定量的に測るための損失金額を計算すればよいでしょうか．

1・2・4　品質をお金で定量化する手段 —損失関数—

　企業の目的は利益をあげる，つまり，お金を稼ぐことです．そのため，企業内の活動の多くは，製造コストや管理コストのように金額を指標として表現しています．特に工場における生産活動の場面では，製造コストが最重要特性になります．生産活動の成果物である製品の品質，つまり，製品に期待されている機能のばらつきを金額という指標で表現できれば，製造コストと品質を同じお金という土俵のうえで，金額を指標として比較や評価することが可能になります．

　ここで登場するのが"損失関数"という考えです．損失関数とは，品質を損失という負の指標に変換することが目的のルールであり，その目的は企業の経営や技術活動の企画，戦略立案の一助として，製品の品質を損失コストとして定義するためのものです．ここでいう損失コストとは，出荷された1個の製品が社会全体に与える損失の総和です．

　一般的に，ある工業製品に期待されている機能の特性値が目標値と一致している時が理想状態であり，この時，社会に与える損失は最小になると考えられます．量産された複数の製品すべての特性値が目標値と一致すればよいのですが，個体差によりその特性は目標値に対してばらつきます．そのため，製品の品質の管理や保証などを目的として，特性値には目標値を中心としてある幅をもった規格値を設けています．

　多くの場合，規格値の上限と下限は，製品に期待される機能に対して，ユーザーの不満が発生しないような値で設定されています．そして，その範囲を規格幅といいます．品質工学ではこの規格値などの上限と下限の水準を機能限界といいます．

　では，この機能の特性値と損失の関係について考えてみます．図1・4のように機能の目標値をmとして，mに対して規格幅；$(-\Delta_0 \sim \Delta_0)$を与え，

m±Δ_0 の値を機能の限界とします.この時,機能の限界を超えるまでは,損失はゼロであり,機能の限界を超えた瞬間に A_0(円)という損失が発生するのが一般的な考え方だと思います.

しかし,田口は**図 1・5**のように,発生する損失は目標値からの機能のずれの 2 乗に比例する,という考え方を示しました.そして,もう 1 つ重要なことは,機能の限界内においても損失が発生していると考えていることです.

つまり,機能の目標値;m から $(y-m)$ だけ離れた位置では,常に $L=k(y-m)^2$ という損失が発生していると考えます.片側の機能限界の位置;Δ_0 で A_0 という損失が発生することから,k は A_0 と Δ_0 を使って書き直すことができて,

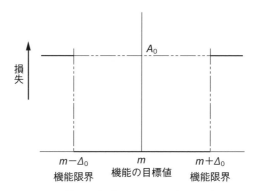

図 1・4 機能と損失に関する一般的な考え方

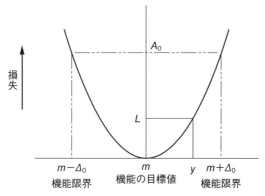

図 1・5 品質工学での損失の考え方:損失関数

という式になります．この式が損失関数です．

数多く生産される製品の場合，生産された製品の個体数だけ y が存在することになります．この時，$(y-m)^2$ の平均は，母分散；σ^2 です．したがって，(1.1)式は次のように書き直すことができます．

$$L(y) = \frac{A_0}{\Delta_0^2}\sigma^2 \quad \cdots\cdots(1.2)$$

このように，『製品が出荷後，社会に与える損失』はその製品が発揮する機能の目標からのずれの限界値と，その時に発生する損失金額，および，製品機能の統計量である分散を使って表すことができます．

前述のように，損失関数を使って計算した損失の金額は，その製品を1台出荷するごとに社会全体に与える損失金額を意味しています．

ところで，機能の限界内においても損失が発生している，ことに違和感を覚える方も多いと思いますが，1・2・2項のマニア的なユーザーのことを思い出してください．また，次の例も参考にしてください．

筆者は長年タイムレコーダの開発・設計を担当してきました．時間計算機能を持たないタイムレコーダの基本的な品質は，時計の正確さと印字品位の2点です．この印字品位という品質特性で，機能の限界内においても損失が発生していることを説明します．印字品位とは，書体の読みやすさやインクの鮮明さ，そして，印字した数字が決められた枠内におさまっていることです．枠の線が印字位置という品質特性に関する機能の限界となります．

タイムカードに記録された時刻情報は，就業管理台帳に転記したり，就業管理ソフトウェアで時間計算をするために，パソコンでファイルに入力する必要があります．

この時，図1・6のように，それぞれの枠に印字がそろってなされていれば，転記やパソコン入力をする担当者のストレスは最小になります．

さて，印字位置の機能限界を枠からはみだすことと定義すると，図1・7のように，機能の限界内，つまり，枠の中に印字されていたとしてもその印字位置のばらつきによる見にくさが原因となり，担当者のストレスが増大して作業

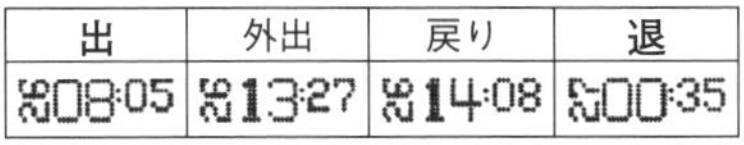

図1・6　品位のよい印字例 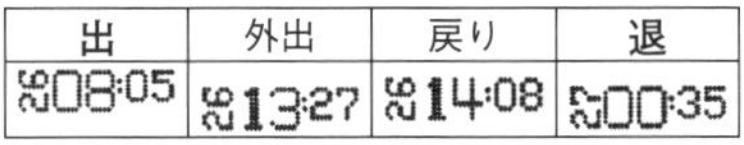　　　　図1・7　品位の悪い印字例

能率が低下する，という損失が発生します．

機能の限界内でも損失が発生している，ということがご理解いただけたでしょうか．

1・2・5　損失関数の3つのパラメータはどのように決めるべきか

前項で(1.2)式として損失関数を示しました．それではこの式を構成する3つのパラメータ Δ_0, A_0, σ^2 は，だれがどのような情報から決めればよいかを説明します．

まず，目標値からのずれの限界値；$\pm\Delta_0$ は，製品の仕様などから設計部門，あるいは，工場出荷時点における品質について全責任を負う品質管理部門が決めるべき内容です．

また，製品機能の分散；σ^2 は，実際の生産場面での品質管理データから計算して求めることができます．このため，出荷検査では適合品と不適合品の判別だけでなく，損失関数の計算で活用するための情報収集も目的として，製品の特性データをとることが重要になります．

そして，社会に与える損失；A_0 の金額は，経営者が決めるべきものだと筆者は考えます．その理由を説明します．

社会に与える損失とは，その製品を使うことによって発生するランニングコストや，その製品の使用とは無関係な人々に対しても影響をもたらす公害，例えば，二酸化炭素の発生なども含みます．また，特に大きいのが，その製品の機能がばらつくことでトラブルを起こした場合，それに起因した実損失や機会損失などユーザーがこうむる損害と，製品を販売・製造した企業でのトラブル対応や再発防止措置の検討・実施にかかわるコストです．さらに，そのなかには自社の暖簾やブランドの毀損という，非常に重要な項目に関する損失も含まれています．この時，自社のブランドを金額化できるのは経営者だけです．

損失関数で損失を計算する場合，規格からはずれた時に発生する損失：A_0

第1章 品質工学を正しく使うために知っておくべきこと

を小さくすれば，製品を1台出荷するごとに社会全体に与える損失金額は小さくなりますが，この金額を小さくするにはブランドの価値を低く見積もる以外に方法はなく，通常は動かしがたい値です．また，規格の幅を広げることでも損失金額は小さくなるのですが，現実にはこれも難しいことです．製品に期待・要求される機能の幅が広い，つまり，ばらつきが大きいですよとカタログに記載されている製品を，ユーザーは購入する気になるでしょうか．

そのため，損失金額を小さくするには製品の特性値のばらつき，つまり，σ^2 を小さくするしかありません．しかし，いったん設計が完了して製造がはじまっている場合，ばらつきを小さくする活動を行うと，必ず製造コストが上昇します．したがって，図1・8に示したように，設計段階で製造コストと損失コストが最適にバランスするような機能水準（斜線で囲った領域）をねらう技術活動を行うのが最善の策となります．

この活動を強力に支援してくれるのが損失関数です．損失関数を使うことにより製造コストと同じ，金額という土俵に品質（＝損失）を乗せて戦わせることができるようになるからです．

その結果，製造コストのみ追求して，出荷後の社会全体に与える損失の増大をまねく，あるいは，品質のみを追及して無駄に企業の製造原価の増大や，価格の上昇によるユーザーの購入機会の減少などを防ぐことができるわけです．

前節で，品質工学の目的が社会的損失を低減することであり，そのために"品質をよくする"ではなく"品質を悪くさせない"と書いたのはこのためで

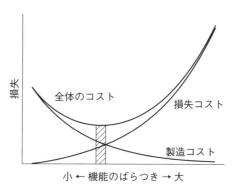

図1・8 製造コストと損失の関係

す．

　田口が最終的に目指したことは，品質問題が発生することにより，それを解決するために技術者が時間を浪費するムダをなるべく減らし，その時間を技術者本来の仕事である創造的活動に使うことによって，社会全体の生産性の向上と損失の低減を同時に達成することです．

1・2・6　工場の会話から説明する損失関数が2次関数になるわけ

　では，この節の最後に損失関数がなぜ2次関数として定義されるか，について観念的な説明をします．数学的な説明は，4章（4・3節）で行います．

　製造している製品の特性が規格範囲におさまらず，不適合品が多数発生し，その原因がつかめないとき，生産現場の技術者から「このままでは，不良が指数関数的に増加しちゃうよ」という言葉を聞いたことはありませんか．また，製品のばらつきを低減しようとして公差を厳しくするなど，なんらかの手を打つ提案をした時，「そんなことをすればコストが指数関数的にあがってしまうよ」などといわれたことはありませんか．

　この指数関数的という言葉は，大げさに聞こえるかもしれませんが，案外，実体験に基づいている言葉であり，図1・8のように機能水準に対して製造コストや損失コストはその変化はゆるやかであるかもしれませんが，多くの場合，このような挙動を示すようです．

　図1・8で，製造コストは企業側に発生する損失であり，品質問題が原因となる損失コストはおもにユーザー側で発生する損失になります．そして，両者の和が損失関数に該当します．どちらのコストも機能水準に対して指数関数的に変化した場合，両者の和はどのような関数になるのでしょうか．

　指数関数のもっとも単純な形は，$y=e^x$です．これは右肩上がりとなり，図1・8における損失コストの挙動になります．また，$y=e^{-x}$は，左肩が高い製造コストの挙動です．そして，両者の和を2で割る，つまり，両者の平均をとる関数は，懸垂線（カテナリ）と呼ばれる関数です．

　懸垂線とは質量があり線密度が一定な紐を，たるませて持った時にその紐が描く曲線です．

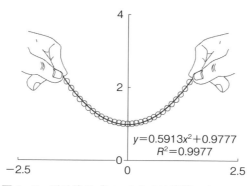

図1・9 懸垂線のプロットと2次関数のあてはめ

$$y = \frac{e^x + e^{-x}}{2} \quad \cdots\cdots(1.3)$$

　この関係をグラフ化して，データを○で描きこんだものが図1・9になります．そして，この○の並びに2次関数の近似曲線を引いた結果が実線で描いた曲線です．(1.3)式は2次関数に高い整合性で近似できることがわかります．

　方向が相反する2つの指数関数の和は，2次関数で近似できることが確認できました．

1・3　システムについて考えることが品質工学の第一歩

1・3・1 『技術』という言葉を定義することから品質工学が始まる

　本書を読まれている方はほとんどが技術者だと思いますが，『技術』という言葉をうまく人に説明できるでしょうか．技術についての筆者の個人的な定義を以下に記します．

　『技術とは，転写性を獲得する術（すべ），あるいは，転写性そのものである』

　転写とは，モノゴトを写しとり，別の場所に再現して定着させることです．印鑑と朱肉による捺印がもっとも一般的な転写の例です．そして，転写性とは，転写という機能の"良さ"を意味する言葉です．

　プラスチックの射出成形を例に，技術と転写性の関係について説明します（図1・10）．射出成形とは射出成形機で加熱，混練した溶融樹脂を，成形機に

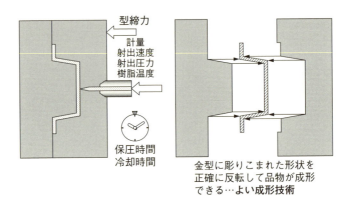

図1・10　射出成形

セットされて閉じている雄型と雌型の中にできた品物の形を反転した空隙に，圧力をかけて押し込み充填し，樹脂が冷却され固化した後に金型を開いて製品を取り出す加工方法です．よく，成形技術といわれるように，成形機や金型に関する，射出速度や圧力，型締力，冷却時間などいろいろな条件を調整することでよりよい品物を取り出すことを目的とします．

ところで，よい品物の条件とはどのようなものでしょうか．まず，雄型と雌型に彫りこまれ，両者が勘合した時にできる空隙と同じ形であることが重要です．当然，金型の表面状態も忠実に再現されていなければなりません．

そして，品物となった樹脂の物理・化学的物性や機械的性質は，その樹脂のカタログ値になるべく近い値になっていなければいけません．

つまり，品物の形状には金型の空隙の反転形状が転写されている必要があり，また，その物理・化学的物性や機械的性質は，その樹脂のカタログ値が転写されている必要があるのです．これを実現することこそ，成形技術です．

【技術】＝【転写性】がなんとなくご理解いただけたでしょうか．

さて，いったん形状や物性が良好に転写される成形条件がみつかれば，それをきちんと守ることで成形機の種類やそれがおかれている環境が変化しないかぎり，作業者が違おうと，生産する工場が違おうと，よい品物を製造し続けることが可能になります．つまり，再現性が得られるのです．

また，新たに製造する製品の成形条件を決める時，大きさが違っていても似たような形状の製品があれば，その製品の成形条件を参考にすることで，あま

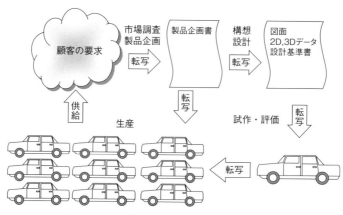

図1・11 企業の活動は転写の連鎖である

り時間をかけずに新たな製品の成形条件にたどりつける可能性も高くなります．つまり，線形性が得られるのです．このように，技術は転写性と関連していて，転写性は再現性と線形性から成り立っています．

【技術】＝【転写性】＝【再現性】＋【線形性】ということです．実は，この再現性と線形性こそが品質工学で評価すべき対象であり，良好な転写性，いいかえると，技術を獲得することが品質工学を使う目的になります．

このように品質工学は技術と密接な関係があり，さらに，品質工学を使うことで，工場や技術者，そして企業の技術水準が定量的に評価されます．

ところで，**図1・11**のように製造業における企業活動は，転写の連鎖で成立しています．市場要求を転写したものが製品企画書であり，製品企画を技術情報に転写したものが仕様書です．仕様書の内容を実体に転写する活動が設計・試作になります．設計の過程では，設計対象に期待される機能が発揮されるように，フックの法則やオームの法則など自然科学や工学的知見を設計対象の部品・要素などに転写しています．

最後が設計情報である図面やデータを，実体に転写する製造という場面です．これらの転写の連鎖が各過程で正確に行われたとき，市場要求が転写された製品となって市場に受けいれられて，企業に利益をもたらすことになります．

1・3・2 技術者の立場からシステムを定義すると

一般的には system は，制度，系，系統，体制，そして，システムと和訳されます．しかし，技術者の立場では system を『変換機』と訳すべきでしょう．

ある機能を発揮させることを企図して生産された工業製品自体や，それを生産する工場はいうにおよばず，生産するものが単品の部品や食品などであっても，それらを生産するための設備はシステムです．したがって，企業で働くほとんどの技術者は，システムの設計・構築や保守・管理に携わっているのです．

多くの場合，システムには"何か"が入力され，それをシステムが"何か"に変換した後に出力する，という機能をはたすことが期待されています．

ここで，"何か"について考えてみると次の3つに集約されます．『物質』，『エネルギ』，『情報（信号）』です．一般的なシステムダイヤグラム（システムブロック図）を描くと図1・12のようになります．

『物質』とは，原材料，燃料，素材，触媒などであり，〔kg〕，〔mol〕という単位でその特性を表します．また，『エネルギ』とは仕事量，つまり，質量のある物体に力を加えて移動させた時の力と移動距離の積のことで，物理的には熱，運動，位置，弾性，核など，その状態で表現されますが，工学的には機械，電気，化学，生物という言葉を頭につけたそれぞれの工学分野による表現もあります．そして，その単位は〔N-m〕，〔J〕です．物質とエネルギの単位はSI単位系で表現される物理量，化学量です．

そして，『情報・信号』とはスカラ，ベクトル，文字，文章，数値，記号，幾何形状，ときには経済価値などで，〔bit〕，〔円や＄〕など，その分野で定められた単位量で表現されます．

例えばガソリンエンジンの場合，ガソリン（物質），空気（窒素と酸素：物質），スパークプラグの火花（エネルギ），アクセルの開度（ガソリンの噴射量：情報）などが入力され，ガソリンエンジンというシステムの中で物理化学的な変換が行われて，トルクと回転量の積（エネルギ），熱（エネルギ），二酸

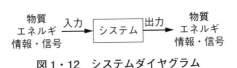

図1・12 システムダイヤグラム

化炭素（物質），一酸化炭素（物質），NOx・SOx（物質），水（物質），振動や音（エネルギと信号）として出力されます．

　この時，ガソリンエンジンに期待されている機能は，トルクと回転量の積である運動エネルギを効率よく得ることであり，熱や排気ガス，振動などにはなるべく変換してほしくありません．

　それでは，ガソリンエンジンに要求される有益な出力である機械的エネルギ（トルクと回転量）について考えてみます．機械的エネルギを多く取り出すためには，ガソリンの供給量を増やす必要があります．しかし，図1・13のようにただ単純にガソリンの供給量を増やしていっても，酸素の供給量もあわせて増やさないと供給したガソリンが不完全燃焼してしまい，ガソリンの供給量の増加に見合ったエネルギを取り出すことはできません．一方，ガソリン供給量を変えずに酸素の供給量を増やしただけでは，当然，取り出すエネルギの増加はほとんど期待できません．

　このように，システムに期待される機能により出力される特性において，入力という原因系の要因が2つ以上あり，それらの要因に同時に支配されている場合，一方の要因だけを変化させても結果系である出力がそれにみあって変化をしない，つまり，複数の要因が互いに影響を及ぼし合って出力を支配している時，原因系の要因間に『交互作用がある』といいます．

　反対に，図1・14のように原因系の要因がそれぞれ独立して出力を支配している時には，原因系の要因間には『交互作用がない』ことになります．当然，

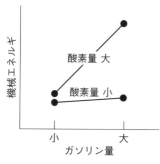

図1・13　ガソリンエンジンの入出力関係（交互作用がある）

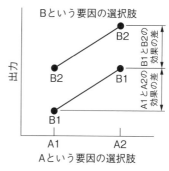

図1・14　交互作用がない場合の出力特性

交互作用がないほうが扱いやすいシステムになりますが，品質工学では一概に交互作用は悪いもの，ではありません．これについては多くの類書で解説されているので説明はそれらにゆずるとして，交互作用を積極的に活用することが品質工学の思想の1つの柱になっています．

以上が一般的なシステムの考え方になりますが，品質工学ではもう一歩進めてシステムを考え，その考え方をもとに技術者の仕事の対象であるシステムを評価する方法を検討して実施し，システムの最適化を目指します．

1・3・3 通信システムにおけるノイズと品質工学におけるノイズを考える

電話やテレビ・ラジオ，あるいは，インターネットなどの通信システムについて考えてみましょう．通信は，送信側と受信側の2つのシステムによる情報の授受により成り立っています．そして，その2つのシステムをまとめて，通信システムと捉えることもできます．つまり，通信システムは送信システムと受信システムという2つのサブシステムで構成されています．

当然，2つのサブシステムのうち，いずれか一方の特性・性能がよくても，他方がだめではよい通信システムにはなりえません．

図1・15にモールス信号の送信，受信のながれを示し，品質工学でのシステムの考え方を解説します．

モールス信号の通信システムは，送信側の通信士が伝達すべき情報である文章をモールス符号に翻訳し，電鍵を操作して発信します．送信機は電鍵で入力された符号を電波として発信するための回路と電源，アンテナで構成されています．送信機から発信された電波は，空間を伝播して受信機のアンテナでとらえられ受信回路と復調器によって電気信号に変換され，ヘッドフォンで人間が認知できる信号音に変換されます．

この信号音を通信士が聞きとり，もとの文章に復号します．電波が伝わる空間は，気象条件により空電雑音が増大したり減少したりするため，その伝達特性は変化します．そのため，送信機から発信された電波を受信機で受信した時，雑音によって信号が汚染され情報がうまく伝わらないこともあります．雑音は送信機や受信機の電源から混入することも考えられます．

また，通信士の技量不足や通信室の騒音など，正確な情報伝達，つまり，通

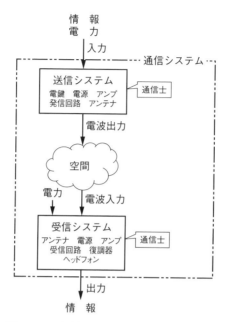

図1・15 無線によるモールス信号の送信,受信のながれ

信という機能を妨害する要因がいろいろと考えられます．そして，それらは複合して通信システムにおそいかかってくることもあるのです．

品質工学では，システムに期待されている機能の発揮を妨害するいろいろな要因をノイズとよぶと1・1・1項で述べました．ノイズは設計者をはじめとする技術者たちがみずからコントロールできない要因です．くり返しになりますが，システム自身によるものではなく，環境など外的要因のノイズをまとめて外乱といいます．

システムを構成する部品や要素，ユニットの劣化などを原因としたシステム自身の変質が機能の発揮を妨害することもあります．これを内乱といいます．また，おなじ製品であっても，いろいろな要因がばらつくことによって，個体ごとにわずかな特性の違いが生じています．つまり，個体差です．

以上のように技術者がコントロールできないノイズには外乱，内乱，個体差の3つがあります．これらを図式化すると，**図1・16**になり，品質工学にお

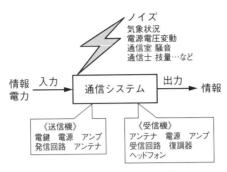

図1・16 品質工学における通信システム
のシステムダイヤグラム

けるシステムの概念になります．システムは常に，自身に期待されている機能の発揮を妨害するノイズにさらされていることを強く認識すべきである，ということを強調した図になっています．

一方，送信機，受信機を構成する部品やその材質，あるいは要素・ユニットなどの購入品は，複数の選択肢のなかから設計者がみずから選定することができる要因です．品質工学では，このように技術者がコントロールできる要因を『制御因子』といいます．また，それぞれの制御因子の選択肢をその制御因子の『水準』といいます．

通信システムの設計者の仕事は，送信機，受信機を構成する部品・要素・購入品の選択肢を最適化することで，ノイズに対して抵抗力があり，鈍感にふるまう（以後，下線部内容を"抗たん性がある"と標記します）構成をできるだけ安いコストで実現することです．具体的には，送信側が送信した情報を正しく受信側で再生できる，という『再現性』と，受信側のダイヤルの位置に整合した受信周波数のチューニングのしやすさや，ボリウムの回転量に比例した音の大きさで音響信号を再生させる，という『線形性』を同時に獲得することです．再現性と線形性，つまり，『転写性』＝『技術』の獲得が通信システムを構築・設計する技術者の活動目標です．このように，技術を獲得する活動は，ノイズとの戦いといいかえることができます．

一般的にシステムの優劣は，変換効率で評価します．入力した物質・エネルギ・信号それぞれの総量が目的の出力に完全に変換された場合，そのシステム

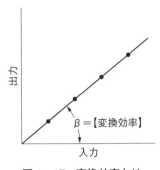

図1・17　変換効率とは

の変換効率は100％になり，理想的なシステムになります．

図1・17のように，横軸を入力，縦軸を出力とした座標に（入力，出力）という一対のデータをシンボル化して描き込むことをプロットするといい，縦軸に配した特性と，それに対応する横軸に配した特性で一対をなす複数のデータがプロットされたグラフを散布図といいます．

複数の入力と出力の関係の散布図を描き，そこにプロットされたデータに原点を通る回帰直線を引くと，その回帰直線の傾き；βが変換効率を表すことになります．回帰直線は3・4・3項で解説します．理想的なシステムの場合，$\beta=1(=100\%)$になります．

では，システムのノイズに対する抗たん性はどのような指標で評価すればよいでしょうか？　次節でその方法について解説します．

1・4　システムを評価するSN比とはなにを表現しているのか？

1・4・1　通信システムでは情報伝達特性の良さをどのように表すのか
　　　　　〜SN比を使って『技術』を評価する

通信システムの場合，情報を伝達するという機能の発揮を妨害する要因は，おもに気象状況に起因する空間の空電雑音（電磁波ノイズ）です．送信機から発信される信号を運んでいる電波の電力エネルギが大きければ，空電雑音が多少あっても伝達される情報の信頼性は高くなり，遠距離にある受信機にも情報が正確に伝達できるでしょう．また，電波の電力エネルギが小さくても空電雑

音が微弱であれば,情報は正しく伝わるかもしれません.

この考え方に基づいて,通信システムにおける情報伝達特性の良好さの指標が考え出されました.それが,SN比という概念です.その考え方は非常に単純であり,空電雑音のエネルギに対する,信号を含んでいる電波のエネルギの比,というものです.この比が大きければ大きいほど,伝えたい情報が正確に受信機側に伝わりやすい,ということになります.SN比;ηは

$$\eta = \frac{信号を運んでいる電波のエネルギ}{空電雑音のエネルギ} \quad \cdots\cdots(1.4)$$

となります.

なお,(1.4)式の分子を『感度』といいます.

「感度良好」とは,信号を運んでいる電波エネルギが十分に大きいことを表現しています.後で詳しく解説しますが,品質工学ではSN比と感度を一対の情報として照らしあわせて評価することで,システムの最適化を行います.

ところで,良好な情報伝達特性とは,いいかえると情報の再現性(=転写性)がよいということです.つまり,技術のよさの指標としてもSN比は利用できるはずだと田口は思いつきました.(1.4)式を見ると,分子は必要な成分,あるいは,有効な成分であり,分母は不要な成分,あるいは,無効な成分になります.技術のよさの指標としてSN比を使う場合には(1.5)式のように捉えればよいことになります.

$$\eta = \frac{必要,または,有効成分}{不要,または,無効成分} \quad \cdots\cdots(1.5)$$

再現性という面から考えると,不要(無効)成分に対する必要(有効)成分の比が小さくなるほど安定性や信頼性が低下するので,再現性が悪くなります.なんらかの事象から複数のサンプルを抽出してデータを採集した場合,再現性が悪いほどデータのばらつきは大きくなります.

再現性をSN比であらわす場合,分子はサンプルデータの平均,または,平均を加工した値とすればよく,分母はばらつきを表現する値を使えばよいことになります.

ばらつきの指標として統計学では『分散』,または,『標準偏差』を使います.これも後に解説しますが,分散を平方根で開いた値が標準偏差です.そして,

統計学の数理上，2乗の情報である分散のほうが使い勝手がよいので，分母は分散を採用します．そして，分子は平均をそのまま採用するのではなく，分母との整合性をとるため，平均の2乗の情報を採用します．ただし，ここで採用する平均は母集団の平均の母平均であり，分散も同様に母分散を使います．その結果，品質工学では再現性をあらわすSN比の原理として(1.6)式を採用しています．そして，この式で計算されるSN比を『静特性』の『望目特性のSN比』といいます．

$$\eta = \frac{(母平均)^2}{母分散} = \frac{\mu^2}{\sigma^2} \quad \cdots\cdots(1.6)$$

平均や分散，母平均や母分散については第3章で解説します．なお，(1.6)式は，平均の2乗を分散で正規化しているとみなすこともできます．

ところで，技術とは転写性であり，転写性は再現性と線形性から成り立っていることを1・3節で説明しました．では，転写性を構成するもうひとつの線形性についてSN比で表現することを考えてみます．

現在開発中の上皿はかりがあるとします．上皿はかりは内部の機構・構造が異なるA，B2種類のプロトタイプが完成しています．どちらを商品化するべきか，を評価するために上皿にいくつかの分銅を載せて，はかりの針のしめす値を記録する実験を行いました．当然，載せた分銅の質量と同じ値を示すのが上皿はかりの理想的な機能になります．

まず，はかりを設置する床を変えて実験をしました．最初は振動のある床で，続いてやわらかいじゅうたんが敷かれた床で実験をしました．床の状態がノイズということになります．その結果を**図1・18**に示します．さて，皆さんはA，Bどちらのはかりを商品化するべきだと思いますか？

次に，上皿に分銅を載せる時，その位置を上皿の中央にした場合と，上皿の端に載せた場合について実験しました．その結果を**図1・19**に示します．今度はどちらを商品化するべきだと思いますか？

品質工学では，はかりBを商品化するべきである，と結論をくだします．しかし，はかりBは載せた分銅の質量とまったく違う目盛を針がさしていて，はかりとして使い物にならないのではないか，と思われる方もいると思います．なぜ，はかりBを商品化するべきか，の理由はこの後の第2章に進むと

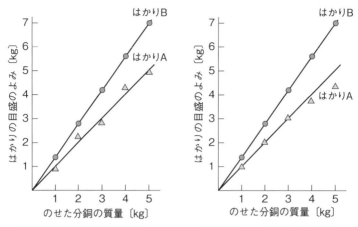

その1 振動のある場所で計測したとき　　その2 柔らかい床のうえで計測したとき

図1・18　床の状態をノイズとして実験した結果

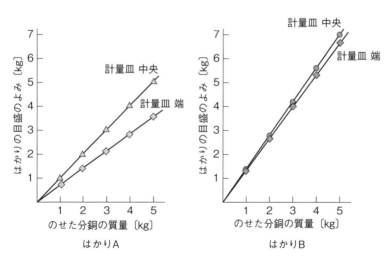

はかりA　　　　　　　　　　　　　　はかりB

図1・19　分銅を載せる上皿上の位置をノイズとして実験した結果

少しずつ理解していただけると思いますので，いましばらくご辛抱願います．

　さて，いろいろなノイズのもとで実験したはかりAの結果を，**図1・20**にまとめました．はかりは上皿に載せた分銅の質量を，正確に表示するのが本来の目的です．床の状態や分銅を載せる位置が違ったとしても，読みとり結果が

第1章　品質工学を正しく使うために知っておくべきこと

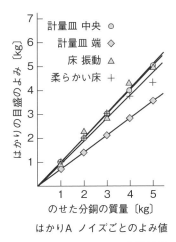

はかりA ノイズごとのよみ値

図1・20　はかりAの実験結果
のまとめ

一直線上に並んだ特性であることが理想です．

しかし，はかりAの場合，期待される機能の発揮がノイズによってかく乱されてしまい，ノイズごとに特性が変化してばらつきが発生しています．このばらつきが，理想とする直線とのあてはまりの悪さであると考えると，SN比の式の分母にあたる不要（無効）成分とみなすことができます．それでは，SN比の計算式の分子にあたる感度には，なにを採用すればよいでしょうか？

1・3・3項で「一般的にシステムの優劣は，変換効率で評価します」と書きました．そして，変換効率はシステムへの入力を横軸，その出力を縦軸としてデータをプロットした散布図にあてはめた，原点を通る回帰直線の傾きで表現されることも紹介しました．

したがって，今回のようなシステムに対する入出力の評価をした場合の感度には，散布図にあてはめた原点を通る回帰直線の傾きを使うとよさそうです．ただし，静特性の望目特性のSN比と同じように，分母，分子とも2乗の情報に変換したほうがいろいろと都合がよくなりますから，直線の傾きの2乗を分子に，また，データの直線とのあてはまりの悪さに関する2乗した情報を分母とするSN比が，システムを評価するのにふさわしいと考えられます．つまり，直線の傾きを2乗した情報で重みづけされた直線とのあてはまりのよさという

33

概念のSN比となります．これはまさに線形性の良さそのものです．

$$\eta = \frac{変換効率を意味する直線の傾きの2乗情報}{データ群と直線のあてはまりの悪さに関する2乗情報} \quad \cdots\cdots(1.7)$$

(1.7)式で計算されるSN比を『動特性のSN比』といいます．

なお，品質工学では，この式の分子である変換効率を意味する直線の傾きを2乗した情報を感度と定義します．

このように，再現性と線形性を定量的に評価するSN比をデータから計算することで，定量的な転写性（＝技術）を評価するのが品質工学源流の考え方の1つです．静特性の望目特性と，動特性の感度とSN比の数理については，第5章で解説します．

1・4・2 『機能』に対してSN比はどのようにかかわってくるのか？

ところで，
「上皿はかりの機能とはなんですか？」という質問を受けた場合，どのように答えますか．多くの方が
「皿の上に置いたモノの重さを測ること」と答えるでしょう．正確には
「皿の上に置いたモノの質量を測ること」になります．このように，システムに対して私たちが期待している目的となる機能のことを，品質工学では『目的機能』といいます．

では，その目的機能の発揮を獲得するためにはかりの内部は，どのようなしくみになっているでしょうか．多くの上皿はかりは，上皿に載せたモノの質量にはたらく重力を，はかりのなかにあるコイルばねの伸びとつりあわせ，そのばねにつながっている歯車を介して針を回転させて，針が示す目盛の表示がモノの質量を示す，という構造になっています．

ばねの伸び；xと力；Fの関係は，『フックの法則』として，$F=kx$ が成り立つことが知られています．この時，kをばね定数といい，ばねの材質，寸法などの設計諸元によって決まる値です．上皿にモノを載せたとき，はかりを構成するいろいろな要素を介して，フックの法則が正確に再現できればモノの質量が正確に計測できたことになります．

つまり，はかりの精度は，設計されたばねの精度と，そのばねの特性を支配

するフックの法則が，はかりを構成するメカニズムを介してとどこおりなく発揮されるか否か，にかかっています．

　はかりにおけるフックの法則のような自然科学の原理や法則や工学的な知見，経験則など，そのシステムに期待される機能の源流をつかさどっているモノゴトを，品質工学では『基本機能』といいます．

　品質工学ではシステムを評価する場合，目的機能にとらわれてそれを評価するのではなく，システムの基本機能はなんなのか？をじっくりと検討し，技術の源泉となる基本機能を評価することをすすめています．基本機能が改善，最適化されれば，おのずと目的機能もよい方向にむかう，というだけでなく，能率や効率，ノイズに対する抗たん性も同時に向上できる可能性があるからです．基本機能の評価では多くの場合，自然科学の法則などに代表される入出力関係の評価になるため，動特性のSN比はその評価において最適な指標になります．

　ここまで説明した内容をまとめます．
- 静特性の望目特性のSN比は，再現性の良さを表す指標です．
- 動特性のSN比は，線形性の良さと再現性の良さをあわせて示す指標です．
- そして，品質工学でシステムを評価する場合は，感度とSN比という2系統の情報を照らしあわせて活用します．

第2章
パラメータ設計の思想と原理

2・1 パラメータ設計の思想とは

2・1・1 パラメータ設計をダーウィンの進化論で考えるわけ

　ダーウィンの進化論は品質工学の主柱技術であるパラメータ設計ととても深い関係があると筆者は考えています．しばらくご辛抱いただき，まずは進化論の話をさせていただきます．

　「強いもの（チャンピオン）が生き残るのではない．環境の変化に適応できたものが生き残ってきたのである．」

　進化論をとなえたダーウィンが著した『種の起源』を要約すると，このような文章になります．この言葉と進化論という単語から，生物は環境が変化した時，その環境でも生存できるように，みずから能動的にその生理・生態・形態を"**進歩的に変化**"させたように思われている方もいるかもしれませんが，実際はそうではない，というのが定説です．進化とは『多様性の獲得』と『環境による選択と淘汰』の結果である，ということです．そして，これを自然の摂理としています．

　"多様性の獲得"は，化学物質，放射線などの外乱や，遺伝子のコピーエラーという内乱により突然変異がおこり実現されます．また，交配・生殖による遺伝子の入れ替えによって個体差も生じます．その結果，その生物の本流とは異なる亜流となる子孫が多数うまれます．これらの子孫のうち，偶然環境に適応できた個体のみが選択されて生き残り，それ以外は淘汰されてしまいます．

　亜流の子孫は種類が豊富なほうが，いずれかの子孫が生き残る可能性が高まります．その結果，時間で変化する環境への適応や，空間で異なる環境への生

第 2 章　パラメータ設計の思想と原理

存領域の拡大が可能となるのです．

　ここからは筆者の想像になりますが，生物に託された遺伝情報の本質というのは，遺伝子にプログラムされた『絶対に伝達し続けなければならない重要な情報』のことで，これを『遺伝子の核』とします．"遺伝子の核" 自体はノイズに対して非常に抗たん性が高くなっています．一方，"遺伝子の核" をとりまく遺伝子の『付帯構造』が存在していて，時間で変化し，空間で異なる環境というノイズに対してあえて脆弱に設計されていて，"付帯構造" が容易に変異できることで多様性を獲得し，環境というフィルタでの選択と淘汰という試練を受けても，"遺伝子の核" を永続させる確率を高めているのだと思います．

2・1・2　進化論をパラメータ設計にあてはめて考える

　ここで，工業製品について遺伝子構造の話をあてはめてみます．工業製品における "遺伝子の核" は，『その製品に期待されている機能』です．一方，"付帯構造" は，『機能を実現するための，設計対象である製品を構成する部品や要素，ユニット』になります．製品に期待されている機能は設計前の時点で明確に定められているべきであり，製品化が完了するまでぶれてはいけません．しかし，設計者はその機能を実現するために，設計過程において，いつの時点でも選択する部品や要素，ユニットを自由に決めることができるのです．システムの選択やシステムを構成する制御因子の水準（選択肢）は，設計者の自由になる，ということです．

　また，生物の場合での『時間で変化し，空間で異なる環境』は，工業製品にもそのままあてはまる代表的なノイズです．ノイズに対して抗たん性が高い製品を獲得したいのであれば，設計時点で多様性を獲得しておけば，進化論的によい設計ができる可能性が高くなる，ということです．

　ある機能の発揮を目的とした製品の設計に，進化論を適用して多様性を獲得するには，無数の設計者にそれぞれ独自の設計を実施させ，それらの設計案を公平，公正にいろいろな環境のもとで評価を行って淘汰を進め，最後に残った設計案を選択して製品化すればよいことになりますが，これは現実的ではありません．

　では，どのように設計を進めていけばうまく進化論を適用できるのか．その

答こそ『パラメータ設計』です．

　設計者に設計対象である製品の機能とその目標値を提示すると，設計者はまず要求される機能の目標値を得ることを目指して，彼が有する工学的知識などの技術と想像力，そして，熱意を総動員して設計を進めていきます．設計が完了した時点では彼なりの最適解，つまり，チャンピオンが誕生しています．

　ただし，ここで設計者が提案したチャンピオンは，設計者が生活している環境のもとでのみ，チャンピオンとしてふるまえる場合が多いのです．

　設計者が製品を構成するために選んだ部品や要素，ユニットは，ほとんどのものが，設計者が生活している環境と同じ環境での仕様が決められ，加工・製造され，保管され，品質保証されています．それを同じ環境のもとで組み立てて，これまた同じ環境のもとで検証・評価をすれば，設計者が想定したとおりの機能や性能を発揮するに違いありません．設計者はこれが確認できると自分の設計は間違っていなかった，と一安心します．

　次に，その製品の仕様や品質保証上の要求で求められている環境条件（温度や湿度）の上限，下限の環境で試作品を検証・評価します．当然，製品を構成している部品や要素，ユニットからみると，安定的に要求を満たすことができる環境とは異なった環境で，彼らの特性が試されることになるわけです．その結果，通常の環境ではチャンピオンであったものでも，過酷な環境のもとでは設計者が想定している機能や性能を発揮することは難しくなります．環境の変化によって機能不全に陥っている，一時的な故障状態になってしまっているのです．設計者が提案したチャンピオンは，環境の変化に対応できずに淘汰されてしまったのです．

　そしてこの問題を解決するべく，この後，多くの技術者を苦しめる『もぐらたたき』『いたちごっこ』が始まるのです．

　この設計者が提案したチャンピオンとしての製品を，時間で変化し，空間で異なる環境のもとでもなるべく安定的に機能の発揮をさせるために，進化論の適用を考えてみます．この製品が自身の生存戦略としてとるべき道は，まず，"多様性の獲得" です．そして，多様化した子孫である多数の製品案をいろいろな環境で検証・評価して "環境による選択と淘汰" というふるいにかけます．そして，最後まで生存できた製品案を製品化すればよいのですが，製品の開

発・設計に費やせる時間とコストにはかぎりがあります．

そこで，品質工学のパラメータ設計では，とても合理的な道具と思考によってこの問題を解決していきます．

その合理的な道具とは2・3節で説明する『直交表』という，ある性質を持った表です．この表を使うことで，自然界とは異なり，無秩序な多様化をすることなく，きわめてシステマティック，かつ，合理的に試すべき子孫を決めることができます．

また，合理的な思考とは，環境の変化に対して抗たん性のある設計案を直接見つけることを目的としないで，環境の変化で淘汰されにくい遺伝子（設計情報）の探索を目的としていることです．

パラメータ設計では，直交表に基づいて複数の設計案を実際に作ります．そして，少なくとも2つの異なる環境のもとで実験し，その結果を評価して，設計案ごとに得られた遺伝子情報を解析します．この時，直交表をもとに決められた子孫のすべてが，設計仕様で規定されている環境条件で生き残れなかったとしても問題にはしません．それは，直交表という道具で偶然選ばれた子孫たちが淘汰されたのであって，直交表で選ばれなかったまだ生まれていない子孫はその何百倍もいるからです．

直交表で選択された子孫がすべて淘汰されても，彼らから得られた情報を解析することで，環境によって淘汰されにくい遺伝子（設計情報）が見つけられればよい，というのがパラメータ設計の思想です．これが理解できれば，パラメータ設計の思想の真髄にかなり近づいたことになります．

直交表という道具を使っているため，無秩序に子孫を作った場合と違い，直交表に仕組まれたしくみによって，合理的に製品が生き残っていくための遺伝子を見つけることができるのです．

そして，環境の変化に対して抗たん性がある遺伝子を組みあわせれば，環境の変化に強い（鈍感な）製品を実現できる可能性が見出せるはずです．

これがパラメータ設計の思想になります．「パラメータ設計とは，科学・技術への進化論の適用」ということができます．つまり，パラメータ設計は自然の摂理にのっとった設計手法ということです．

2・2 パラメータ設計の原理

2・2・1 狙撃兵を例としてシステムを考える

「五代二等兵，兵隊の射撃はなぁ，競技会用じゃないぞ．標的のすみっこでもいい．5発全部まとまってあたっているほうがずっといいんだ．」

映画『戦争と人間　第3部』（1973年　日活）で，射撃の素質を評価され狙撃兵に選抜されて訓練を受けることになった主人公に，射撃教官がかけたことばです．旧日本陸軍では，このような視点から狙撃兵としての素質を見極めていたようです．

実は，この言葉は品質工学の思想とまったく同じ考えから出た言葉であり，品質工学の本質的な思考を的確にいい表しています．

狙撃兵とは，量産された小銃のなかでも特に精度がよいものに，倍率の高い光学照準器をとりつけて，敵の指揮官などの重要な目標を選択的にねらうことに特化した兵士のことです．

当然，射撃の技量は高いのですが，ものかげに隠れていつ現れるかわからない敵を待つという強い忍耐力と集中力も必要になります．また，時々刻々と変化する天候や戦況といった環境への対応も要求されます．狙撃兵には，内乱である自己の精神との戦い，そして，外乱である環境との戦いという強いノイズに対する抗たん性が要求されるのです．

本項の冒頭で紹介した「標的のすみっこでもいい．5発全部まとまってあたっているほうがずっといいんだ．」とはつまり，「標的の中心付近にばらついてあたるよりも」ずっといいんだという意味だと思います．

"兵隊"と"小銃"という，2つのサブシステムで構成されている『射撃システム』について考えてみます．このシステムでの小銃というサブシステムの命中精度は小銃ごとに個体差があるでしょうが，規格化された工業製品ですから，ばらつきはそれほど大きくないと考えられます．

一方，兵隊というサブシステムは，個人ごとに経験や肉体的，精神的な特性に大きなばらつきがあるはずです．

よい条件がそろっているときには標的の中心をうまくとらえることができる

兵隊であっても，時々刻々と変化する風などの気象条件という戦場を支配するノイズが加わるだけで，いつもの射撃ができなくなってしまうかもしれません．つまり，"**標的の中心付近をとらえることができてもばらつきがある射撃をする兵隊**"ということです．

　一方，標的のすみっこでも5発全部まとまって着弾できる兵隊は精神的，肉体的特性が安定していて，かつ，風を読むという能力に優れています．

　今後，この2人の兵隊が標的の中心にまとまって着弾できる射撃をするためにはどうすればよいか．前者は肉体と精神を鍛えて風を読む能力を高めることが必要になるのに対して，後者は小銃の照準器を彼のくせにあわせて調整すればよい，ということになります．狙撃兵というシステムとして考えた場合，どちらが扱いやすいと思いますか．

2・2・2　パラメータ設計の原理と進め方～効率良く設計諸元を探すために

　2・1・2項で述べたように，設計の段階で設計者に対して設計対象に要求すべき機能や性能の目標値を示すと，その目標値に近づけるようにチャンピオンを設計しますが，その時ノイズに対する抗たん性について，ほとんど検討と考慮がなされていない場合が多く，その結果，『もぐらたたき』『いたちごっこ』に陥ってしまいます．

　この設計者が行った設計は，狙撃兵のはなしに置きかえると，まず，標的の中心を的確に捉えることができる兵士を探し出す，そして，いろいろな環境や状況での訓練を積み重ねて，それらに対処できる狙撃兵を育てていく，というながれになります．しかし，時々刻々と変化する環境や想定外の敵の行動などに対応するためには，どれだけ多くの訓練をする必要があるのでしょうか？

　旧日本陸軍ではそのような方法で狙撃兵候補を選抜しませんでした．まず，標的のすみっこでも5発まとまってあてることができる兵隊をみつける．そして，その兵隊の特性に合うように照準器を調整する．というながれです．

　これを，製品設計に置きかえると，まず，目標とする機能や性能の発揮が不十分であっても，いろいろなノイズ条件のもとで出力がばらつきにくいものを選び，つぎの段階で出力がばらつきにくいという特性をいかしたまま，目標とする機能や性能が目標値に到達するように，なるべく単純な要素の修正のみで

対応する，というながれになります．品質工学では，この作業をチューニングといいます．

そして，この考え方こそパラメータ設計（2段階設計）の原理です．しかし，技術者が対象としている技術的な課題について，目標値に到達させるために『照準器を調整する』というような簡単な方法を見つけることができるのだろうか，と多くの方は思われることでしょう．その疑念を解消するためにもう少し説明をくわえていきます．

狙撃兵の候補をさがすには，小隊よりも中隊，中隊よりも大隊，と候補となりうる兵士が存在するであろう集団が大きいほど，その候補を見つけ出せる確率が高まります．パラメータ設計でも同様にチャンピオン以外に多数の候補を設計して評価することで，時間で変化し空間で異なる環境に，なるべく適応できる設計諸元を見つけるという方法をとります．前にも述べたように，『多様性の獲得』と『環境による選択と淘汰』を人為的に行うためです．

ただし，ここでは自然界のように生存できる子孫を見つけるために，無秩序に多様性を求めることはしません．前述のように，設計者が自動的に子孫の多様性を獲得でき，かつ，能率的にもっとも環境に適応できるであろう最適解を理論的な解析から追及できるように直交表という道具を使うのです．

そして，直交表に割りつけた部品や要素，ユニットでそれぞれの選択肢から，もっともノイズに対する抗たん性があり，さらに，目標の機能や性能を発揮できるものを抽出することを目的として実験を行い，結果を解析して，その結果をもとに確認作業を行い，最適な組みあわせをみつけるのがパラメータ設計という設計手法のながれになります．そして，これを実践すれば，能率よく，目的とする機能を確実に発揮し，かつ，環境の変化に抗たん性がある設計諸元を見つけだせる可能性が高まるのです．

2・3 直交表という道具について

2・3・1 直交表を簡単に説明すると

直交表とは統計学の実験計画法で，実験対象の複数の要因に複数の選択肢が存在するとき，それら要因とその選択肢の組みあわせを公平・公正に解析でき

るように考案された表です．

　この表の特徴は，各要因とも，そのなかの選択肢はそれぞれ同じ回数出現するようになっています．また，複数の要因のなかから任意に抽出した2つの要因の組みあわせについても，その組みあわせは同じ回数出現します．つまり，各要因の選択肢と，1対の要因間での選択肢の組みあわせ方それぞれが公平・公正に評価できるように構成されています．**表 2・1** に品質工学のパラメータ設計で主力として使う L18 直交表を示します．

　それでは，L18 直交表について説明します．ご覧のように表は 2 段に分かれています．実際に直交表とよばれるのは，下段の表です．

表 2・1　L18 直交表

因子 水準	制御因子 A	制御因子 B	制御因子 C	制御因子 D	制御因子 E	制御因子 F	制御因子 G	制御因子 H
第1水準	1	1	1	1	1	1	1	1
第2水準	2	2	2	2	2	2	2	2
第3水準	—	3	3	3	3	3	3	3

L18 直交差による実験での制御因子の水準の組みあわせ							
実験 No.	制御因子 A	制御因子 B	制御因子 C	制御因子 D	制御因子 E	制御因子 F	制御因子 G	制御因子 H
No.1	1	1	1	1	1	1	1	1
No.2	1	1	2	2	2	2	2	2
No.3	1	1	3	3	3	3	3	3
No.4	1	2	1	1	2	2	3	3
No.5	1	2	2	2	3	3	1	1
No.6	1	2	3	3	1	1	2	2
No.7	1	3	1	2	1	3	2	3
No.8	1	3	2	3	2	1	3	1
No.9	1	3	3	1	3	2	1	2
No.10	2	1	1	3	2	2	2	1
No.11	2	1	2	1	3	3	3	2
No.12	2	1	3	2	2	1	1	3
No.13	2	2	1	2	3	1	3	2
No.14	2	2	2	3	1	2	1	3
No.15	2	2	3	1	2	3	2	1
No.16	2	3	1	3	2	3	1	2
No.17	2	3	2	1	3	1	2	3
No.18	2	3	3	2	1	2	3	1

ここで上段の表の表頭に並んでいる【制御因子 A】～【制御因子 H】は，システムを構成する要因で設計者が自由に決めることができる部品の形状・材質・寸法や，要素やユニット，購入品のグレード，あるいは仕様などが該当します．また，表側の【第1水準】～【第3水準】は，制御因子のなかの選択肢です．

　直交表の制御因子や水準を決めて表を埋めていくことを『割りつける』とか，『割付』といいます．L18 直交表は，制御因子を8個割りつけることができ，制御因子 A は，2個の水準（選択肢）を割りつけることができます．その他の制御因子は3個の水準を割りつけることができます．

　下段には，上段で割りつけた制御因子とその水準について，【No. 1】から【No. 18】まで，18通りの組みあわせが提示されます．例えば，実験 No. 1 では，制御因子 A～H のすべてにおいて，それぞれの制御因子の水準は第1水準を選択してシステムを組みなさい，という指示になっています．

　ここで，制御因子の水準を1，2，3という単なる数値とみなして，任意の2列について実験ナンバーごとに，1組につき18対の2元データとして全部で28組（8個のなかから任意の2個を取りだす組みあわせ：$_8C_2$）の相関係数を計算すると，どの列を組みあわせても0（ゼロ）になります．

　また，制御因子 B から H の水準の平均は2ですが，各水準の値から2を引いた値を要素とする18次元のベクトルとして，任意の2列の内積を計算してみると0（ゼロ）になります．

　いずれの場合も，対象となる2列は幾何学上直角に交わっている（直交している）ことを示しています．したがって直交表とよんでいるわけです．

　両者の相関係数が0，つまり，直交している場合，両者は結果系である出力に対してたがいに独立して寄与します．これは直交表に制御因子とその水準を割りつけて実験して，得られた結果を解析するうえで，とても大切な特性になります．理論上，ある制御因子の水準を変更しても，ほかの制御因子の水準が結果系におよぼす効果に対して影響をあたえないからです．理論上と書いたのは，制御因子間に交互作用がある場合，この関係は成立しなくなるからです．

　また，直交表にのっとって採集したデータは，分散分析という統計学上の分析手法で解析することも可能になります．この直交表を使って，設計者が最初に創造したチャンピオンである製品案の亜流となる，多様化された子孫（L18

直交表を使う場合18個）をつくります．

2・3・2　直交表の使い方〜割付について

では，直交表への割りつけ方について少し説明します．

まず，制御因子が量的変数，例えば処理温度である場合，第1水準から第3水準まで200℃，250℃，300℃など昇順，または，降順に割りつけたほうが解析結果を見る時にわかりやすくなります．制御因子が材質で，水準が『銅』，『鉄』，『アルミニウム』などの質的変数の場合でも，その水準のコストや特性値である密度，強度，融点などなんらかの物性をしめす量的な数値として表現される情報に着目して，その情報について昇順，降順に割りつけるとよいでしょう．解析結果とそれらの物性情報のあいだになんらかの関係を見いだせることになるかもしれません．

このように8個の制御因子について2〜3個の水準を割りつけてL18直交表を完成させます．そして，完成した直交表に示された各制御因子とその水準の組みあわせを実現することで，チャンピオンを始祖とする18個の異なる子孫がうまれます．

8個の制御因子のうち，1個が2水準，7個は3水準ですから，その組みあわせ個数は全部で$2×3^7＝4,374$通りとなります．直交表で指示されたのは18通りであり，当然，制御因子を割りつける列や水準の並び方が異なれば，18通りの組みあわせ結果も違うものになります．このように4,374通りから偶然選ばれた18個だけを評価の対象とするわけですから，4,374個のなかの最適な組みあわせが，そのなかに含まれている確率は243分の1（0.4％）です．

したがって，18個のなかからもっともよい組みあわせを選ぶことが目的ではないことはおわかりいただけることでしょう．

直交表を使う目的は，18通りの制御因子とその水準の組みあわせで採集したデータから，各制御因子について，それぞれの水準が結果系である出力のSN比や感度におよぼす効果を推定することです．

品質工学で直交表を使う理由として，よく，

「総当たり実験は実験回数が膨大になってたいへん，または，不可能だから直交表を使って実験回数を減らす」と認識されている方がいますが，これはま

ちがいです．直交表を使う真の目的は，最小の実験回数で8個の制御因子について，それぞれの水準が結果系に与える効果を推定するためです．最適解を見つけるのではなく，設計者にとって都合よくふるまってくれる，良質な遺伝子の情報を見つけることです．

例え，18個の子孫のうち，設計者の目標の範囲におさまる個体があったとしても，それにとびついてはいけません．データを解析すれば，もっと特性がよい個体を見いだせる可能性があるのですから．

品質工学で直交表を使う目的を以下にまとめます．

直交表に埋めこまれた幾何，統計的なメカニズムを使うことよって
1. 制御因子ごとにそれぞれの水準が結果系にあたえる影響の大きさを分離し，設計情報として活用する．そして，
2. 分離した影響の大きさを再検証することで制御因子間の交互作用を調べ
3. 実験自体（実験計画と実験の実施，そして，実験結果）の信頼性を検査する．

2・4　パラメータ設計の思想をより深く理解する

2・4・1　コンティンジェンシープランとは

「でる前に負けること考えるバカがいるか！」

昔，あるプロレスラーが大きな試合の前に控え室で発した名言です．

彼からみるとバカなことでしょうが，モノゴトを計画して実行する場合，失敗した時のことを想定して，損失をなるべく小さくするために用意する対策案をコンティンジェンシープランといいます．プロジェクトマネージメントでは，有効で重要な方法であると位置づけられているようです．

コンティンジェンシープランを用意することがなぜ必要か．それはいったん動きはじめたモノゴトが途中で頓挫しそうになった場合，それまでに費やしたコストと時間を取り戻すことができません．その時点から仕切りなおしてモノゴトを新たに再始動するにしても，すぐに軌道にのるわけではなくさらに時間を浪費します．コンティンジェンシープランがあったほうが，早く復旧して立ちなおることができ，損失を小さくできる，という考えです．

しかし，コンティンジェンシープランには決定的な自己矛盾が存在します．あらかじめ失敗を予想して，その対策を立てることにエネルギーを使うのであれば，そんな失敗をしないようにそのエネルギーを使ったほうがよいのでは，とも考えられるからです．

この自己矛盾と，失敗までに費やすコストと時間の浪費を防ぐという2つの問題を，同時に解決するにはどうすればよいでしょうか．

それは，「早く失敗する」ことです．

早く失敗すれば，コストと時間の浪費は少なくてすみます．そして，早く別の案の検討を始めることができ，実行に移ることが可能になります．

ただし，失敗するまでと，失敗したことで得られた情報を有効に活用する必要があります．ただ早く失敗すればよい，というわけではありません．失敗したというより，うまくいかない方法がみつかった，と考えたほうがよいかもしれません．

品質工学のパラメータ設計では，L18直交表を使って設計者がチャンピオンとして提案している設計案の亜流を18個作ります．そして，実験を行い，結果を解析して，制御因子ごとにそれぞれの水準に関する遺伝子情報（SN比と感度）を推定します．それらを組みあわせることで，目標とする機能水準（感度）とそのばらつき（SN比）が仕様上満足できるものであり，また，各制御因子で選択した水準のコストや調達性の面からみて，その組みあわせが現実的であれば"成功"です．しかし，実現することが困難であれば"失敗"です．

もし，開発の初期段階でパラメータ設計を活用するのであれば，チャンピオンを構成する各制御因子の水準に対して，ひとつの水準は現在その企業が入手可能なもっともグレードの高い技術や材質，部品，要素，ユニット，購入品などを割りつけるとよいでしょう．このように割りつけることで，その企業で入手できる最高の制御因子の水準を組みあわせたときに，どのような性能や特性を示すのか，また，そのばらつきはどの程度になるか，を推定することができます．たとえそれがコスト面，調達面で難点があったとしても，その情報はきっと有益なものとなります．

その結果が開発中の仕様を満足するものであれば，コスト面，調達面を改善するべく開発・設計を継続すればよいのです．おさえのエースはいる，つまり，

コンティンジェンシープランは用意できたのですから．

しかし，満足できないのであれば現在検討中の設計案をすぐにあきらめるべきです．その企業における最高の技術を総動員しても，今の設計案では目標の仕様を満足することは不可能である，ということがあきらかになったからです．

「本当にこのまま仕事を進めて，目標とする仕様を満足できる製品が開発できるのか？」という疑念や不安を抱きながら"見果てぬ夢"を追い続けることなく，おのれの技術の限界を知り，すぐに別のシステムで目的の機能と仕様を満足する設計案の検討に移行できることになります．

「技術対象とは格闘（Dog Fight）するな，一撃離脱（Hit & Run）に徹せよ．」ということです．

パラメータ設計を活用した技術活動を実践することで，担当する技術者やその企業の技術水準があきらかになります．つまり，パラメータ設計とは，冷徹な『真実を映す鏡』といえるでしょう．

2・4・2 ノイズを与えて実験を行う本当の理由とは

品質工学のパラメータ設計は，科学・技術への進化論の適用であることを述べてきました．まず，設計者が提案した設計案（チャンピオン）の亜流を直交表にのっとってシステマティックにうみ，それにノイズを与えてノイズに対して抗たん性のある遺伝子情報を引き出す．そして，その遺伝子情報をもとに製品の再構築を進める，というのがパラメータ設計のながれです．

例えば，環境温度をノイズとした場合，少なくとも高低2つの温度条件を用意する必要があります．その時，なにを基準に高低2つの温度を決めればよいのか，という疑問を持たれることと思います．仕様書やカタログ記載の使用温度範囲の上下限なのか，それとも，保存温度範囲を採用するべきなのか．

一般的に考えると，使用温度範囲に多少のマージンをとって2水準の温度を決めることになると思います．しかし，パラメータ設計の目的は，上限，下限で定めた温度範囲の環境下で製品が機能を発揮するのか？ つまり，仕様書との整合性や妥当性を確認することではありません．温度の変化に対して，機能の発揮とその安定性がどのように変化するか，を調べることが目的です．

使用温度範囲などにこだわらず，データが採集できる範囲でやや強めにノイ

ズをかけて，制御因子の各水準に潜在しているノイズに対する脆弱性をたたき出して顕在化したほうが，よりよい情報を得ることができるはずです．

パラメータ設計を実施して得られた実験結果を見る時には，使用温度範囲内で製品が無事に機能したことを喜ぶのではなく，機能の発揮とそのばらつきがどれだけ悪くなったのか，という情報が得られたことを喜ぶべきです．

パラメータ設計の原理は，評価対象に刺激を与えて応答を観察することです．内科医が聴診器で体内の音を観察するという診察方法ではなく，患者のからだを指でトントンとする打診による診察に通じます．また，与える刺激が大きいほど，応答も強くなり，より機能の脆弱性を顕在化させる可能性も高まります．

また，市場ではいろいろなノイズが複合して製品におそいかかってきます．例えば，温度と湿度，電源電圧の変動，設置姿勢，直射日光などの外乱と，おもに劣化による内乱です．パラメータ設計では実験を行う時，複数のノイズを組みあわせて評価対象に加えるほうがよい，とされています．これをノイズ因子の調合といいます．ノイズの調合には一工夫必要になります．これについては，第5章で解説します．

ノイズを調合することで実験の能率を高めるという効果が表れます．また，ノイズを調合することにより，ノイズ因子間の交互作用によりノイズそれぞれを単独で加えるよりも，評価対象に対してより強力なノイズになる，という効果もうまれます．

そして，経験的に，調合されたノイズに対して良好な抗たん性を示すシステムは，ノイズ因子として取りあげなかった想定外のノイズに対する抗たん性も高い場合が多い，ともいわれています．

品質工学をあまり理解していない上司や同僚に，この意味を説明して説得し，納得を引き出すのはかなり骨のおれる仕事になるかもしれませんが，調合したノイズを可能な限り強めに与えたほうがよいと思います．そして，その結果よい情報が引き出せた時には，その調合ノイズのレシピ自体が企業や技術者にとっての強力なノウハウとなるはずです．

調合ノイズを与えて評価することが効果的であることについて，筆者が所属していた地方研究会での過去の報告事例を紹介します．

十数年間にわたって連続的に使用され，さらに，非常に頻繁にくり返して使われる機能製品を製造販売しているあるメーカーでは，新製品の寿命評価を数時間で実施しているとのことでした．当然，過去の製品とその寿命に関する知識と情報が豊富なことはもちろんですが，実験の時に，あるレシピに基づいた調合ノイズを与えて実験することで，その製品について市場での時間的な劣化特性を驚異的に加速して評価することができるからだそうです．
　当然，その調合ノイズのレシピは門外不出であることはいうまでもありません．
　さらにすごいのは，この加速評価は，製品が寿命に達し，故障や不具合をおこすまで行わないそうです．劣化の進行具合を観察して評価することで，その製品が最終的に寿命に達するまでの平均時間とそのばらつきを，高精度で予測できるとのことでした．故障すれば最悪の場合，人命にかかわるような重要な製品ですがこのような加速評価をされており，その評価方法に大変な自信を持っていることに感銘を受けました．そして，あらためて調合ノイズを与えて実験することの有効性を認識しました．
　その報告をされた方は，最後にこのようにいわれていました．
　「わが社ではライフテストはしていません，寿命を評価しています．」

第3章

品質工学を理解するために必要な統計学の基礎の基礎

3・1 集団の特徴を表すために集約されたいくつかの数値：基本統計量

3・1・1 母集団とサンプル，およびサンプルの集め方

　自然界のいろいろな事象やモノゴトの性質，特徴をあらわすことを目的として，数量化されたデータが2つ以上あれば，それは統計学による解析・評価の対象となります．そして，解析・評価の対象となる複数の事象や，モノゴトを構成する個々の集まりの全体を母集団といいます．

　ある町の全住人を対象としている場合のように，対象全体の数が決まっている，つまり，数量的に有限の領域で構成される集まりを有限母集団といい，過去，現在，未来と永続的に生産される工業製品など，その時点では全体の数量を限定することができない特性の集まりを無限母集団といいます．

　解析・評価の対象がごく小規模な有限母集団であり，その特性が自然数で表現できる場合には，母集団を構成する個々のメンバーも認識でき，母集団全体の特徴を認知することができるかもしれません．しかし，メンバーの特性が小数点以下の桁をともなうものであったり，母集団のメンバーが多くなったりすると，母集団全体の特徴を認識することは人間にとってはとても困難なことになります．

　例えば，母集団が（3, 4, 5）であれば母集団のイメージは頭のなかにわくのですが，（3.73, 4.12, 5.84）や，（2, 8, 6, 7, 7, 4, 3, 6, 5, 2）などの場合，そのイメージを捉えることが難しくなると思います．

　しかし，この母集団を構成する個々のメンバーの特性値を，すべて認識でき

た時に，この母集団の特性に関する情報量は最大となります．

統計学の基本統計量は，母集団を構成するメンバー全体の特性値を推定するために，母集団から取り出した複数のサンプルについて，その特性を計測し，データ化してから数学的な処理をすることで，人間にとって認知しやすいいくつかの特徴量に変換したものです．

人間にとって認知しやすい特徴量に変換する過程で，母集団から取り出したサンプルが持っていた特性値に関する情報は，その多くが失われてしまいます．基本統計量で表された数値は，情報量の減少と引きかえに人間にとっての認知性を高めているわけです．

母集団からサンプルを取り出す時に，とても大切なきまりがあります．それは，無作為抽出，あるいは，ランダムサンプリングと呼ばれている方法で，取り出し作業を行う時には，人間の意志・意識をはたらかせないで実施しなければいけないということです．

母集団の本当の姿は"神のみぞ知る"ものであり，人間はそれを直接見ることはできません．そのために統計解析を行って，"神のみぞ知る"母集団の姿を想像しようとしているのです．

もし，無作為抽出をしないでサンプルを集めると，そのサンプル群は人間の意志・意識が作用した特性をもつことになり，本当の母集団の姿とは違うものになってしまいます．

例えば，直交表にのっとった実験を行って，得られた結果に違和感があったとしても，実験方法や装置，そして，実験環境に問題がなければ，その結果を素直に受けいれなければいけません．このようなデータを捨ててはいけません．

それでは，基本統計量の解説にうつります．

3・1・2　サンプルの『平均』～母集団の中心はどのあたりにあるか

もっともよく知られている基本統計量は『平均』です．しかし，意外と忘れがちなのですが，『データ数』も非常に重要な基本統計量です．

平均の計算方法は日本では小学生の時にみっちりと教育されてきたため，多くの人々が算術平均（総和平均）を簡単に計算しています．しかし，このことが，逆に平均だけで母集団の特性を表現できるという誤解をうんでしまってい

第3章 品質工学を理解するために必要な統計学の基礎の基礎

るようです．平均というのは，母集団の特性値全体が持つ情報のほとんどを失った絞りカスの，さらにカケラような数値です．決して平均だけで母集団の特性を語ってはいけません．

平均とは，対象としている母集団のだいたい真ん中あたりに存在するであろう特性値を，取り出したサンプル群のデータをもとに推定した値です．示された平均が同じ値になるデータ群であったとしても，そのサンプル群のメンバー数やそのちらばり具合（ばらつきや分布）が同じであるとは限りません．

では，算術平均の計算式をおさらいします．

n個のデータ群（$x_1, x_2, x_3, \ldots\ldots, x_n$）の平均；$\bar{x}$は

$$\bar{x} = (x_1 + x_2 + x_3 + \cdots x_n) \div n \quad \cdots\cdots(3.1)$$

です．これをもう少し数学的に記述すると

$$\bar{x} = \frac{1}{n}\sum_{i=1}^{n} x_i \quad \cdots\cdots(3.2)$$

となります．ここで，iはn個のサンプルでi番目のメンバーに割りあてられた番号でありx_iがi番目のメンバーのデータです．(3.2)式の中ではx_iは変数としてあつかわれます．記号のΣは全部足しあわせなさいという意味であり，$\sum_{i=1}^{n}$は1番目からn番目までを足し算の対象にするという意味になります．

ここで，今後よく使うΣに関する性質をあげておきます．

変数；x_i 定数；aのとき，

$$\sum_{i=1}^{n} a = na \quad \cdots\cdots(3.3) \qquad \sum_{i=1}^{n} ax_i = a\sum_{i=1}^{n} x_i \quad \cdots\cdots(3.4)$$

になります．(3.4)式は加法・乗法の分配法則が成り立つことをもとにしています．また，(3.3)式は(3.4)式で$x_1 \sim x_n$がすべて1の場合に該当します．

$$\sum_{i=1}^{n} ax_i = a\sum_{i=1}^{n} x_i = a\sum_{i=1}^{n} 1 = an$$

（$\sum_{i=1}^{n} 1$の意味は"1"をn回足すことです．つまり，nです．）

この関係は今後の解説の中で頻繁に使うので，よく覚えておいてください．

くり返しますが，母集団のだいたい真ん中あたりに存在する特性値を推定するために，母集団からサンプルを取り出してその平均；$\bar{x}$を計算します．取り

出すサンプルが多くなるほど，その平均は母集団の平均；μ に近づくという統計学上の性質があります．これを"大数の（弱）法則"といいます．

くり返しになりますが，母集団からサンプルを取り出す時には，取り出す行為に実施する人間の意志や意識がはたらかないように，無作為抽出を行うことが大切です．以上が算術平均の計算方法になります．

3・1・3 『偏差平方和』～サンプル群のばらつきを調べるために

母集団から取り出した複数のサンプルの特性値を計測して，得られたデータで平均を計算することにより，サンプル群や母集団の特性値について，だいたい真ん中あたりに存在するであろう値が推定できました．

それでは，異なる母集団から取り出したサンプルが，次の2つの群であった場合について考えてみます．

母集団Aから取り出したサンプル群データ D_A；(3，4，5，6，7)
母集団Bから取り出したサンプル群データ D_B；(1，3，5，7，9)
ともにデータ数は $n=5$ です．

この2つのサンプル群の平均 $\bar{x}_A, \bar{x}_B$ を計算すると

$\bar{x}_A = \bar{x}_B = 5$ になります．平均が同じ値でもサンプル群の違いはあきらかです．サンプル群のデータがとる領域は，D_A に比べて D_B のほうが広くなっているからです．これはデータ群内のばらつきが D_B のほうが大きく，そのサンプルを取り出した母集団Bのほうが，母集団Aよりもばらつきが大きい可能性が高い，ということが想像できます．

サンプル群内のデータがとる幅を範囲とかレンジといい，ばらつきの指標として使います．一般的に記号；R で標記します．品質管理の手法では，いまだに重要な情報として扱われています．

計算は，群内データの最大値から最小値を引く，という簡単なものになります．では，D_A と D_B のレンジ R_A と R_B を計算してみましょう．

$R_A = 7-3 = 4$　$R_B = 9-1 = 8$ となり，D_B のほうのばらつきが大きいという結果になります．

しかし，レンジではばらつきをうまく表現できないこともあります．あらたに母集団Cから5個のサンプルを取り出したところ，

D_C：(1, 4, 5, 6, 9) という結果が得られました．レンジを計算すると $R_C=9-1=8$ になって，母集団 B から取り出したサンプルのレンジと同じになりました．D_B と D_C をよく見てください．数値のまとまり具合は D_C のほうがよいように思えます．少なくともばらつき具合に違いがあるのはあきらかです．このようなデータ群同士を比較する場合，レンジの比較では不十分ということになります．

このようなデータ群の特性を比較する場合，ばらつきの違いを明確に表現する方法について考えてみましょう．

それぞれのデータと平均の差に着目し，その差の全体が大きいほどばらつきが大きいといえるのではないでしょうか．数学的に記述すると，

$\sum_{i=1}^{n}(x_i-\bar{x})$ となります．なお，$(x_i-\bar{x})$ を偏差といいます．サンプル群データ D_B についてさっそく試してみます．

$$\sum_{i=1}^{n}(x_i-\bar{x})=(1-5)+(3-5)+(5-5)+(7-5)+(9-5)$$
$$=(-4)+(-2)+0+2+4=0$$

になってしまいました．当然，D_C の場合もこの計算結果は 0 になってしまい，偏差の総和で両者のばらつきを比較することはできません．

実は，平均を計算するために使ったデータについて，すべての偏差を合計すると 0 になる，というこの事実は，この後いろいろな計算式を導く時によく使いますので，こちらもしっかり覚えておいてください．

それでは，偏差の絶対値を使えばいいのでは？
数学的に記述すると

$\sum_{i=1}^{n}|(x_i-\bar{x})|$ となります．D_B について試してみましょう．

$$\sum_{i=1}^{n}|(x_i-\bar{x})|=|1-5|+|3-5|+|5-5|+|7-5|+|9-5|$$
$$=4+2+0+2+4=12$$

になりました．

D_C の場合は，$4+1+0+1+4=10$ となって，D_C のほうがばらつきは小さい

という結果が得られました．ならば，この方法を使ってばらつきを表現しよう，ということには，残念ながらなりません．

データ群内のばらつきの総量を計算するために提案されたのが，偏差平方和；Sという概念です．Sを数学的に記述すると

$$S = \sum_{i=1}^{n}(x_i - \bar{x})^2 \quad \cdots\cdots(3.5)$$

となります．データ群のすべてのデータから平均を引き，それを2乗して足し合わせる，という意味です．つまり，偏差の2乗（平方）の総和ですから，偏差平方和という名称になっています．

偏差の2乗を総和する理由として，2乗にすることですべて正（プラス）の値になるので総和でばらつきの総量が計算できる，と解説している書籍があります．しかし，本当の理由は偏差に限らずデータを2乗して総和を計算することで，データ群に関する平均の情報とばらつきの総量の情報という，2つの重要な特性に分解できるからです．この内容についてはこの後すぐに説明します．さらに，もう1つ別な理由がありますが，それは後ほど説明します．

偏差平方和；Sの計算原理は(3.5)式に示した通りです．実際にSをこの式で計算すると問題があります．まず，平均は多数のデータの総和をデータ数で割ることで求めますから，その結果が循環小数になることもありえます．その場合，小数点以下何位かで四捨五入などによる"まるめ"という処置が入ります．そこにまるめ誤差が発生し，計算結果の精度が低下しますし，手計算では計算が煩雑になってしまい，とてもやっかいです．

また，現在のコンピュータは小数点以下の値の計算をあまり得意としていません．こちらでも誤差が発生します．

これを解決する手段として偏差平方和；Sについて別の計算式が提案されています．それが

$$S = \sum_{i=1}^{n} x_i^2 - \frac{1}{n}\left(\sum_{i=1}^{n} x_i\right)^2 \quad \cdots\cdots(3.6)$$

または，$$S = \sum_{i=1}^{n} x_i^2 - n\bar{x}^2 \quad \cdots\cdots(3.7)$$

という式です．

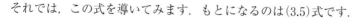

それでは，この式を導いてみます．もとになるのは(3.5)式です．

$$S = \sum_{i=1}^{n}(x_i - \bar{x})^2$$
$$= \sum_{i=1}^{n}(x_i^2 - 2x_i\bar{x} + \bar{x}^2)$$
$$= \sum_{i=1}^{n}x_i^2 - \sum_{i=1}^{n}2\bar{x}x_i + \sum_{i=1}^{n}\bar{x}^2$$

ここで，$\bar{x}$ は定数ですから

$$S = \sum_{i=1}^{n}x_i^2 - 2\bar{x}\sum_{i=1}^{n}x_i + n\bar{x}^2$$

また，$\sum_{i=1}^{n}x_i = n\bar{x}$ になりますから

$S = \sum_{i=1}^{n}x_i^2 - n\bar{x}^2$ となって(3.7)式が導かれました．

そして，$\bar{x}^2 = \left(\dfrac{1}{n}\sum_{i=1}^{n}x_i\right)^2$ ですから

$S = \sum_{i=1}^{n}x_i^2 - \dfrac{1}{n}\left(\sum_{i=1}^{n}x_i\right)^2$ となって(3.6)式が導かれました．

(3.6)式や(3.7)式の第2項を統計学では補正項；CF とか修正項；CT といいます．そして，品質工学におけるデータ平均の変動；S_m を計算する式と意味や目的は異なりますが，同じ数式となっています．後に解説しますが，S_m は静特性の望目特性評価で感度とSN比を計算する式で使われているとても重要な統計量になります．

$$S_m = \dfrac{\left(\sum_{i=1}^{n}y_i\right)^2}{n} = n\bar{y}^2 \quad \cdots\cdots(3.8)$$

さて，先ほど，「データを2乗して総和を計算することで，データ群に関する平均の情報とばらつきの総量の情報という，2つの重要特性に分解できる」と記しました．これを確認します．

(3.7)式を変形すると

$\sum_{i=1}^{n}x_i^2 = n\bar{x}^2 + S$ となります．式の右辺をよくみると，第1項はデータ群の平

均 $\bar{x}$ の 2 乗をデータ数の n 倍したものです．また，第 2 項は偏差平方和の S そのものです．偏差平方和とは偏差を 2 乗した次元の総和ですから，データ群内のばらつきの総量に関する情報です．つまり，この式の意味はデータ群の個々の値を 2 乗して合計すると，その結果はデータ群の平均の 2 乗情報をデータ数で重みづけした総量と，ばらつきの総量に関する 2 乗情報に分解できる，ことを意味しています．なお，今後データやデータ群に関して値を 2 乗した統計量を 2 乗情報と呼ぶことにします．

これは，第 5 章で解説する田口の感度や SN 比の計算を行うときの根底の思想になり『2 乗和の分解』といわれています．

データ群を構成する個々のデータ x_i と，その平均である $\bar{x}$ との偏差を ε_i とすると，

$$\sum_{i=1}^{n} \varepsilon_i^2 = n\bar{\varepsilon}^2 + S_\varepsilon$$

となりますが，$\bar{\varepsilon}=0$ ですから，

$$\sum_{i=1}^{n} \varepsilon_i^2 = S_\varepsilon$$

というばらつきの総和に関する 2 乗情報になります．したがって偏差を 2 乗して総和をとった偏差平方和は，偏差のばらつきの総量に関する 2 乗情報になることが確認できました．

3・1・4 『分散』と『標準偏差』～母集団のばらつきを推定する

さて，データ群のばらつきに関する 2 乗情報の総量をあらわしている偏差平方和；S は，1 つのデータ群を対象としている時には問題ないのですが，2 つ以上のデータ群を比較する場合，それぞれのデータ群のデータ数が異なると，偏差平方和の値ではどちらのばらつきが大きいか，という比較ができません．データ数が多いほど，ばらつきの総量が大きくなる可能性があるからです．

そこで，ばらつきの総量ではなく，ばらつきの総量をデータ数で割った値を使えばデータ数が異なる場合でもばらつきが比較できるのでは，という考えがうかぶと思います．つまり，偏差の 2 乗情報の平均を使うという考えです．

しかし，現代の統計学ではばらつきの比較などのための指標として，偏差平

第3章 品質工学を理解するために必要な統計学の基礎の基礎

方和をデータ数で割った値は使いません．

偏差平方和を（データ数 -1）で割った値を分散；Vとして定義します．特に母集団の分散ではなく，母集団から取り出したサンプルについての分散であることを明確にするために，不偏分散ということもあります．不偏とは"偏りがない"という意味です．母集団から取り出したサンプル群の平均；$\bar{x}$は母平均；μと一致することはほとんどなく，μに対して小さい側か，大きい側にずれています．つまり，偏りが発生することになるのですが，私たちが知りたいのはサンプル群内での$\bar{x}$を対象としたばらつきではなく，母平均；μを対象としたばらつきの指標です．実は，偏差平方和を（データ数 -1）で割ることによって計算された分散；Vが，母平均；μを対象としたばらつきの推定値になります．つまり，母集団の中心に対して偏りのない分散の期待値が得られます．このため，不偏分散といわれています．

また，（データ数 -1）を自由度といい，fという標記をします．

なぜ，自由度；（データ数 -1）で割るのか，という疑問を持たれるものと思います．この疑問については，3・3節で解説する『中心極限定理』という統計学上の重要な性質を理解する必要があります．

（データ数 -1）を自由度という理由について説明します．n個のデータを使って平均；$\bar{x}$を計算した場合$\bar{x}$とn個分のデータで合計$(n+1)$個の数値が顕在化します．この時，顕在化した$\bar{x}$とn個のデータのうち，$(n-1)$個の数値があきらかになれば，残りの1個のデータは平均を計算する過程と逆の計算をすることで自動的に決まってしまいます．つまり，n個の数値を使って平均を計算したという事実において，平均を計算するための数値として自由にふるまうことができるデータの個数は$(n-1)$個になります．このように統計処理を行ううえで何らかの計算を行う場合，数値を自由に変化させることができるデータの個数を自由度といいます．

では，不偏分散を計算する式を示します．

$$V = \frac{S}{n-1} = \frac{1}{n-1}\sum_{i=1}^{n}(x_i - \bar{x})^2 = \frac{1}{n-1}\left\{\sum_{i=1}^{n}x_i^2 - \frac{1}{n}\left(\sum_{i=1}^{n}x_i\right)^2\right\} \quad \cdots\cdots(3.9)$$

ひととおり分散の解説がすんだので，データを2乗の情報に変換する理由をもう1つ紹介します．それは，2乗情報である分散には加法性が成立する，と

いう統計学上の事実です．例えば，2種類の板があり，一方の板の厚さは母平均が μ_1 母分散が σ_1^2 の群であり，もう一方の板の厚さは母平均が μ_2 母分散が σ_2^2 の群である場合，それぞれの群から無作為に一枚ずつ取り出して重ねる行為を複数回くり返した場合，重ねあわせた板厚の群の平均は $\mu_1+\mu_2$ になるのは想像できると思います．さらに，板厚の群の分散は，$\sigma_1^2+\sigma_2^2$ になるという統計学上の事実があるのです．これを分散の加法性といいます．2乗情報であるため一見なじみにくく感じられる分散という概念ですが，このような便利な性質があることも，2乗情報に変換する理由の1つであることを理解してください．

ここまで，対象とするデータ群の状態を統計的に表現するために必要な数値情報として，"データ数"，"平均"，"分散"の3つを紹介してきました．

データ数は個数という無次元の自然数で表現されます．平均は kg（キログラム）など，データ群とおなじ単位の次元になります．しかし，分散は2乗情報であるため，データや平均の単位を2乗した次元で扱われることになります．そのため，分散が持つ数値の意味は人間にとって理解しにくいものになってしまいます．

そこで，分散の平方根をとりデータや平均と同じ単位にすることで，認識性を高めたのが標準偏差という指標です．標準偏差の標記は，母集団を対象とした場合は σ，取り出したサンプルなどを対象とした場合は s（スモールエス）になります．計算式は

$$s = \sqrt{V} = \sqrt{\frac{S}{n-1}} \quad \cdots\cdots(3.10)$$

となります．

標準偏差は次節で説明する正規分布や，標準正規分布表を使った解析でよく利用されます．品質管理では分散よりも標準偏差を使う機会が多くなりますが，品質工学ではあまり使うことはありません．品質工学ではデータの2乗情報を重要視しているからです．

3・2 分布を調べてサンプル群のばらつき方を可視化する

3・2・1 サンプル群のデータでヒストグラムをつくる

　ここまで，母集団やそこから取り出したサンプル群の特性値についてデータ数，平均，分散（および，標準偏差）という3つの基本統計量が重要な指標であることを紹介し，その計算方法を学んできました．サンプル群から母集団の特性を認知しやすいようにするため，サンプル群から得られた特性値を集約した数値情報に変換したものが3つの基本統計量です．

　数値として表現することは難しいのですが，データ群を認知するためにもう1つ重要な情報があります．それが『分布』です．

　自然科学の現象や製造業の生産物など，社会的・経済的な活動の結果として観測されるいろいろな特性は，その原因系と結果系がなんらかの因果関係によって支配されているので，無秩序で乱雑な集団になることはまれです．

　その因果関係をつかむために，観測されたデータを大きさ順に並べかえ，データ範囲を複数の区間に区切って，そこに存在するデータの数を調査します．そして，1つの区間の計数値を度数といい，複数の区間で区間ごとに度数をまとめた結果が度数分布，それを表にまとめたものが度数分布表です．

　さらに，データ領域を区切った区間ごとの幅を横軸に，また，その区間の度数を縦軸にし，棒の幅を区間の幅にあわせて描いた棒グラフをヒストグラムといいます．ヒストグラムは品質管理や統計を利用するいろいろな場面で使われています．ヒストグラムを描くことによって，母集団やそこから取り出したサンプルの特性値がどのような傾向で存在しているのか，また，どのようにばらついているのかを可視化することができます．

　ただし，サンプル群の分布をなるべく正確に認知するためには，ヒストグラムやそのもととなる度数分布，度数分布表を作成する過程においていろいろなノウハウが必要になります．詳しく知りたい方は品質管理のテキストなどを参照してください．多くの自然現象や社会科学的な事象についてヒストグラムを描き，その分布を可視化すると図3・1のようにいろいろな形になります．

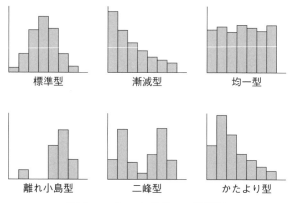

図3・1　ヒストグラムの形態例

3・2・2　正規分布と標準正規分布～その特性と活用方法

　ヒストグラムはその製作者が，主観的に定めた区間に存在するデータ数を計測した結果です．例えば"標準型"を例にすると，**図3・2**に示すように連続的に分布している母集団から，サンプルを取り出した結果であると考えられます．このように標準型のヒストグラムから想像されるような，**図3・3**に示した平均；μ を中心に左右対称の釣りがね型をした連続分布を正規分布といいます．自然科学の現象や社会科学のいろいろな事象の傾向，そして，工業製品の特性値のばらつきなどは，多くの場合正規分布にしたがいます．

　図3・3に示した正規分布の曲線は確率密度を表していて(3.11)式のように数学的な関数で表すことができます．

$$f(x) = \frac{1}{\sqrt{2\pi}\,\sigma} e^{-\frac{(x-\mu)^2}{2\sigma^2}} \quad \cdots\cdots(3.11)$$

　なお，(3.11)式の記号は，μ がデータ群の平均で，σ が標準偏差です．

　また，e は自然対数の底で π は円周率です．この関数は x が $\pm\infty$ であっても0（ゼロ）にはなりません．

　正規分布には便利な特性があります．**図3・4**に示すように正規分布の中心（平均；μ）に対して $\pm\sigma$ で囲われる範囲の面積は，$-\infty$ から ∞ の範囲での正規分布の面積に対して約68.3 %になり，$\pm 2\sigma$ で囲われる範囲の面積は約95.4 %になります．そして，同様に $\pm 3\sigma$ で囲われる範囲の面積は約99.7 %に

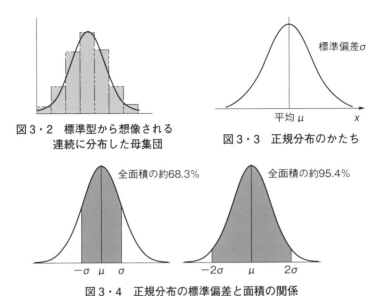

図3・2 標準型から想像される連続に分布した母集団

図3・3 正規分布のかたち

図3・4 正規分布の標準偏差と面積の関係

なります.

正規分布におけるこの便利な特性をより有効に使うために，基準化（あるいは標準化）という処理を行います．基準化とは，分布に所属するあるデータの値から平均を引き，標準偏差で割るという処理です．平均；μ，標準偏差；σというデータ群に所属するi番目のデータ；x_iを基準化した値；u_iは(3.12)式で計算します．

$$u_i = \frac{x_i - \mu}{\sigma} \quad \cdots\cdots(3.12)$$

正規分布にしたがうデータ群のメンバーすべての値に対してこの処理を行うと，その結果は平均がゼロ，標準偏差が1の正規分布に変換されます．そして，正規分布のグラフの横軸に対応する特性（x）は，**図3・5**のように標準偏差（$\sigma=1$）の何倍に相当するかという倍数をあらわす数値；z（無次元）という標記に変換されます．変換後の平均がゼロ，標準偏差が1の正規分布を標準正規分布といいます．

もととなる正規分布がどのような平均と標準偏差であったとしても，基準化することにより図3・5のようにすべて同じ標準正規分布に変換されます．

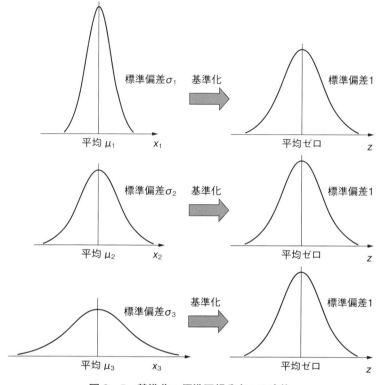

図 3・5　基準化；標準正規分布への変換

　このように変換することで，正規分布にしたがうと仮定されるいろいろな事象について，標準偏差の倍数；z の値を使って評価や解析をすることが可能となります．標準正規分布にしたがう事象において，z の値ごとにその値により 2 分されるそれぞれの領域の事象が発生する確率が一義的に決まるからです．

　本章の末に付録 1 として掲載している標準正規分布表を使うことで，対象とする事象について，その z の値から右側の領域の事象が生起する確率を調べることが可能になります．

　Microsoft 社の表計算ソフトウェア Excel では，z の値を入力するとそこから左側の領域が生起する確率を返す関数が用意されています．標準正規分布表の定義とは逆になりますので注意してください．

　Excel のセルに "=NORMSDIST（z の値）" を入力します．なお，" " は

入力しません．すると，$-\infty$からzの位置までの領域が生起する確率を返しますので，標準正規分布表と同じ表現にするには，
"$=1-$NORMSDIST（zの値）"と入力します．
また，標準正規分布の両側（軸対象）の確率を求めるには，
"$=2*$（1$-$NORMSDIST（zの値））"と入力します．

3・2・3 データ数，平均，標準偏差，分散，分布をイメージする

統計解析は調査や研究の対象である母集団の姿を想像することが目的です．図3・6の左にあるような立体造形物が母集団の姿だとします．この造形物を粘土などで製作する場合，まず，底面の円を定める必要があります．そのため，ある面に円を描くのですが，このときコンパスの針をさす位置こそ，サンプル群を計測して得られたデータの平均になります．

そして，コンパスの開き，つまり，円の半径が標準偏差であり，描いた円の面積を円周率で割った値が分散になります．

これにより母集団の中心と広がりという平面的（2次元）イメージを持つことができるようになります．半径を2倍，3倍にすることで2σ，3σの領域がしめされ，面積は4倍，9倍に増加します．例えば，母集団が正規分布にしたが

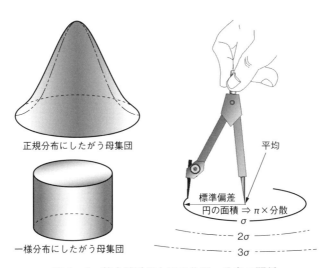

図3・6 基本統計量と円の作図，分布の関係

がうと考えられる場合，底面が標準偏差を何倍かした円の釣りがね型を考えればよいでしょう．

もう1つ重要な基本統計量であるデータ数は，造形物の輪郭の鮮明度と考えることができます．データ数が少ない場合には，その造形の輪郭はぼんやりとし，データ数が多くなるほど輪郭ははっきりするのです．この造形物を思考のなかで製作することが，母集団の姿を想像する，ということです．

3・3 統計数理の源泉―中心極限定理―

3・3・1 サンプル平均の群れについて～その分布とばらつきの特徴

母集団の姿（特徴）を推定するために，母集団から無作為にサンプルを取り出してそのサンプルの特性を計測し，統計解析を行います．しかし，取り出すサンプルがほんの数個では，母集団の姿を推定することは不可能です．サンプル数が多いほど統計解析により推定される母集団の姿は，実際の姿に近づくものと考えられます．

連続して製品が生産されている工場では，適当な時間間隔で生産された製品の群から何個かのサンプルを取り出して特性を計測し，そのデータを統計解析した結果から，製造設備や工程の異常検出や製品の品質管理をする手法が存在します．取り出したサンプル群データの平均とレンジを求めて時間軸を横軸としたグラフにプロットしていく管理図という品質管理七つ道具の一手法です．

このように，母集団から数個のサンプルを取り出して特性を計測し，その平均を求める行為を複数回くり返すと複数個の平均が得られます．そして，得られた複数の平均の群れは，非常に興味深い性質を示します．

■中心極限定理―――――――――――――――――――――――――――

確率変数；x が，母平均；μ，母分散；σ^2 をもつある分布にしたがうとき，これから無作為に抽出した大きさ n の標本平均；$\bar{x}$ の分布は，n が大きくなるにつれて，母平均；μ，母分散；σ^2/n の正規分布に近づく．

――――――――――――――――――――――――――――――――

これをもう少しかみくだいて説明します．図3・7のように母平均；μ，母分

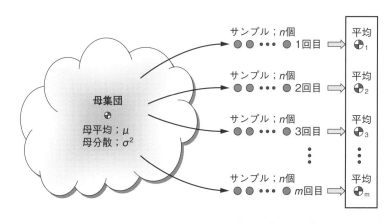

図3・7 中心極限定理の概念

散；σ^2 で表すことができる連続した分布の母集団から n 個のサンプルを取り出して特性値を計測し，その平均；$\bar{x}_j$ を求めます．

$\bar{x}$ の添え字；j は，母集団から n 個のサンプル群を取り出す行為の試行回数を意味します．

$\bar{x}_1$ は1回目に取り出した n 個のサンプル平均のことです．n 個のサンプルを取り出す試行を m 回くり返して m 個のサンプル平均 $\bar{x}_1, \bar{x}_2, \bar{x}_3 \cdots, \bar{x}_m$ を求めます．そして，この $\bar{x}_1, \bar{x}_2, \bar{x}_3 \cdots, \bar{x}_m$ について調査すると，このサンプル平均の集団は正規分布にしたがい，そのサンプル平均の集団の平均は，サンプルを取り出した母集団の平均；μ に近づきます．さらに，そのサンプル平均の集団の分散は，サンプルを取り出した母集団の分散；σ^2 を試行1回につき取り出すサンプル個数；n で割った値，つまり，σ^2/n になるということです．現実的には1回に取り出すサンプル数は，$n \geq 5$ 程度必要といわれていて，n が大きくなるほど得られる情報の信頼性は高まります．

中心極限定理は第5章で解説する静特性の望目特性の SN 比を計算する式を導く時や，この後解説する「分散はなぜ偏差平方和を（データ数 -1）で割るのか？」を説明する時に必要不可欠となる重要な性質です．

3・3・2 体験してみよう！『中心極限定理』

中心極限定理は説明の文章を読んでも，なかなか理解できないものと思います．そこで，中心極限定理を実際に体験していただき，その内容の理解を助けるために，『中心極限定理　体験シミュレータ』を Excel で制作しました．

中心極限定理を体験していただくには，日刊工業新聞社のインターネットホームページから【中心極限実験.xls】というファイルをダウンロードしていただく必要があります．ダウンロードの方法については第 7 章 7・2 節（234 ページ）を参照してください．

圧縮されたフォルダを解凍すると，【中心極限実験.xls】というファイルがありますので，このファイルを開いてください．すると，図 3・8 のような画面が開きます．

この Excel VBA は「一様分布」，「正規分布」，「バスタブ分布」の 3 つの分布にしたがう乱数を使って中心極限定理を体験します．セル F4 のサンプル抽出数の個数だけ，【操作ボタン】に配置したボタンに記入してある分布にした

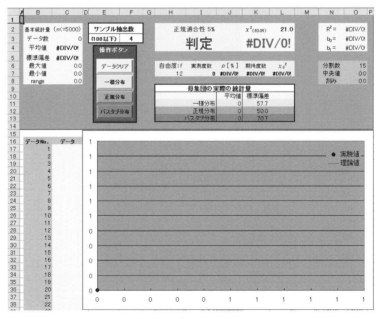

図 3・8　中心極限定理のシミュレータ画面

第3章　品質工学を理解するために必要な統計学の基礎の基礎

がう乱数をそれぞれのシートに発生させます．

分布のかたちはそれぞれのシートに図示していますから，それを参考にしてください．そして，その試行を1,000回くりかえし，試行ごとに平均を求めます．つまり，1,000個の平均が求まり，それを15分割した度数分布表にまとめ，その度数分布の結果が正規分布にしたがうか否かを，適合度検定という手法で判定します．適合度検定の信頼性は95％としています．

採集した1,000個の平均が正規分布にしたがうと判定された場合は，【判定】の欄に"OK"と表示され，したがうとはいえないと判定された場合は"？"と表示されます．また，1,000個の平均の平均はセルC4に，また，標準偏差はセルC5に表示されます．本当の母集団の平均と標準偏差はセルJ11からセルK13に記載してあります．このシミュレータでは，分散ではなく標準偏差を表示しますのでご注意ください．

中心極限定理から，サンプル平均の群の標準偏差；sは，母集団の標準偏差；σの$\sqrt{\frac{1}{n}}$になります．例えば，1回の試行で抽出するサンプル数がデフォルトの4個の場合，サンプル平均の群の標準偏差は，母集団の標準偏差の$\frac{1}{2}$になります．

百聞は一見にしかず，百見は一行にしかず，です．分布のかたちやサンプル抽出数をいろいろと変更して抽出したサンプル平均の群が正規分布にしたがうか？　や，サンプル平均の群の標準偏差が母分散の$\sqrt{\frac{1}{n}}$になるか，などを確認して中心極限定理を実感してください．

なお，サンプル抽出数を減らす場合，【データクリア】ボタンをクリックしてください．サンプル抽出数を増やす場合，その必要はありません．

3・3・3　分散はなぜ偏差平方和を（n−1）で割るのか？

私たちは母集団の母平均；μや母分散；σ^2を推定するために，母集団から複数のサンプルを取り出してその平均；$\bar{x}$や不偏分散；s^2を計算します．1回に取り出すサンプル数；nが多くなるほど$\bar{x}$はμに近づくのですが，この試行を

多数回くり返しても，$\bar{x}$ が μ と一致することはまずありえないでしょう．

母集団から n 個のサンプルを取り出して平均；$\bar{x}$ と偏差平方和；S を計算すると，

$$\bar{x} = \frac{1}{n}\sum_{i=1}^{n} x_i \qquad S = \sum_{i=1}^{n}(x_i - \bar{x})^2$$

になります．

私たちが本当に知りたいのは x_i と $\bar{x}$ の偏差の2乗の総和ではなく，x_i と μ の偏差の2乗の総和です．そこで，母平均；μ を対象としたデータの偏差平方和；S_μ を考えます．

$$S_\mu = \sum_{i=1}^{n}(x_i - \mu)^2$$

です．そして，x_i と μ のそれぞれから $\bar{x}$ を引いて展開すると

$$\begin{aligned}
S_\mu &= \sum_{i=1}^{n}\{(x_i - \bar{x}) - (\mu - \bar{x})\}^2 \\
&= \sum_{i=1}^{n}\{(x_i - \bar{x})^2 - 2(x_i - \bar{x})(\mu - \bar{x}) + (\mu - \bar{x})^2\} \\
&= \sum_{i=1}^{n}(x_i - \bar{x})^2 - 2(\mu - \bar{x})\sum_{i=1}^{n}(x_i - \bar{x}) + \sum_{i=1}^{n}(\mu - \bar{x})^2
\end{aligned}$$

となりました．ここで，

$\sum_{i=1}^{n}(x_i - \bar{x}) = 0$ で，また，$\sum_{i=1}^{n}(\mu - \bar{x})^2 = n(\mu - \bar{x})^2$ より

$$S_\mu = \sum_{i=1}^{n}(x_i - \bar{x})^2 + n(\mu - \bar{x})^2 \qquad \cdots\cdots(3.13)$$

となります．ここで，右辺第1項はサンプルデータ群の偏差平方和；S そのものです．また，第2項の $(\mu - \bar{x})^2$ はサンプル平均と母平均の偏差の平方和ですから，サンプル平均；$\bar{x}$ の分布に関する分散の期待値（$\bar{x}$ の分布における分散の平均）と考えることができます．

中心極限定理よりサンプル数が n 個の時，$\bar{x}$ の分散は母分散；σ^2 の n 分の1になりますから，右辺第2項は

$$n(\mu - \bar{x})^2 = n\frac{\sigma^2}{n} = \sigma^2$$

になります.

　さて，サンプル群内の 1 個のデータ；x_i は μ と一致することはほとんどなく，母平均からの偏差が存在します．この母平均からの偏差の 2 乗の期待値こそ σ^2 です．サンプル群は n 個のデータで構成されていますから，この母平均からの偏差の 2 乗の期待値をサンプル群全体で考えた総量は $n\sigma^2$ になります．そして，これは S_μ のことですから(3.13)式は

$$S_\mu = n\sigma^2 = S + \sigma^2$$

となります．この式を私たちが本当に知りたい σ^2 について解くと

$$n\sigma^2 - \sigma^2 = S$$
$$\sigma^2 = S/(n-1) \quad \cdots\cdots(3.14)$$

になり，母分散（の推定値）はサンプル群の偏差平方和を（データ数 -1）で割ることで得られることが確認できました．なお，厳密にはここで計算された分散は母分散；σ^2 の不偏推定値としての不偏分散；s^2 になります．偏差平方和；S を（データ数 -1）で割ることで，母平均；μ から偏りがあるサンプル平均；$\bar{x}$ に対するサンプル群内の分散ではなく，μ に対するサンプル群内の分散が計算でき，この結果より母分散を推定することができるようになるということです．

3・4　相関と回帰分析―動特性解析の原理を理解する―

3・4・1　入出力関係を可視化する散布図と相関係数の役割

　第 1 章で解説したように，システムの入力と出力の関係について調査したい時など，散布図を描けば横軸に配置した特性と縦軸に配置した特性の関係について，視覚的にとらえることができます．

　図 3・9 のように，描いた散布図で横軸に配置した特性が増加すると縦軸に配置した特性が直線的に増加したり，直線的に減少したりする傾向がある場合，両者に相関がある，といいます．縦軸の特性が横軸の特性の増加に対して直線的に増加する場合，正の相関があるといい，直線的に減少する場合，負の相関があるといいます．

　データ群が直線上に密接に配置されている場合，強い相関があると表現し，

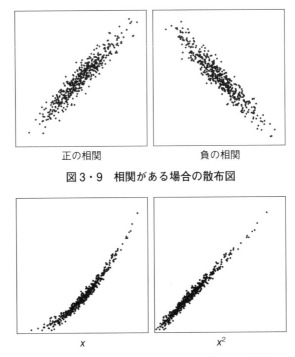

図3・9 相関がある場合の散布図

図3・10 横軸の特性値の2乗と相関がある場合

ちらばりが大きいときには相関は弱いと表現します．

横軸の特性が増加したとき縦軸の特性も増加したとしても，その関係が**図3・10**左の散布図のように，散布されたデータの傾向が直線ではなく2次関数など曲線になる場合は厳密には相関があるとはいいません．

しかし，この場合は横軸に配置した特性値を2乗した値と，縦軸に配置した特性で再び散布図を描くと，両者に相関があることがわかります．

それでは，散布図にプロットされたデータ群の相関の強さを表現する方法について説明します．

正の相関と負の相関の関係をもつ2つのデータ群について，各軸の座標の平均；$\bar{x}$と$\bar{y}$を求めて，それぞれのデータから引いた偏差；$(x_i-\bar{x})$，$(y_i-\bar{y})$を求めます．そして，それを散布図にすると**図3・11**になります．この散布図は原点を通る横軸と縦軸によって4分割されています．右上の区画を第1象限と

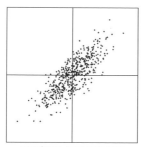
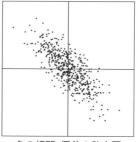

正の相関 偏差の散布図　　負の相関 偏差の散布図

図3・11　原点を通る正と負の相関をもつ散布図

表3・1　象限とデータ群の関係

	$(x_i - \bar{x})$	$(y_i - \bar{y})$	$(x_i - \bar{x})(y_i - \bar{y})$
第1象限	プラス	プラス	プラス
第2象限	マイナス	プラス	マイナス
第3象限	マイナス	マイナス	プラス
第4象限	プラス	マイナス	マイナス

いい,反時計回りに第2象限,第3象限,第4象限といいます.

プロットされたデータ群と象限の関係を**表3・1**にまとめました.

1対の偏差データについて,横軸座標と縦軸座標の積を考えて偏差データ群全体でその総和を計算します.

まず,正の相関の場合,データ群の分布は第1象限と第3象限に多くが分布しています.しかも,第2象限と第4象限ではデータのプロットが原点の近くにしか存在しないのに対して,第1象限と第3象限に存在するデータプロットは,横軸方向に原点から離れると縦軸も原点から離れる方向に偏差が配置されています.

表3・1では,第1象限と第3象限において横軸座標と縦軸座標の積は『プラス』ですから,正の相関の場合,偏差データ群の横軸座標と縦軸座標の積の総和は4つの象限全体では『プラス』になります.

一方,第2象限と第4象限に多くのデータが存在している負の相関の場合,データ群の横軸座標と縦軸座標の積の総和は4つの象限全体では『マイナス』になります.

サンプルごとに横軸座標の平均からの偏差と,縦軸座標の平均からの偏差と

の積を計算して,それらをすべて足し合わせた総和を積和といいS_{xy}で表します.そして,積和の符号によって正の相関か負の相関かの判定が可能になります.積和ということばから対をなすデータ同士の積をイメージしがちですが,平均からの偏差同士の積であることに注意してください.

$$S_{xy} = \sum_{i=1}^{n}(x_i - \bar{x})(y_i - \bar{y}) \quad \cdots\cdots(3.15)$$

(3.15)式を変形することで,偏差平方和の計算と同じようにまるめ誤差などを低減できる式が導かれます.

$$\begin{aligned}
S_{xy} &= \sum_{i=1}^{n}(x_i - \bar{x})(y_i - \bar{y}) \\
&= \sum_{i=1}^{n}(x_i y_i - \bar{y}x_i - \bar{x}y_i + \bar{x}\bar{y}) \\
&= \sum_{i=1}^{n}x_i y_i - \bar{y}\sum_{i=1}^{n}x_i - \bar{x}\sum_{i=1}^{n}y_i + n\bar{x}\bar{y}
\end{aligned}$$

ここで,$\sum_{i=1}^{n}x_i = n\bar{x}$,$\sum_{i=1}^{n}y_i = n\bar{y}$ですから

$$S_{xy} = \sum_{i=1}^{n}x_i y_i - 2n\bar{x}\bar{y} + n\bar{x}\bar{y} = \sum_{i=1}^{n}x_i y_i - n\bar{x}\bar{y} \quad \cdots\cdots(3.16)$$

または,

$$S_{xy} = \sum_{i=1}^{n}x_i y_i - \frac{1}{n}\sum_{i=1}^{n}x_i \sum_{i=1}^{n}y_i \quad \cdots\cdots(3.17)$$

となります.

では,ここで相関の強さをあらわす指標である相関係数;rの計算式を提示します.横軸の偏差平方和;S_x,縦軸の偏差平方和;S_y,積和;S_{xy}として

$$r = \frac{S_{xy}}{\sqrt{S_x}\sqrt{S_y}} \quad \cdots\cdots(3.18)$$

となります.では,この式を導いてみます・・・といいたいのですが,ここまでの知識ではこの式を導くことができません.3・4・3項の回帰分析で説明する寄与率;R^2という指標を導くことによって相関係数;rの計算式へとつながります.

さて,相関係数;rは$-1 \leq r \leq 1$の範囲をとります.相関の強さはrがゼロに近づくほど弱くなり,-1(負の相関)や1(正の相関)に近づくほど相関

が強いことを意味します．

なお，S_{xy}を自由度（n−1）で割ったもの，すなわち

$$s_{xy} = \frac{1}{n-1} S_{xy} = \frac{1}{n-1}\left\{\sum_{i=1}^{n}(x_i-\bar{x})(y_i-\bar{y})\right\} \quad \cdots\cdots(3.19)$$

を共分散：s_{xy}（sはスモールエス）ということをつけ加えておきます．

3・4・2 偽相関，擬似相関

入力と出力など1組につき一対（2系統）のデータが複数組ある場合，両者に因果関係があるか否かを可視化して調べるために散布図を描きます．この時，注意すべきことは，散布図の横軸には因果関係の原因系となる特性を配置し，縦軸には結果系となる特性を配置する，ということです．原因系となる特性を説明変数あるいは独立変数といい，結果系となる特性を目的変数あるいは従属変数といいます．

目的変数を横軸，説明変数を縦軸に配置して散布図を描いてしまうと，あやまった判断を誘うおそれがあります．特に次の節で説明する回帰分析では，横軸に説明変数，縦軸に目的変数を配置するという原則をまもることが重要です．

図3・12は日本の主要都市の経度と年間平均気温の散布図です．経度が大きくなるほど，平均気温は低下する傾向がみられます．では，日本の主要都市

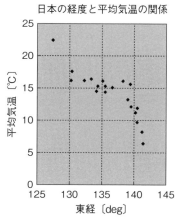

図3・12 経度と平均気温の間に相関はあるか？

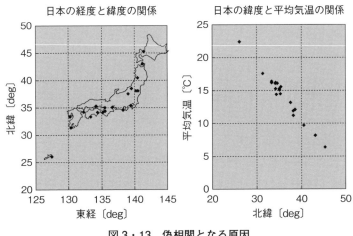

図3・13　偽相関となる原因

の経度と年間平均気温の間には負の相関がある，といえるでしょうか．

　実は，経度と平均気温の間には，科学的な因果関係に基づいた相関はありません．一見，両者に相関があるように見える原因は，地球上における日本列島の配置位置関係です．

　図3・13（左図）のように日本列島は北海道から沖縄まで，北東から南西に斜めに配置されています．つまり，東経が大きくなると北緯が大きくなるという関係があります．科学的に考えると北半球では北緯が大きくなるほど北極に近づくため，図3・13（右図）のように平均気温は低くなる傾向にあります．

　緯度と平均気温の間に強い負の相関があることは科学的に正しい事実です．一方で地球上の配置に由来して日本列島では経度と緯度の間に正の相関があります．そのため，緯度を媒介として経度と平均気温の間に相関があるように見えてしまうのです．このような相関の関係を偽相関あるいは擬似相関といいます．

　相関を調べ，その結果から何か情報を引き出そうとする時，相関係数だけで相関の有無を判断するのではなく，両者間に本当に科学的な関係があるのか，を十分検討してから判断をくだすことが重要です．

3・4・3 回帰分析〜原因系から結果を予測する

前項では，対をなす説明変数と目的変数で，その変数同士の相関の強さは相関係数；rの絶対値の大きさで表されることを説明しました．相関係数の絶対値が1に近い値を示す時，両者の関係を数学的に把握することができれば，説明変数と目的変数の関係を定量的に表現することが可能になり，説明変数がある値の時に目的変数がどのような値になるのかを推定できるはずです．そこで，回帰分析という考えがうまれました．

回帰分析は，説明変数と目的変数に比例関係の直線を仮定して，仮に定めた直線の傾きとy切片を使って計算した推定値と，実際の値との差である残差の2乗を合計し，その合計がもっとも小さくなるように傾きとy切片を決めることが目的です．

求めた傾きとy切片で提示される直線を回帰直線といいます．1つの説明変数から1つの目的変数を推定するための回帰分析を単回帰分析といい，複数の説明変数から1つの目的変数を推定することを重回帰分析といいます．ここでは，単回帰分析で回帰直線の方程式（単回帰式）の求め方について解説します．

回帰直線の係数である傾きをb_1，y切片をb_0とすると

$$b_1 = \frac{S_{xy}}{S_x} \quad \cdots\cdots(3.20)$$

$$b_0 = \bar{y} - b_1 \bar{x} \quad \cdots\cdots(3.21)$$

となります．ただし，S_{xy}は，(3.15)式，または(3.17)式で求めた積和です．また，S_xは説明変数（x軸：横軸）の群の偏差平方和です．$\bar{x}$は説明変数；xの平均であり，$\bar{y}$は目的変数；yの平均です．なお，直線の傾き；b_1を回帰係数と呼ぶことがあります．

求めるべき単回帰式は

$$y = b_1 x + b_0 \quad \cdots\cdots(3.22)$$

です．

それでは，b_1とb_0の式を導きます．

まず，説明変数がx_iのときに，仮に定めた回帰式で予測した目的変数の推定値を$\hat{y}_i$とすると

$$\hat{y}_i = b_1 x_i + b_0 \quad \cdots\cdots(3.23)$$

となります．

ここで実際の目的変数の値；y_i と $\hat{y}_i$ の差を残差；e_i とすると

$$e_i = y_i - \hat{y}_i \quad \cdots\cdots (3.24)$$

になります．そして，この残差；e_i の 2 乗の合計である残差平方和が最小になるように b_1 や b_0 を修正しながら試行錯誤して回帰式を追い込んでいくことを想像してください．

しかし，実際には試行錯誤するのではなく，残差平方和に着目して回帰式を b_1 や b_0 で偏微分し，その値がゼロになるときの b_1 や b_0 を求める，つまり，残差平方和について b_1 や b_0 を変数とした極小点を求めることでこれらを決定するのです．

残差平方和；S_E の式は(3.23)式と(3.24)式を使って

$$S_E = \sum_{i=1}^{n} e_i^2 = \sum_{i=1}^{n}(y_i - \hat{y}_i)^2 = \sum_{i=1}^{n}\underline{(y_i - b_1 x_i - b_0)^2} \quad \cdots\cdots (3.25)$$

$$= \sum_{i=1}^{n}(y_i^2 + b_1^2 x_i^2 + b_0^2 - 2y_i b_1 x_i + 2b_1 x_i b_0 - 2b_0 y_i)$$

ここで，S_E を b_1 で偏微分してゼロとおくと

$$\frac{\partial S_E}{\partial b_1} = \frac{\partial}{\partial b_1}\sum_{i=1}^{n}(y_i^2 + b_1^2 x_i^2 + b_0^2 - 2y_i b_1 x_i + 2b_1 x_i b_0 - 2b_0 y_i) = 0$$

$$\sum_{i=1}^{n}(0 + 2b_1 x_i^2 + 0 - 2y_i x_i + 2x_i b_0 - 0) = 0 \quad \cdots\cdots (3.26)$$

$$\sum_{i=1}^{n}(2b_1 x_i^2 - 2y_i x_i + 2x_i b_0) = -2\sum_{i=1}^{n} x_i \underline{(y_i - b_0 - b_1 x_i)} = 0 \quad \cdots\cdots (3.27)$$

(3.25)式と(3.27)式のアンダーライン部分は，ならび順が異なりますが記述している内容は同じです．つまり，(3.27)式のアンダーライン部分は(3.25)式と同様に残差；e_i です．したがって，

$$\sum_{i=1}^{n} x_i e_i = 0 \quad \cdots\cdots (3.28)$$

となります．

次に，(3.25)式を変形した

$$S_E = \sum_{i=1}^{n}(y_i^2 + b_1^2 x_i^2 + b_0^2 - 2y_i b_1 x_i + 2b_1 x_i b_0 - 2b_0 y_i)$$

第3章 品質工学を理解するために必要な統計学の基礎の基礎

を b_0 で偏微分してゼロとおくと

$$\frac{\partial S_e}{\partial b_0} = \frac{\partial S_e}{\partial b_0}\sum_{i=1}^{n}(y_i^2 + b_1^2 x_i^2 + b_0^2 - 2y_i b_1 x_i + 2b_1 x_i b_0 - 2b_0 y_i) = 0$$

$$\sum_{i=1}^{n}(0 + 0 + 2b_0 - 0 + 2b_1 x_i - 2y_i) = 0 \quad \cdots\cdots(3.29)$$

$$2\sum_{i=1}^{n}\underline{(y_i - b_0 - b_1 x_i)} = 0 \quad \cdots\cdots(3.30)$$

ここで，(3.30)式のアンダーライン部分は(3.25)式の場合と同様に残差；e_i です．したがって，

$$\sum_{i=1}^{n} e_i = 0 \quad \cdots\cdots(3.31)$$

となります．

求めるべき回帰式は(3.28)式と(3.31)式の条件を同時に満たす必要があることがわかりました．それでは，(3.28)式と(3.31)式のもととなる(3.27)式と(3.30)式をそれぞれ整理します．

$$\sum_{i=1}^{n} x_i(y_i - b_0 - b_1 x_i) = \sum_{i=1}^{n} y_i x_i - \sum_{i=1}^{n} b_0 x_i - \sum_{i=1}^{n} b_1 x_i^2 = 0 \quad \cdots\cdots(3.32)$$

$$\sum_{i=1}^{n}(y_i - b_0 - b_1 x_i) = \sum_{i=1}^{n} y_i - \sum_{i=1}^{n} b_0 - \sum_{i=1}^{n} b_1 x_i = 0 \quad \cdots\cdots(3.33)$$

まず，(3.33)式を変形して b_0 について解いていきます．

$$\sum_{i=1}^{n} y_i - \sum_{i=1}^{n} b_0 - \sum_{i=1}^{n} b_1 x_i = 0$$

$$\sum_{i=1}^{n} y_i - n b_0 - b_1 \sum_{i=1}^{n} x_i = 0$$

$$b_0 = \frac{\sum_{i=1}^{n} y_i - b_1 \sum_{i=1}^{n} x_i}{n} \quad \cdots\cdots(3.34)$$

続いて，(3.32)式を変形して(3.34)式を代入します．

$$\sum_{i=1}^{n} y_i x_i - \sum_{i=1}^{n} b_0 x_i - \sum_{i=1}^{n} b_1 x_i^2 = \sum_{i=1}^{n} y_i x_i - b_0 \sum_{i=1}^{n} x_i - b_1 \sum_{i=1}^{n} x_i^2 = 0$$

$$\sum_{i=1}^{n} y_i x_i - \frac{\sum_{i=1}^{n} y_i - b_1 \sum_{i=1}^{n} x_i}{n} \sum_{i=1}^{n} x_i - b_1 \sum_{i=1}^{n} x_i^2 = 0$$

第2項の係数の分母 n をはらって

$$n\sum_{i=1}^{n} y_i x_i - \sum_{i=1}^{n} x_i \sum_{i=1}^{n} y_i + b_1\left(\sum_{i=1}^{n} x_i\right)^2 - nb_1 \sum_{i=1}^{n} x_i^2 = 0$$

b_1 でくくって両辺を整理して

$$b_1 \left\{ n\sum_{i=1}^{n} x_i^2 - \left(\sum_{i=1}^{n} x_i\right)^2 \right\} = n\sum_{i=1}^{n} y_i x_i - \sum_{i=1}^{n} x_i \sum_{i=1}^{n} y_i$$

$$b_1 = \frac{\sum_{i=1}^{n} x_i y_i - \frac{1}{n}\sum_{i=1}^{n} x_i \sum_{i=1}^{n} y_i}{\sum_{i=1}^{n} x_i^2 - \frac{1}{n}\left(\sum_{i=1}^{n} x_i\right)^2} \quad \cdots\cdots(3.35)$$

となります.

ここで, (3.35)式の分子は x_i と y_i の積和; S_{xy} です. 同様に分母は説明変数の偏差平方和; S_x です. したがって, (3.35)式は

$b_1 = \dfrac{S_{xy}}{S_x}$ となり, (3.20)式が導かれました.

つづいて, (3.34)式を変形すると

$$b_0 = \frac{\sum_{i=1}^{n} y_i - b_1 \sum_{i=1}^{n} x_i}{n} = \frac{\sum_{i=1}^{n} y_i}{n} - \frac{b_1 \sum_{i=1}^{n} x_i}{n}$$

となりますが, 最右辺第1項は y_i の平均; $\bar{y}$ にほかなりません. 同様に第2項の b_1 を除いた部分は x_i の平均; $\bar{x}$ にほかなりません. つまり, 回帰直線の y 切片である b_0 は $b_0 = \bar{y} - b_1 \bar{x}$ となり(3.21)式が導かれました.

3・4・4 寄与率～回帰分析結果のあてはまりの良さを示す指標

回帰分析では相関の相関係数; r と同じように, 対象としている一対のデータ群間の相関の強さを表現する指標があります. これが, 寄与率という概念で R^2 で標記します. 寄与率; R^2 は回帰分析の対象となるデータ群に対する回帰

式のあてはまりのよさを示す指標です.

R^2 は，通常，$0 \leq R^2 \leq 1$ となります．ただし，次項で述べるようにゼロ点回帰分析という原点を通る回帰式を求めた場合には，不思議なことに R^2 が負の値になることもあるので注意が必要です.

回帰分析の対象であるデータ群の目的変数；y_i について考えてみます．目的変数；y_i の偏差平方和；S_y は，目的変数のデータ群内におけるばらつきの2乗情報の総量を意味しています.

$$S_y = \sum_{i=1}^{n}(y_i - \bar{y})^2 \quad \cdots\cdots(3.36)$$

そこで，目的変数の各推定値；$\hat{y}_i$ と平均；$\bar{y}$ の距離の2乗の総和である

$$S_R = \sum_{i=1}^{n}(\hat{y}_i - \bar{y})^2 \quad \cdots\cdots(3.37)$$

と，残差；e_i の2乗の総和

$$S_E = \sum_{i=1}^{n} e_i^2 = \sum_{i=1}^{n}(y_i - \hat{y}_i)^2 \quad \cdots\cdots(3.38)$$

という統計量を考えると図3・14のように

$$S_y = S_R + S_E \quad \cdots\cdots(3.39)$$

という関係が成り立ちます.

この式を導くために，$\hat{y}_i$ に関連したいくつかの情報を紹介します.

$$\sum_{i=1}^{n}\hat{y}_i = \sum_{i=1}^{n}(b_1 x_i + b_0) = \sum_{i=1}^{n} b_1 x_i + \sum_{i=1}^{n} b_0 = b_1 \sum_{i=1}^{n} x_i + nb_0 = n(b_1 \bar{x} + b_0)$$

と(3.21)式の関係より　$\sum_{i=1}^{n}\hat{y}_i = n\bar{y}$ $\quad \cdots\cdots(3.40)$

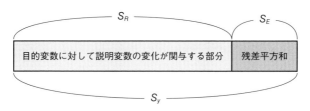

図3・14　回帰分析における目的変数のばらつきの内訳

また

$$\sum_{i=1}^{n} y_i \hat{y}_i = \sum_{i=1}^{n} y_i (b_1 x_i + b_0) = b_1 \sum_{i=1}^{n} x_i y_i + b_0 \sum_{i=1}^{n} y_i = b_1 \sum_{i=1}^{n} x_i y_i + n b_0 \bar{y}$$

ここで，(3.21)式より

$$\sum_{i=1}^{n} y_i \hat{y}_i = b_1 \sum_{i=1}^{n} x_i y_i + n(\bar{y} - b_1 \bar{x}) \bar{y} = b_1 \sum_{i=1}^{n} x_i y_i + n \bar{y}^2 - b_1 n \bar{x} \bar{y}$$

となり

$$\sum_{i=1}^{n} y_i \hat{y}_i = b_1 S_{xy} + n \bar{y}^2 = \frac{S_{xy}^2}{S_x} + n \bar{y}^2 \qquad \cdots\cdots (3.41)$$

が得られます．また，

$$\sum_{i=1}^{n} \hat{y}_i^2 = \sum_{i=1}^{n} (b_1 x_i + b_0)^2 = b_1^2 \sum_{i=1}^{n} x_i^2 + 2 b_0 b_1 \sum_{i=1}^{n} x_i + n b_0^2$$

$$= b_1^2 \sum_{i=1}^{n} x_i^2 + 2 n b_0 b_1 \bar{x} + n b_0^2$$

$$= b_1^2 \sum_{i=1}^{n} x_i^2 + 2 n b_1 \bar{x} (\bar{y} - b_1 \bar{x}) + n (\bar{y} - b_1 \bar{x})^2$$

$$= b_1^2 \sum_{i=1}^{n} x_i^2 - n b_1^2 \bar{x}^2 + n \bar{y}^2$$

$$\sum_{i=1}^{n} \hat{y}_i^2 = b_1 S_x + n \bar{y}^2 = \frac{S_{xy}^2}{S_x} + n \bar{y}^2 \qquad \cdots\cdots (3.42)$$

になります．その結果(3.41)式と(3.42)式より

$$\sum_{i=1}^{n} \hat{y}_i^2 = \sum_{i=1}^{n} y_i \hat{y}_i \qquad \cdots\cdots (3.43)$$

という関係が導かれました．それでは(3.39)式を導いてみます．

$$S_R + S_E = \sum_{i=1}^{n} (\hat{y}_i - \bar{y})^2 + \sum_{i=1}^{n} (y_i - \hat{y}_i)^2$$

$$= \sum_{i=1}^{n} \hat{y}_i^2 - 2 \bar{y} \sum_{i=1}^{n} \hat{y}_i + n \bar{y}^2 + \sum_{i=1}^{n} y_i^2 - 2 \sum_{i=1}^{n} y_i \hat{y}_i + \sum_{i=1}^{n} \hat{y}_i^2$$

$$= \sum_{i=1}^{n} y_i^2 - 2 \bar{y} \sum_{i=1}^{n} \hat{y}_i + n \bar{y}^2 + 2 \sum_{i=1}^{n} \hat{y}_i^2 - 2 \sum_{i=1}^{n} y_i \hat{y}_i$$

ここで，(3.40)式と(3.43)式の関係を使うと

$$S_R + S_E = \sum_{i=1}^{n} y_i^2 - n \bar{y}^2 = S_y$$

になり(3.39)式が導かれました．

ここで，S_R を回帰平方和とよび，y_i がとる値の変化において，説明変数；x_i の変化が関与する部分の大きさを表しています．一方，S_E を残差平方和とよび，x_i の変化で説明できない部分の大きさを表しています．目的変数の偏差平方和は，常に回帰平方和と残差平方和の和となります．これを平方和の加法性といいます．回帰分析では自由度についても加法性が成立し，

$$f_y = f_R + f_E \quad \cdots\cdots(3.44)$$

となります．この時，データ数を n とすると，$f_y = n-1$ であり，$f_R = 1$ です．したがって，$f_E = n-2$ になります．これは，前節で解説したように回帰式の傾き；b_1 と y 切片；b_0 を求める式を導く時

$$\sum_{i=1}^{n} e_i = 0 \quad \text{および} \quad \sum_{i=1}^{n} x_i e_i = 0$$

という残差に関する2つの制約条件があるため，自由度がデータ数より2つ小さくなることを意味しています．

さて，寄与率；R^2 とは目的変数データの全体のばらつきである S_y に対する S_R の比で，回帰直線とデータ群のあてはまりのよさとして定義しています．つまり，

$$R^2 = \frac{S_R}{S_y} \quad \cdots\cdots(3.45)$$

です．また，(3.39)式から $S_R = S_y - S_E$ になります．

それでは，S_E の式を導きます．S_E は説明変数の値が x_i の時に観測されたデータ；y_i と目的変数の推定値；$\hat{y}_i$ との残差を2乗して総和したものですから，

$$S_E = \sum_{i=1}^{n}(y_i - \hat{y}_i)^2 = \sum_{i=1}^{n} y_i^2 - 2\sum_{i=1}^{n} y_i \hat{y}_i + \sum_{i=1}^{n} \hat{y}^2 \quad \cdots\cdots(3.46)$$

となります．ここで，
$\hat{y} = b_1 x_i + b_0 = b_1 x_i + \bar{y} - b_1 \bar{x}$ を(3.46)式の第2項と第3項にそれぞれ代入します．

第2項の係数（−2）をとりあえず無視すると

$$\sum_{i=1}^{n} y_i \hat{y}_i = \sum_{i=1}^{n} y_i (b_1 x_i + \bar{y} - b_1 \bar{x})$$

$$= b_1 \sum_{i=1}^{n} x_i y_i + (\bar{y} - b_1 \bar{x}) \sum_{i=1}^{n} y_i$$

となります．ここで $\sum_{i=1}^{n} y_i = n\bar{y}$ ですから

$$\sum_{i=1}^{n} y_i \hat{y}_i = b_1 \sum_{i=1}^{n} x_i y_i - n b_1 \bar{x} \bar{y} + n \bar{y}^2$$

そして，$\sum_{i=1}^{n} x_i y_i - n\bar{x}\bar{y} = S_{xy}$ ですから

$$\sum_{i=1}^{n} y_i \hat{y}_i = b_1 S_{xy} + n\bar{y}^2 \quad \cdots\cdots(3.47)$$

となります．この式は(3.41)式の別表現です．

また，第3項は

$$\sum_{i=1}^{n} \hat{y}_i^2 = \sum_{i=1}^{n} (b_1 x_i + \bar{y} - b_1 \bar{x})^2$$
$$= \sum_{i=1}^{n} (b_1^2 x_i^2 + \bar{y}^2 + b_1^2 \bar{x}^2 + 2 b_1 \bar{y} x_i - 2 b_1 \bar{x} \bar{y} - 2 b_1^2 \bar{x} x_i)$$
$$= b_1^2 \sum_{i=1}^{n} x_i^2 + 2 b_1 (\bar{y} - b_1 \bar{x}) \sum_{i=1}^{n} x_i + n(\bar{y}^2 + b_1^2 \bar{x}^2 - 2 b_1 \bar{x} \bar{y})$$

ここで $\sum_{i=1}^{n} x_i = n\bar{x}$ ですから

$$\sum_{i=1}^{n} \hat{y}_i^2 = b_1^2 \sum_{i=1}^{n} x_i^2 + 2 n b_1 \bar{x} (\bar{y} - b_1 \bar{x}) + n\bar{y}^2 + n b_1^2 \bar{x}^2 - 2 n b_1 \bar{x} \bar{y}$$
$$= b_1^2 \left(\sum_{i=1}^{n} x_i^2 - n\bar{x}^2 \right) + n\bar{y}^2$$

そして $\sum_{i=1}^{n} x_i^2 - n\bar{x}^2 = S_x$ ですから

$$\sum_{i=1}^{n} \hat{y}_i^2 = b_1^2 S_x + n\bar{y}^2 \quad \cdots\cdots(3.48)$$

になります．これは(3.42)式の別表現です．(3.46)式に(3.47)式と(3.48)式を代入すると

$$S_E = \sum_{i=1}^{n} y_i^2 - 2 b_1 S_{xy} - 2 n \bar{y}^2 + b_1^2 S_x + n\bar{y}^2$$
$$= \sum_{i=1}^{n} y_i^2 - n\bar{y}^2 - b_1 (2 S_{xy} - b_1 S_x)$$

第3章　品質工学を理解するために必要な統計学の基礎の基礎

ここで，$\sum_{i=1}^{n} y_i^2 - n\bar{y}^2 = S_y$，および，$b_1 = \dfrac{S_{xy}}{S_x}$ を代入すると

$$S_E = S_y - 2\dfrac{S_{xy}^2}{S_x} + \dfrac{S_{xy}}{S_x}\dfrac{S_{xy}}{S_x}S_x$$

$$S_E = S_y - \dfrac{S_{xy}^2}{S_x} \quad \cdots\cdots(3.49)$$

が得られました．では，(3.39)式を思いだしてください．

$S_y = S_R + S_E$ でした．この式と(3.49)式をよく見くらべると

$$S_R = \dfrac{S_{xy}^2}{S_x} \quad \cdots\cdots(3.50)$$

であることがわかります．

ところで，回帰直線の方程式がどれくらいうまくデータ群にあてはまっているか，という指標として寄与率；R^2 があり(3.45)式で表すことを紹介しました．

$$R^2 = \dfrac{S_R}{S_y} \quad \cdots\cdots(3.45：再掲載)$$

S_y，S_R，S_E の3者の関係から，回帰直線がデータ群に対して残差がなくぴたりとあてはまると，S_E はゼロになり $S_R = S_y$ となって，R^2 は1になります．逆にまったく当てはまらない場合は $S_E = S_y$ となるので R^2 はゼロになります．単回帰分析では寄与率；R^2 は $0 \leq R^2 \leq 1$ という範囲をとります．

また，(3.45)式に(3.50)式を代入すると

$$R^2 = \dfrac{S_R}{S_y} = \dfrac{S_{xy}^2}{S_x S_y} \quad \cdots\cdots(3.51)$$

となります．

R^2 の平方根に，S_{xy} の計算結果の符合である相関の方向性を表す符号をつけたものが(3.18)式で示した相関係数；r として定義されます．

ここまで目的変数の偏差平方和を S_y，残差平方和を S_E と標記してきましたが，統計学の教科書では，前者を S_T，後者を S_e と標記するのが一般的です．なぜ，標記を変えているかというと，品質工学では，S_T と S_e のそれぞれが，統計学での慣例とは別の指標をあらわす標記となっているからです．

なお，本書ではこのあと，品質工学の数理を解説していく上で混乱をさけるために，偏差平方和と残差平方和の標記を一般的な統計学の標記とは別の表記

に変えています.

3・4・5　動特性評価の原理～ゼロ点回帰分析について

前項まで,一対のデータ群に対して,y切片を定義する回帰直線の方程式を求める方法を解説してきました.単回帰分析で回帰直線の方程式を求めると,本来,電圧と電流の関係のように,$x=0$のとき$y=0$となることがのぞましい関係にある事象を解析した場合でも,y切片があらわれてしまうことも起こりえます.このような場合,必ず原点($x=0$のとき$y=0$)を通るようにy切片がゼロである回帰直線の方程式を求めたほうが,科学的に考えて合理的です.

このように必ず原点を通る回帰直線の方程式をゼロ点回帰式といいます.そして,その方程式の傾き;b_1や寄与率;R^2を求めることを含めてゼロ点回帰分析といいます.

品質工学での機能性評価の1つの手法である動特性の評価は,基本的にゼロ点回帰式でシステム機能の入出力関係を評価しますから,この考え方はよく理解しておいてください.

まず,ゼロ点回帰式の傾きの計算方法を説明します.説明変数;x,目的変数;yとしてゼロ点回帰式を(3.52)式のように定義します.

$$y = b_1 x \quad \cdots\cdots(3.52)$$

まず,ゼロ点回帰式の傾き;b_1の計算式を示します.

$$b_1 = \frac{\sum_{i=1}^{n} x_i y_i}{\sum_{i=1}^{n} x_i^2} \quad \cdots\cdots(3.53)$$

となります.当然,y切片(b_0)はゼロです.なお,田口の思想を継承している一般的な品質工学の参考書では,(3.53)式の分子を独特な用語で「線形式;L」,分母を「有効除数;r」としています.

では,(3.53)式を導きます.

データ群に対して原点(ゼロ点)を通るゼロ点比例式(3.52)式で,説明変数の値がx_iの時,現実の目的変数の値がy_iであったとすると,ゼロ点回帰式で推定した目的変数の値;$\hat{y}_i$は

$\hat{y}_i = b_1 x_i$ となり，現実の目的変数の値との残差；e_i は
$e_i = y_i - \hat{y}_i$ となります．したがって，残差平方和；S_E は

$$S_E = \sum_{i=1}^{n}(y_i - \hat{y}_i)^2 = \sum_{i=1}^{n}(y_i - b_1 x_i)^2 = \sum_{i=1}^{n}(y_i^2 - 2b_1 x_i y_i + b_1^2 x_i^2) \quad \cdots\cdots(3.54)$$

となります．ここで，S_E を b_1 で偏微分してイコールゼロとおき，b_1 の極小点を求めると

$$\frac{\partial S_E}{\partial b_1} = \sum_{i=1}^{n}(-2x_i y_i + 2b_1 x_i^2) = -2\sum_{i=1}^{n}(x_i y_i - b_1 x_i^2) = 0 \quad \cdots\cdots(3.55)$$

となり

$b_1 \sum_{i=1}^{n} x_i^2 = \sum_{i=1}^{n} x_i y_i$ より

$$b_1 = \frac{\sum_{i=1}^{n} x_i y_i}{\sum_{i=1}^{n} x_i^2}$$

となって(3.53)式が得られました．

3・4・6　ゼロ点回帰分析の問題点～寄与率の計算方法について

　ゼロ点回帰式のあてはまりのよさを評価する寄与率；R^2 の計算については注意が必要です．ここから解説する内容はよく理解してください．そして，ゼロ点回帰式の寄与率を計算する時には十分注意してください．

　前述のように，本来，回帰直線が理論的に原点（ゼロ，ゼロ）を通るはずの特性同士について実際にデータを計測したとしても，計測誤差や計測環境のゆらぎなどにより，そのデータにあてはめた単回帰直線は必ず原点を通るとは限りません．しかし，その単回帰直線は，対象となるデータ群に対して残差平方和がもっとも小さくなるように決められて，自動的に y 切片が決まってしまいます．この時，寄与率；R^2 は最大になっています．

　したがって，y 切片を無理やりゼロにすることで求めたゼロ点回帰式をデータにあてはめると，当然のごとく y 切片をもつ単回帰式よりも残差平方和が大きくなり，寄与率は小さくなるはずです．

　目的変数の偏差平方和；S_y は

$$S_y = \sum_{i=1}^{n} y_i^2 - \frac{1}{n}\left(\sum_{i=1}^{n} y_i\right)^2 \quad \cdots\cdots(3.56)$$

で計算することができます．

一方，ゼロ点回帰の場合の残差平方和；S_E は

$$S_E = \sum_{i=1}^{n} e_i^2 = \sum_{i=1}^{n} y_i^2 - \frac{\left(\sum_{i=1}^{n} x_i y_i\right)^2}{\sum_{i=1}^{n} x_i^2} \quad \cdots\cdots(3.57)$$

で計算することができます．実は，この(3.57)式は品質工学の動特性解析で非常に重要な役割をもっていることを覚えておいてください．

それでは，(3.57)式を導きます．

ゼロ点回帰式において，x_i における実際の観測値；y_i とゼロ点回帰式で推定した値；$\hat{y}_i$ の差である残差を e_i とすると，

$$S_E = \sum_{i=1}^{n} e_i^2 = \sum_{i=1}^{n}(y_i - \hat{y}_i)^2 = \sum_{i=1}^{n}(y_i - b_1 x_i)^2 = \sum_{i=1}^{n}(y_i^2 - 2b_1 x_i y_i + b_1^2 x_i^2)$$

$$= \sum_{i=1}^{n} y_i^2 - 2b_1 \sum_{i=1}^{n} x_i y_i + b_1^2 \sum_{i=1}^{n} x_i^2$$

ここで，回帰係数；$b_1 = \dfrac{\sum_{i=1}^{n} x_i y_i}{\sum_{i=1}^{n} x_i^2}$ ですから

$$S_E = \sum_{i=1}^{n} y_i^2 - 2 \frac{\sum_{i=1}^{n} x_i y_i}{\sum_{i=1}^{n} x_i^2} \sum_{i=1}^{n} x_i y_i + \left(\frac{\sum_{i=1}^{n} x_i y_i}{\sum_{i=1}^{n} x_i^2}\right)^2 \sum_{i=1}^{n} x_i^2$$

$$= \sum_{i=1}^{n} y_i^2 - \frac{\left(\sum_{i=1}^{n} x_i y_i\right)^2}{\sum_{i=1}^{n} x_i^2}$$

$$S_E = \sum_{i=1}^{n} e_i^2 = \sum_{i=1}^{n} y_i^2 - \frac{\left(\sum_{i=1}^{n} x_i y_i\right)^2}{\sum_{i=1}^{n} x_i^2}$$

第3章 品質工学を理解するために必要な統計学の基礎の基礎

となって(3.57)式が得られました.

では，対象とするデータ群に対するゼロ点回帰式の，あてはまりのよさの指標である回帰平方和について考えてみましょう.

(3.39)式を変形すると

$$S_R = S_y - S_E \quad \cdots\cdots(3.58)$$

となります．そして，(3.56)式と(3.57)式を使うとゼロ点回帰分析での回帰平方和；S_R は

$$S_R = S_y - S_E = \frac{\left(\sum_{i=1}^{n} x_i y_i\right)^2}{\sum_{i=1}^{n} x_i^2} - \frac{1}{n}\left(\sum_{i=1}^{n} y_i\right)^2 \quad \cdots\cdots(3.59)$$

となります.

ここで R^2 の計算は単回帰分析の時と同様に

$R^2 = \dfrac{S_R}{S_y}$ で計算しますが，(3.59)式から一般式をつくると

$$R^2 = \frac{\left(\sum_{i=1}^{n} x_i y_i\right)^2 - n\bar{y}^2 \sum_{i=1}^{n} x_i^2}{S_y \sum_{i=1}^{n} x_i^2} \quad \cdots\cdots(3.60)$$

となります.

Microsoft社の表計算ソフトウェアExcelなどで解析を実施する場合，解析過程で S_y や S_R の計算を行い，その結果はいずれかのセルに配置されることになるので，その値を利用して寄与率を求めることができます．したがって，(3.60)式を直接セルに打ちこんで計算する必要性は低いと思います.

そして，ここからが非常に重要な内容となります.

対象とするデータ群に対してゼロ点回帰式のあてはまりが悪い時，(3.59)式の2つの項の関係が

$$\frac{\left(\sum_{i=1}^{n} x_i y_i\right)^2}{\sum_{i=1}^{n} x_i^2} < \frac{1}{n}\left(\sum_{i=1}^{n} y_i\right)^2$$ になることがあるのです．このとき，$S_R < 0$ となり，

$$R^2 = \frac{S_R}{S_y} < 0$$ になってしまいます．

2乗した値が負になるという，非現実的な現象がおきます．ゼロ点回帰式にはこのような問題があることを十分認識して注意して使ってください．

ところで，2乗した値が負になる，ということを問題視している統計学者もいるようで，寄与率がマイナスにならない別の計算式が提案されています．多くの方々が日ごろ使っている Microsoft 社の Excel は過去のバージョンではグラフウィザード，統計関数ともに筆者が提案している寄与率を計算してくれました．しかし，具合が悪いことに最近のバージョンでは，グラフウィザードでの計算は筆者が提案している寄与率となるのですが，回帰分析関数（LINEST 関数）では別の計算式による寄与率を返してきます．

これは大きな問題だと思います．

使う側がこのことを十分認識したうえでどちらの計算式を採用するべきか，慎重に決定する必要があります．また，寄与率を提示する場合，どちらの計算式によるものなのかをあきらかにしておく必要もあります．

この件についてもう少し深く解説します．また，なぜ筆者は寄与率がマイナスになる一見非科学的な計算方法を推しているのか，についても説明します．

まず，別の寄与率計算方法の原理を示します．

$$R^2 = 1 - \frac{\sum_{i=1}^{n}(y_i - \hat{y})^2}{\sum_{i=1}^{n} y^2}$$

途中経過は省略しますが，最終的に

$$R^2 = \frac{\left(\sum_{i=1}^{n} x_i y_i\right)^2}{\sum_{i=1}^{n} x_i^2 \sum_{i=1}^{n} y^2} \quad \cdots\cdots(3.61)$$

という式に変形されます．式をみていただければおわかりのように，R^2 は絶対にゼロより小さくなりません．

それでは，表3・2に示す一対の変数からなるデータ群について『単回帰式

第3章 品質工学を理解するために必要な統計学の基礎の基礎

表3・2 寄与率の調査用データ

x	1	2	3	S_x	S_y	S_{xy}
y	1	2.2	3.1	2	2.22	2.1
xy	1	4.4	9.3			

の寄与率,および『ゼロ点回帰式』のマイナスになることがある計算式と,マイナスにならない計算式,それぞれで計算した2つの寄与率を調べてみます.

表3・2に,x が説明変数,y が目的変数,そして,対となるデータ同士の積;xy とそれぞれの偏差平方和と積和を記載しました.

まず,y 切片が計算される単回帰式の b_1, b_0, 寄与率;R^2 は(3.20)式,(3.21)式,(3.51)式より

$$b_1 = \frac{S_{xy}}{S_x} = \frac{2.1}{2} = 1.05 \quad b_0 = \bar{y} - b_1 \bar{x} = 2.1 - 1.05 \times 2 = 0$$

となり,このデータを回帰分析すると y 切片は計算上ゼロとして存在します.そして,

$$R^2 = \frac{S_{xy}^2}{S_x S_y} = \frac{2.1^2}{2 \times 2.22} = 0.993$$

になりました.

次にゼロ点回帰分析で寄与率がマイナスになることがある計算式の場合,(3.53)式と(3.56)式より

$$b_1 = \frac{\sum_{i=1}^{n} x_i y_i}{\sum_{i=1}^{n} x_i^2} = \frac{1 + 4.4 + 9.3}{1 + 4 + 9} = \frac{14.7}{14} = 1.05$$

となり,当然単回帰分析で計算した b_1 と一致します.また,寄与率は

$$R^2 = \frac{\left(\sum_{i=1}^{n} x_i y_i\right)^2 - n\bar{y}^2 \sum_{i=1}^{n} x_i^2}{S_y \sum_{i=1}^{n} x_i^2} = \frac{14.7^2 - 3 \times 2.1^2 \times 14}{2.22 \times 14} = 0.993$$

となってこちらも単回帰分析の結果と一致しました.

一方,寄与率がマイナスにならない(3.61)式で計算すると

$$R^2 = \frac{\left(\sum_{i=1}^{n} x_i y_i\right)^2}{\sum_{i=1}^{n} x_i^2 \sum_{i=1}^{n} y^2} = \frac{14.7^2}{14 \times 15.45} = 0.999 \text{となってしまい},\ \text{単回帰分析の寄与率}$$

とは一致しないばかりか,本来,寄与率がもっとも大きくなるはずの,y切片も考慮する単回帰分析で計算した寄与率よりも,大きい値となってしまいました.筆者はゼロ点回帰分析において寄与率がマイナスになることよりも,この事実のほうが重大な欠点であると考えており,(3.61)式による寄与率の計算は行ってはいけない,と考えています.

以上がゼロ点回帰分析による傾き;b_1と寄与率;R^2の計算原理になります.ゼロ点回帰の考え方は品質工学の動特性解析の原理になりますから,十分に理解しておいてください.

3・5 F検定と分散分析

3・5・1 F検定〜得られた結論の信頼性を調べるために

この節から分散分析という統計解析の手法と,それを実施するために必要となるF検定について解説していきます.以前は品質工学のパラメータ設計に関する論文ではよく分散分析が使われていましたが,最近はほとんどみかけなくなりました.分散分析をすることで本当に効果のある制御因子を抽出していたのですが,実験にとりあげたすべての制御因子を総動員して最適化を実施したほうがよいのでは,という最近のながれに従って分散分析は行われなくなってきたようです.

なお,分散分析の知識をもたなくてもパラメータ設計は実施できますから,この項は読み飛ばしていただいても結構です.しかし,分散分析は強力な解析手法であり,過去の論文を読み直すような時,分散分析の知識があったほうが論文の理解が進むものと思い,あえて紙面を割いて解説します.

2つの母集団から,それぞれ取り出したサンプル群に関する平均や分散を計算してその結果を比較した場合,2つの母集団それぞれの平均や分散がまったく同じ値であれば,両母集団は同質であろうと判断できます.

第3章　品質工学を理解するために必要な統計学の基礎の基礎

しかし，平均や分散の値が異なっていたとしても，2つの母集団は異質である，とすぐに結論をつけることはできません．両者が同質の母集団であっても，取り出したサンプルの違いによって発生した偶然誤差なのかもしれません．

両母集団が同質か異質かを判断するために，それぞれの母集団から取り出したサンプル群の平均や分散を計算します．多くの場合，違う母集団から取り出したサンプルの平均や分散の値は，母集団間で違う値になることが多いはずです．そこで，平均の差や分散の比を計算し，その値をもとに平均や分散の違いが，母集団の性質や特性の違いによってあらわれた必然的な違いなのか，それとも偶然によるものなのか，を調べます．このような検証方法を検定といいます．

統計学では基本的な検定として t 検定，カイ 2 乗検定，F 検定があります．品質工学では F 検定を使います．

母分散が σ_A^2 である A という母集団と，母分散が σ_B^2 である B という母集団それぞれから取り出した 2 系統のサンプル群があったとします．両サンプル群の個数が違っていてもかまいません．それぞれのサンプル群の個数を n_A と n_B とします．ここで，それぞれのサンプル群について不偏分散；$V_A=s_A^2$ と $V_B=s_B^2$ を計算します．

続いて，次の量について考えます．

$$F=\frac{s_A^2/\sigma_A^2}{s_B^2/\sigma_B^2} \quad \cdots\cdots(3.62)$$

分子，分母とも 2 つの母集団の母分散に対するサンプル群の不偏分散の比になっています．サンプル群の不偏分散は母分散の推定値ですから，サンプル群のメンバーの個数が十分に多い時には分子，分母ともに 1 に近い値になりそうです．したがって，F の値も 1 に近い値になります．しかし，ぴたりと 1 になることはほとんどなく，1 のまわりでばらついた値になることでしょう．

このばらついた F の値は，2 つのサンプル群の自由度；f_A と f_B によって決定される，ある分布にしたがいます．この分布を F 分布と呼んでいます．**図 3・15** に自由度がともに 9 の時の F 分布を示します．F 分布の縦軸は確率密度を表しています．したがって，ゼロから無限（0〜∞）の区間で F 分布の曲線に囲まれた面積は 1 になります．

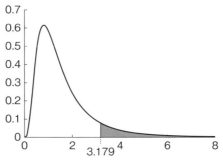

図3・15 $f_A=9$, $f_B=9$ のF分布

また，$f_A=f_B=9$ の時，$F=3.179$ の位置で分割される右側の領域の確率は 0.05（5％）になります．つまり，2つのサンプル群の個数がともに10個の時に分子の値が分母より大きいという条件のもと，(3.62)式で計算したFの値が3.179より大きくなる確率は5％以下ということです．この境界値は2つの自由度が定まると自動的に決まります．統計学ではこの境界値をつぎのように記述します．

$F(f_A, f_B ; \mathrm{P}) = F(9, 9 ; 0.05) = 3.179$

なお，分子が分母より大きいという条件が必要な理由は，境界値を調べるために用意されたF表という数値情報の構造に由来した制約のためです．

Microsoft社のExcelにはこの値を求める関数があり，セルに"=FINV（0.05，9，9）"と入力すると3.178897という値を返します．統計学の記述と（ ）内のならびが違うので注意してください．この関数では分子が分母より大きいという制約はありません．

さて，2つの母集団から取りだしたサンプル群について不偏分散を計算し，s_A^2 と s_B^2 を得たとします．そして，$s_A^2 \geqq s_B^2$ だったとします．この時，1つの仮説をたてます．『2つの母集団の母分散は等しい』という仮説です．つまり，$\sigma_A^2 = \sigma_B^2$ です．すると(3.62)式のFをF_0と書きかえて

$$F_0 = \frac{s_A^2}{s_B^2} \quad \cdots\cdots (3.63)$$

になります．そして，$s_A^2 \geqq s_B^2$ ですから $F_0 \geqq 1$ になります．なぜ，F_0 と書きかえるのか，は後ほど説明します．

ここで，$F_0 = \dfrac{s_A^2}{s_B^2} \geq F(f_A, f_B\,;\,0.05)$ になった場合，このような現象が生起する確率は5％以下ということになります．統計学では生起する確率が5％以下をひとつのめやすとして，『めったに起こらないこと』と判断します．したがって，『めったに起こらないことが起きた』という事実を，最初に立てた仮説が正しくないということに結びつけます．

この結果，『2つの母集団の母分散は等しい』という仮説が否定され，その結果，『2つの母集団の母分散は等しくない』そして，$s_A^2 > s_B^2$ から『$\sigma_A^2 > \sigma_B^2$』という結論となります．

多くの場合，この結論を導くことこそ検定の目的であり，最初に立てた仮説が否定されることでこの結論が得られるため，否定されるべく最初の仮説を立てることになります．そのため，最初に立てる仮説を統計的ゼロ仮説，または，帰無仮説といい，H_0 という記号で表し

$$H_0 : \sigma_A^2 = \sigma_B^2$$

と記述します．また，統計的ゼロ仮説を検定するための F の値ということで，(3.63)式では F_0 と記述します．

統計的ゼロ仮説が正しいにもかかわらず否定された場合，導かれた結論が誤りとなります．これを第1種の過誤といい，この発生確率は5％になります．このように誤りが起きるしきい値を有意水準といい，統計学では5％，1％を使います．今回の例で統計的ゼロ仮説が否定されなかった場合，次のような結論が導かれます．

"$\sigma_A^2 = \sigma_B^2$" ではなく，『$\sigma_A^2 > \sigma_B^2$ とはいえない』です．仮説が否定されなかったとはいえ，仮説を積極的に肯定するだけの事実はまだつかめていないからです．この場合も，仮説が誤りであるにもかかわらず否定しない，という誤りが発生する懸念があります．これを第2種の過誤といいます．

F 検定は分散の比を調べることで，2つの事象の母分散に違いがあるかを検証する手法です．次節の分散分析では大活躍します．

3・5・2　分散分析～水準の効果と偶然誤差とをはかりにかける

統計学では複数の水準（選択肢）がある要因について，水準の違いが結果に

対して影響を及ぼしているか，を調べることができます．しかも，要因が複数あっても同時に調べることが可能です．この方法を分散分析といいます．

しかし，多水準からなる複数の要因について分散分析を行うには，そのもととなるデータの採集方法に関するルールを守ることがとても重要になります．そのルールとは，多水準からなる複数の要因すべての組みあわせ（総当たり）でデータを採集することです．

同じ組みあわせのもとでくり返してデータを採集する場合も，くり返し回数を同じにします．総当りの組みあわせで，同じ回数のくり返しデータが採集されているデータの構造を完備型といいます．分散分析を実施するためには，完備型となるようにデータを採集する計画が必要になります．

ただし，完備型のデータ構造になっていなくても，分散分析ができる場合があります．それは，直交表にのっとって採集されたデータ構造になっている場合です．

それでは，実例をあげて分散分析の解説を進めます．

コピー機やプリンターは紙搬送ローラーで紙を搬送しています．紙搬送ローラーとは対をなす駆動と従動2つのローラーで構成されていて，その間に紙を挟み，駆動ローラーが回転することで紙が送られます．多くの場合，駆動ローラーの材質は摩擦係数が大きいゴム系であり，従動ローラーをバネなどで駆動ローラーに押しつけて，その力でゴムと紙とのあいだに摩擦力を発生させます．駆動ローラーと紙の間の摩擦力が小さいと，すべりが発生してうまく紙が搬送できません．そのため，従動ローラーを押しつける力を大きくしていくのですが，今度は駆動用のモーターや軸受に加わる負荷が大きくなるという問題が発生します．

そこで，なるべく小さい押しつけ力で大きな摩擦力を得るために，駆動ローラーの材質や形状，寸法などの設計要因に複数の水準をもうけて実験し，どの組み合わせがよいのかを調査することになります．

図3・16のようにテンションゲージに引っ張りコイルバネを取りつけ，反対側に紙を取りつけます．そして，駆動ローラーを回転させ紙を引きこみます．

バネが伸びてある荷重に達すると，ローラーと紙の摩擦力が負けてすべりが発生します．その時の荷重を計測する実験を行います．

第3章 品質工学を理解するために必要な統計学の基礎の基礎

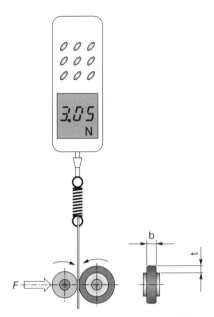

図3・16 紙搬送ローラーの設計諸元を決めるための実験装置

設計諸元として，駆動ローラーのゴムの材質（α, β, γ），ゴムの硬度（70°，80°），駆動ローラーの幅；b（3mm，5mm），ゴムローラーの厚さ；t（3mm，4mm，5mm）の4つの要因を選びました．この組みあわせの総数は，$3 \times 2 \times 2 \times 3 = 36$通りになります．

また，各組みあわせごとに3回くり返して計測しました．結果を表3・3にまとめました．その結果を要因である設計諸元として採用した制御因子の水準ごとに計算して基本統計量を表3・4のようにまとめます．各基本統計量の表頭の下にある太字の数値は，データ全体に対する基本統計量です．

続いて，実験ごとに求めた平均を使って，各要因の水準が，結果系である紙とローラーが，すべりはじめる瞬間の荷重に及ぼす効果を調べます．

この時，1つの前提として「各要因の水準が結果系に及ぼす効果には要因間で加法性が成立する」ものとします．

例えば，表3・4の一番上の組みあわせ（材質；α，硬度70°，幅3mm，厚さ；3mm）での実験結果の平均は，材質α，ゴム硬度70°，ローラー幅3mm，ゴ

表3・3 実験結果

設計諸元				すべりが発生する荷重〔N〕		
材質	硬度	b〔mm〕	t〔mm〕	1回目	2回目	3回目
α	70°	3	3	3.04	3.05	2.93
			4	2.70	2.92	2.89
			5	3.02	3.14	3.25
		5	3	2.85	3.06	2.94
			4	3.00	3.06	3.01
			5	3.05	3.24	3.05
	80°	3	3	2.81	2.88	2.85
			4	2.88	3.15	3.09
			5	2.84	2.97	3.04
		5	3	2.84	2.83	3.07
			4	2.87	2.79	3.01
			5	3.00	2.95	2.99
β	70°	3	3	3.02	3.03	2.91
			4	3.01	3.02	2.98
			5	3.27	3.06	3.17
		5	3	3.21	3.09	3.07
			4	3.07	2.91	2.96
			5	3.07	3.05	2.81
	80°	3	3	2.55	2.75	2.94
			4	2.84	2.77	2.88
			5	2.81	2.95	2.98
		5	3	3.18	2.98	2.89
			4	3.08	3.08	2.98
			5	3.17	3.03	3.08
γ	70°	3	3	3.31	2.88	2.80
			4	3.18	3.14	2.90
			5	3.39	3.31	3.07
		5	3	3.39	3.02	3.01
			4	3.31	3.05	2.94
			5	3.26	2.86	2.86
	80°	3	3	3.19	3.03	2.88
			4	3.20	2.94	3.10
			5	3.09	2.98	2.94
		5	3	3.10	2.92	3.05
			4	3.08	3.09	2.99
			5	3.10	2.90	2.87

表3・4 実験結果の基本統計量 まとめ

設計諸元				n	Σx	x̄	Σx²	CF	f	S	V
材質	硬度	b [mm]	t [mm]	108	325	3.008	979.3	977.0	107	2.30	0.021
α	70°	3	3	3	9.02	3.01	27.1	27.1	2	0.01	0.004
			4	3	8.51	2.84	24.2	24.1	2	0.03	0.014
			5	3	9.41	3.14	29.5	29.5	2	0.03	0.013
		5	3	3	8.85	2.95	26.1	26.1	2	0.02	0.011
			4	3	9.07	3.02	27.4	27.4	2	0.00	0.001
			5	3	9.34	3.11	29.1	29.1	2	0.02	0.012
	80°	3	3	3	8.54	2.85	24.3	24.3	2	0.00	0.001
			4	3	9.12	3.04	27.8	27.7	2	0.04	0.020
			5	3	8.85	2.95	26.1	26.1	2	0.02	0.010
		5	3	3	8.74	2.91	25.5	25.5	2	0.04	0.018
			4	3	8.67	2.89	25.1	25.1	2	0.02	0.012
			5	3	8.94	2.98	26.6	26.6	2	0.00	0.001
β	70°	3	3	3	8.96	2.99	26.8	26.8	2	0.01	0.004
			4	3	9.01	3.00	27.1	27.1	2	0.00	0.000
			5	3	9.50	3.17	30.1	30.1	2	0.02	0.011
		5	3	3	9.37	3.12	29.3	29.3	2	0.01	0.006
			4	3	8.94	2.98	26.7	26.6	2	0.01	0.007
			5	3	8.93	2.98	26.6	26.6	2	0.04	0.021
	80°	3	3	3	8.24	2.75	22.7	22.6	2	0.08	0.038
			4	3	8.49	2.83	24.0	24.0	2	0.01	0.003
			5	3	8.74	2.91	25.5	25.5	2	0.02	0.008
		5	3	3	9.05	3.02	27.3	27.3	2	0.04	0.022
			4	3	9.14	3.05	27.9	27.8	2	0.01	0.003
			5	3	9.28	3.09	28.7	28.7	2	0.01	0.005
γ	70°	3	3	3	8.99	3.00	27.1	26.9	2	0.15	0.075
			4	3	9.22	3.07	28.4	28.3	2	0.05	0.023
			5	3	9.77	3.26	31.9	31.8	2	0.06	0.028
		5	3	3	9.42	3.14	29.7	29.6	2	0.09	0.047
			4	3	9.30	3.10	28.9	28.8	2	0.07	0.036
			5	3	8.98	2.99	27.0	26.9	2	0.11	0.053
	80°	3	3	3	9.10	3.03	27.7	27.6	2	0.05	0.024
			4	3	9.24	3.08	28.5	28.5	2	0.03	0.017
			5	3	9.01	3.00	27.1	27.1	2	0.01	0.006
		5	3	3	9.07	3.02	27.4	27.4	2	0.02	0.009
			4	3	9.16	3.05	28.0	28.0	2	0.01	0.003
			5	3	8.87	2.96	26.3	26.2	2	0.03	0.016

表3・5　要因と水準ごとの工程平均　まとめ

	第1水準	第2水準	第3水準
材質	2.974	2.990	3.059
硬度	3.048	2.968	—
b〔mm〕	2.995	3.021	—
t〔mm〕	2.982	2.996	3.045

ムの厚さ3mmそれぞれの荷重に及ぼす効果を足しあわせた値になります．

　この前提のもと，各要因について水準ごとの荷重に及ぼす効果を，分離することが可能になります．

　例えば，材質の水準がαの時，荷重に及ぼす効果は材質αがかかわったすべての実験結果（くり返しも含め）の平均ということです．これは平均列の一番上の実験結果である3.01から12番目の2.98までの12個の値の平均（$\bar{x}$）としても計算できます．基本的に平均の平均をとってはいけないのですが，完備型実験の場合，ある要因のどの水準についてもデータ数がおなじであるためこの行為が可能になります．この結果を工程平均といいます．そして，これを全要因のすべての水準について実施し，その結果を**表3・5**のようにまとめます．表3・5のように材質に関しては，第1水準である材質αが荷重におよぼす影響がもっとも小さく2.974〔N〕であり，もっとも大きいのが第3水準の材質γで3.059〔N〕です．私たちが知りたいのは，この水準間の効果の違いが材質の違いに由来して発生している必然的なものなのか，それとも単なる偶然誤差なのか，です．これを検証するのが分散分析の目的です．

　材質について水準間の工程平均の違いについて調べてみます．表3・4の表頭の下にある太字で記述しているデータ全体に関する平均は3.008です．この全体平均と水準ごとの工程平均の関係を**図3・17**に示します．

　材質という要因で各水準の工程平均は，全体平均に対してばらつきがあると考えてみると，図3・17に記入した偏差；ε_α，ε_β，ε_γが材質の水準ごとに荷重に及ぼす効果の違いと考えることができそうです．これらは表3・5に示す材質の水準ごとの工程平均から，全体平均を引いた値を意味しています．

　図3・18は，材質αがかかわった12組の実験組みあわせについて，実際に3回くり返して計測した結果を小さい「●」でプロットしています．また，そ

第 3 章　品質工学を理解するために必要な統計学の基礎の基礎

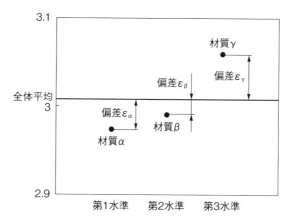

図 3・17　材質の工程平均と全体平均の関係

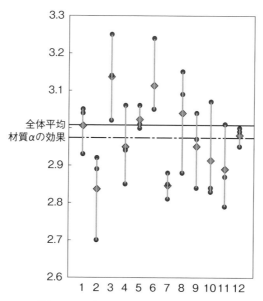

図 3・18　材質αがかかわる実験結果

の平均を「◆」でプロットし，"材質 α の効果"として $12 \times 3 = 36$ 個の計測データの平均を一点鎖線で書きこんでいます．

また，材質 α がかかわっていないデータも含めたデータ全体の平均を"全体平均"として，実線で記入しています．そして，12 組の実験ごとに 3 回く

り返して採集したデータのレンジを，縦の実線で記入しています．

図3・17における偏差；ε_αは，一点鎖線で示す"材質αの効果"と実線で示す"全体平均"の距離になります．

材質αがかかわった12組の実験ではくり返して採集した3個のデータは，縦方向の存在位置やレンジ（ばらつき）が実験ごとに違っています．そして，実験ごとのデータ平均も縦軸方向でばらついています．

材質αの効果として，36個のデータの平均である工程平均を採用していますが，この工程平均と各実験で採集したデータの平均やレンジの違いは，材質という要因以外の"ゴム硬度"，"ローラー幅"，"ゴムの厚さ"など，他の要因効果の影響や要因間の交互作用と，混入を防ぐことができない偶然誤差によるものと考えられます．そして，この関係はほかの材質βとγについても同様に成り立ちます．

ここで，全108個のデータの偏差平方和をSとします．そして，材質という要因に着目し，その水準であるα, β, γごとに分割して全体の偏差平方和：Sの式を作ります．変数；iを材質の水準，変数；jを同じ材質を組みこんだ実験の番号，変数；kをひとつの実験内でのくり返し数，$\overline{X}$を全体平均として(3.64)式になります．

$$S = \sum_{i=1}^{3} \sum_{j=1}^{12} \sum_{k=1}^{3} (x_{ijk} - \overline{X})^2 \quad \cdots\cdots(3.64)$$

まず，Sの式を材質の水準ごとに$i=1\sim3$で分割します．

$$S = \sum_{j=1}^{12}\sum_{k=1}^{3}(x_{1jk}-\overline{X})^2 + \sum_{j=1}^{12}\sum_{k=1}^{3}(x_{2jk}-\overline{X})^2 + \sum_{j=1}^{12}\sum_{k=1}^{3}(x_{3jk}-\overline{X})^2$$

ここで，材質αがかかわっている右辺第1項を取り出して，（　）内でαの工程平均；X_αを引いてから再度加えて式を変形していきます．

$$\sum_{j=1}^{12}\sum_{k=1}^{3}(x_{1jk}-\overline{X})^2 = \sum_{j=1}^{12}\sum_{k=1}^{3}\{(x_{1jk}-X_\alpha)+(X_\alpha-\overline{X})\}^2$$
$$= \sum_{j=1}^{12}\sum_{k=1}^{3}(x_{1jk}-X_\alpha)^2 + 2(X_\alpha-\overline{X})^2\sum_{j=1}^{12}\sum_{k=1}^{3}(x_{1jk}-X_\alpha) + \sum_{j=1}^{12}\sum_{k=1}^{3}(X_\alpha-\overline{X})^2$$

また，$(X_\alpha-\overline{X})=\varepsilon_\alpha$，そして，$\sum_{j=1}^{12}\sum_{k=1}^{3}(x_{1jk}-X_\alpha)=0$ですから

第3章 品質工学を理解するために必要な統計学の基礎の基礎

$$\sum_{j=1}^{12}\sum_{k=1}^{3}(x_{1jk}-\overline{X})^2 = \sum_{j=1}^{12}\sum_{k=1}^{3}(x_{1jk}-X_\alpha)^2 + \sum_{j=1}^{12}\sum_{k=1}^{3}\varepsilon_\alpha^2$$

になります.そして,右辺第1項は材質 α がかかわった実験結果(36データ)の偏差平方和になります.これを S_α とします.この結果,

$$\sum_{j=1}^{12}\sum_{k=1}^{3}(x_{1jk}-\overline{X})^2 = S_\alpha + 36\varepsilon_\alpha^2 \quad \cdots\cdots(3.65)$$

となります.

同じ処理を材質 β と γ がかかわる実験結果にも行うと,

$$S = S_\alpha + S_\beta + S_\gamma + 36(\varepsilon_\alpha^2 + \varepsilon_\beta^2 + \varepsilon_\gamma^2) \quad \cdots\cdots(3.66)$$

が得られます.(3.66)式の右辺の第4項は,α,β,γ の3種類の材質それぞれが荷重におよぼす効果の2乗の値を,同じ材質を組みこんだデータの個数である36を掛けた値になっています.つまり,材質3種類の工程平均の偏差平方和です.

一方,第1~3項は,荷重という結果系におよぼす効果のうち,材質の違いで説明できない残りの部分に関するばらつきの情報であり,ほかの要因の効果,要因間の交互作用,そして偶然誤差の合計になります.

材質以外の要因についても同様に考えると,それぞれの要因で水準の違いが結果系におよぼす効果の差は,工程平均の偏差平方和になります.

材質を要因 A として,その工程平均の偏差平方和:S_A とし,$S_A = 36(\varepsilon_\alpha^2 + \varepsilon_\beta^2 + \varepsilon_\gamma^2)$ を具体的に計算すると,

$$S_A = 36\{(2.974-3.008)^2 + (2.990-3.008)^2 + (3.059-3.008)^2\} \fallingdotseq 0.147$$

になります.

以下,ゴム硬度,ローラー幅,ゴム厚さの工程平均の偏差平方和を S_B,S_C,S_D,そして,交互作用に関連する偏差平方和を S_{int},偶然誤差の偏差平方和を S_E とすると,今回の事例では

$$S = 36S_A + 54S_B + 54S_C + 36S_D + S_{\text{int}} + S_E \quad \cdots\cdots(3.67)$$

になります.全データの偏差平方和が各要因の効果(第1項~第4項),交互作用の効果(第5項),偶然誤差(第6項)に偏差平方和を分解することで分散分析の準備が整いました.

3・5・3 どの要因がどの程度結果を支配しているのか─分散分析の実施─

例えば前項の紙搬送ローラーの設計諸元を決める実験のように4つの要因についての完備型のデータが採集された場合，分散分析を行うには**表3・6**に示す分散分析表を完成させる必要があり，そのために4つの要因と交互作用；$e1$，偶然誤差；$e2$，そして，全体という項目ごとに，自由度，偏差平方和，分散，分散比を計算して埋めていく作業を行います．表3・6の下段には，紙搬送ローラーの実験結果を分散分析表にまとめた結果を示しています．上段と下段の関係をよくみながら，この後の解説を読んでください．また，前項に記載している内容や図も使って解説を進めますので，そちらも参照してください．

分散分析表は表頭に自由度，偏差平方和，分散，F0比を配し，表側に各要因，交互作用，偶然誤差，全体を配置します．

まず，自由度の列ですが，それぞれの要因の自由度は要因の水準の個数から1を引いた値になります．全体の自由度はデータ全体の個数；Nから1を引いた値になります．

表3・6 分散分析表の構造と紙搬送ローラーの事例の分散分析表

要因	自由度；f	偏差平方和；S	分散；V	分散比；F0
要因A	f_A	S_A	$V_1=S_A/f_A$	$V_1/Ve2$
要因B	f_B	S_B	$V_2=S_B/f_B$	$V_2/Ve2$
要因C	f_C	S_C	$V_3=S_C/f_C$	$V_3/Ve2$
要因D	f_D	S_D	$V_4=S_D/f_D$	$V_4/Ve2$
e1；交互作用	f_{e1}	S_{e1}	$Ve1=S_{e1}/f_{e1}$	$Ve1/Ve2$
e2；偶然誤差	f_{e2}	S_{e2}	$Ve2=S_{e2}/f_{e2}$	
全体	$N-1$	S	$S/(N-1)$	

要因	自由度；f	偏差平方和；S	分散；V	分散比；F0
材質	2	0.147	0.074	4.536
ゴム硬度	1	0.174	0.174	10.731
ローラー幅	1	0.018	0.018	1.117
ゴムの厚さ	2	0.079	0.039	2.417
e1；交互作用	29	0.710	0.024	1.507
e2；偶然誤差	72	1.170	0.016	
全体	107	2.299		

第3章　品質工学を理解するために必要な統計学の基礎の基礎

また，偶然誤差；$e2$ の自由度は，1つの実験でのくり返し回数から1を引いたものをすべての組みあわせ実験分足した値になります．つまり，"（ひとつの実験のくり返し回数 -1）×実験組みあわせの個数"です．偶然誤差は1組の実験内でのばらつきを，すべての組みあわせ分足したものになるためです．

しかし，交互作用；$e1$ の自由度は少し複雑になります．すべての要因から選択した任意の要因の組みあわせについて，それぞれの要因の自由度を掛けあわせた値を総和した値になります．

例えば今回の，要因Aが3水準，要因Bが2水準，要因Cが2水準，要因Dが3水準だった場合，それぞれの自由度は

$f_A=2$, $f_B=1$, $f_C=1$, $f_D=2$ です．

そして，交互作用とは複数の要因がたがいに影響しあって結果系に及ぼす効果ですから，今回の例では任意の要因の組みあわせとして，要因2個の組みあわせ個数は $_4C_2=6$ 通り，要因3個の組みあわせ個数は $_4C_3=4$ 通り，要因4個の組みあわせ個数は1通りで，合計11通りの組みあわせがあります．このすべての組みあわせについて，組みあわせに採用した要因の自由度を掛け合わせ，それの合計を計算したものが交互作用の自由度になります．つまり，

$f_A f_B=2\times1=2$, $f_A f_C=2\times1=2$, $f_A f_D=2\times2=4$, $f_B f_C=1\times1=1$

$f_B f_D=1\times2=2$, $f_C f_D=1\times2=2$

$f_A f_B f_C=2\times1\times1=2$, $f_A f_B f_D=2\times1\times2=4$, $f_A f_C f_D=2\times1\times2=4$,

$f_B f_C f_D=1\times1\times2=2$

$f_A f_B f_C f_D=2\times1\times1\times2=4$

で，これらを合計すると

$f_{e1}=2+2+4+1+2+2+2+4+4+2+4=29$ になります．

このまま行うとかなり面倒くさい計算になってしまいますが，自由度の加法性を利用すると簡単に計算できます．全体の自由度から各要因の自由度と偶然誤差の自由度を引くとその結果は f_{e1} になります．

$$f_{e1}=(N-1)-f_A-f_B-f_C-f_D-f_{e2} \quad \cdots\cdots(3.68)$$

続いて偏差平方和の計算です．全体の偏差平方和；S は実験で採集したくり返しも含むすべてのデータの偏差平方和です．

要因の偏差平方和は，前節で説明したように，要因の各水準に関する工程平

均の偏差平方和に，1つの水準あたりの実験データ数を掛けることで求めます．例えば，要因 A の水準数を n，1つの水準がかかわったデータ数を r，水準 i の工程平均を X_i，全体平均を $\overline{X}$ とした時

$$S_A = r\sum_{i=1}^{n}(X_i - \overline{X})^2 \quad \cdots\cdots(3.69)$$

となります．

交互作用の偏差平方和；S_{e1} は自由度の場合と同じように計算が複雑ですから，こちらも平方和の加法性を利用して最後に計算します．

偶然誤差の偏差平方和；S_{e2} は1組の実験内での偏差平方和をすべての実験組みあわせについて計算し，それを総和した値です．表3・4で偏差平方和：S 列のすべての値を合計した結果です．

全体の偏差平方和；S は，採集した全データの偏差平方和で，表3・4で偏差平方和：S 列の表頭直下に太字で示した"2.30"という値です．

それでは交互作用の偏差平方和の計算式を示します．

$$S_{e1} = S - S_{e2} - S_A - S_B - S_C - S_D \quad \cdots\cdots(3.70)$$

次に分散ですが，各偏差平方和をそれぞれの自由度で割って求めます．そして，分散分析を行ううえでもっとも重要な指標がF0比です．3・5・1項で解説した F 検定の出番です．

分散分析の目的は，取りあげた要因のそれぞれの水準が結果系に及ぼす効果に違いがある時，それが水準の違いに由来した必然的なものなのか，それとも，偶然誤差の範囲なのかを判定することです．したがって，各要因の分散や交互作用の分散を偶然誤差の分散である V_{e2} で割ってF0値を求め，その結果を該当する要因の自由度と偶然誤差の自由度での F 値と比較します．しきい値には5％や1％の有意水準を使って判定します．

例えば，要因が材質の場合，自由度2（材質）と自由度72（偶然誤差）のF値は

有意水準5％の場合，F(2, 72；0.05)＝3.124

有意水準1％の場合，F(2, 72；0.01)＝4.913

ですから，F0＝4.536 の材質は5％で有意，1％では有意でない，ということになります．統計的には

表3・7 分散分析表 解析結果

要因	自由度;f	偏差平方和;S	分散;V	分散比;F0	p値〔%〕
材質	2	0.147	0.074	4.536※	1.40
ゴム硬度	1	0.174	0.174	10.731※※	0.16
ローラー幅	1	0.018	0.018	1.117	29.42
ゴムの厚さ	2	0.079	0.039	2.417	9.64
e1;交互作用	29	0.710	0.024	1.507	8.21
e2;偶然誤差	72	1.170	0.016		
全体	107	2.299			

『材質という要因の水準の違いは,有意水準5％で結果系である荷重に影響をおよぼしている』という結論が導かれます.なお,分散分析表のF0値の右肩に「※」や「＊」などが記入されていることがありますが,これは5％有意であることを示しています.「※※」,「＊＊」は1％有意であることを示しています.

ところで,最近は表計算ソフトウェアが普及しているため,得られたF0値を5％や1％の有意水準で判定するのではなく,p値という指標で評価している場合もあります.p値とは,効果がない,差異がない,という帰無仮説のもとで,観測された結果が仮説よりも極端な結果として表れる確率になります.

Microsoft社のExcelでは,
=FDIST(F0値,要因の自由度,誤差の自由度)
という関数で計算できます.この結果を100倍すると％表示の値になります.

これらの結果を**表3・7**にまとめました.この結果,ゴムローラーの設計諸元で,ゴムの材質とゴム硬度については水準間で荷重に及ぼす効果が異なる,という結論が導かれました.

以上が分散分析表の作成と分散分析による結論の導出になります.

3・5・4 交互作用を分離して交互作用を検証する方法

品質工学のパラメータ設計ではほとんど実施されることはないのですが,得られた結果について交互作用が気になってしかたがない,という場合には,交互作用の分離を行うことで交互作用の強さを検証することが可能になります.

一般に統計学では技術や研究の対象である要因のうち,2つの要因について

表3・8　材質とゴム硬度の交互作用検証用の表

材質＼硬度	70°	80°
α	3.011	2.937
β	3.039	2.941
γ	3.093	3.025

の交互作用は，その存在や大きさが重要な情報として評価の対象とされますが，3つ以上の要因の交互作用については，検討を加えてもそれを制御・管理することはできないため追求せず，誤差として扱います．

2つの要因についての交互作用を分離するには，まず，対象とする2つの要因の結果を，表3・4をもとに**表3・8**のような別表を作ってまとめる必要があります．表3・8の材質αとゴム硬度70°の交差する位置には，表3・4の$\bar{x}$列で材質がα，ゴム硬度が70°の組みあわせに該当する6個のデータ平均（$\bar{x}$）の平均を記入します．ほかの位置も同様です．

次に，材質（要因A）とゴム硬度（要因B）の交互作用の平方和$S_{A\times B}$を計算します．表3・8をうめた6個の平均それぞれから全体平均；$\overline{X}(3.008)$を引き2乗して合計します．

そして，その合計に対象としている1組の交互作用がかかわるデータの個数を掛けます．しかし，この結果のなかには材質のみに関する偏差平方和；$S_A=0.147$と，ゴム硬度のみに関する偏差平方和；$S_B=0.174$が含まれているためこれらを引きます．

$S_{A\times B}$
$=\{(3.011-3.008)^2+\cdots+(3.025-3.008)^2\}\times 18-0.147-0.174=0.0045$

となりました．上の式で｛　｝のあとに×18となっているのは，材質と硬度の6通りの組みあわせでの平均荷重はそれぞれ3つのくり返し計測データから求めているので，6個×3回＝18個分のデータがかかわっている，ということで18倍しています．

4つの要因から任意の2つの要因を取り出す組みあわせは6通りです．そのすべてについて，表を作成して交互作用の平方和を計算します．そして，表3・7を**表3・9**のように書きかえます．

なお，要因Aと要因Bの交互作用の自由度については，$f_{A\times B}=f_Af_B$（要因

表3・9 交互作用も検証対象とした分散分析表

要因	自由度;f	偏差平方和;S	分散;V	分散比;F0	p値〔%〕
材質	2	0.147	0.074	4.536*	1.40
ゴム硬度	1	0.174	0.174	10.731**	0.16
ローラー幅	1	0.018	0.018	1.117	29.42
ゴムの厚さ	2	0.079	0.039	2.417	9.64
A×B	2	0.0045	0.002	0.138	87.09
A×C	2	0.0774	0.039	2.381	9.97
A×D	4	0.0603	0.015	0.928	45.29
B×C	1	0.0293	0.029	1.803	18.36
B×D	2	0.0636	0.032	1.957	14.88
C×D	2	0.0952	0.048	2.929	5.99
e1';交互作用	16	0.380	0.024	1.462	13.88
e2;偶然誤差	72	1.170	0.016		
全体	107	2.299			

表3・10 材質とゴム硬度の交互作用 観測結果と推定値

材質	硬度	交互作用	
		観測結果	推定値
α	70°	3.011	3.014
	80°	2.937	2.934
β	70°	3.039	3.030
	80°	2.941	2.950
γ	70°	3.093	3.099
	80°	3.025	3.019

Aの自由度と要因Bの自由度の積）で計算します．

さて，先ほど材質（要因A）とゴム硬度（要因B）の交互作用の平方和を計算するためにまとめた表3・8は実験で観測された交互作用です．一方，表3・5でまとめた工程平均を使って交互作用の推定値を計算できます．例えば，材質αとゴム硬度70°の交互作用は，表3・5の材質αの工程平均とゴム硬度70°の工程平均を足して全体平均を引くことで求めることができます．

$2.974+3.048-3.008=3.014$

この計算を6組の交互作用で比較できるように**表3・10**のようにまとめます．また，交互作用の観測値と推定値の関係を**図3・19**に示します．

図3・19よりあきらかなように，材質とゴム硬度の交互作用は，実験結果を

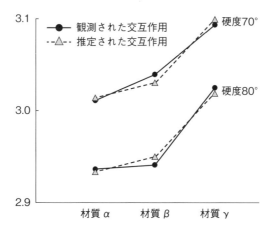

図3・19　交互作用の再現性確認　材質とゴム硬度

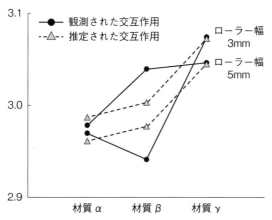

図3・20　交互作用の再現性確認　材質とローラー幅

表3・11　材質とローラー幅の交互作用　観測結果と推定値

材質	ローラー幅	交互作用	
		観測結果	推定値
α	3	2.969	2.961
	5	2.978	2.987
β	3	2.941	2.977
	5	3.039	3.003
γ	3	3.074	3.044
	5	3.046	3.072

解析することで得られた工程平均を使った推定値と，実際に観測された交互作用の傾向が非常によく似ています．また，ゴム硬度が違う2つの観測値のグラフも類似性があるので，材質とゴム硬度の間の交互作用は小さいものと考えられます．この事実は，表3・9のA×Bの分散比：F0が0.138と小さいことにも表れています．

次に，交互作用のなかでもF0が2.381と大きいA×Cについて同様の検証を行います．その結果を図3・20と表3・11に示しました．

推定値と観測結果の傾向が異なっていることに加え，材質βとローラー幅は組みあわせによって大きく特性が異なります．表3・9では，A×Cのp値は10％程度ですから，統計的には有意とはなりませんが，この結果より，材質βを選ぶことになった場合にはローラーの幅との関係についてもう少し情報を集めたほうがよい，と考えられます．

以上が交互作用の分離と再現性の検証方法の解説となりますが，6・1・3項では2水準系の直交表における交互作用分離の活用についてふれます．

3・5・5　プーリングの意味とその方法，および寄与率とは

分散分析の結果，要因や交互作用の分散が誤差の分散より小さい場合，その要因や交互作用の水準の違いが結果系に及ぼす効果は，"誤差の範囲"であると考えます．前節の表3・9では交互作用A×BとA×Dの分散は偶然誤差の分散より小さいため，F0の値は1より小さくなっています．

この2つの交互作用の効果は誤差の範囲と判断すると，偶然誤差：$e2$としてまとめている情報には，この誤差の範囲と考えられる2つの交互作用に相当する誤差情報が抜けていることになります．

そこで，この2つの交互作用分に相当する情報を偶然誤差：$e2$に加えて再度解析すると，解析で得られる情報や，そこから導き出される結論が違うものになるかもしれません．少なくとも得られる情報の信頼性が向上することが期待できます．これを目的とする処理がプーリングという方法です．

また，6・2・2項で理由を解説しますが，2水準系の直交表でF検定を行うときにはプーリングをする必要があります．

では，表3・9を使ってプーリングの方法について説明します．偶然誤差の

表3・12　プーリング後の分散分析表

要因	自由度；f	偏差平方和；S	分散；V	分散比；F0	p値〔%〕
材質	2	0.147	0.074	4.656※	1.23
ゴム硬度	1	0.174	0.174	11.016※※	0.14
ローラー幅	1	0.018	0.018	1.146	28.76
ゴムの厚さ	2	0.079	0.039	2.481	9.02
A×B	(2)	(0.0045)			
A×C	2	0.0774	0.039	2.444	9.34
A×D	(4)	(0.0603)			
B×C	1	0.0293	0.029	1.851	17.76
B×D	2	0.0636	0.032	2.009	14.11
C×D	2	0.0952	0.048	3.006	5.52
e1′；交互作用	22 (16)	0.445 (0.380)	0.020	1.277	21.41
e2；偶然誤差	78	1.235	0.016		
全体	107	2.299			

分散；$V_{e2}=0.016$ より小さい分散の要因は交互作用 A×B と A×D です．この2つの分散分析情報を偶然誤差に組みこむことがプーリング処理になります．

まず，自由度ですが，A×B の自由度；$f_{A×B}=2$ と A×D の自由度；$f_{A×D}=4$ を偶然誤差；$e2$ の自由度にくわえます．プーリング前は $f_{e2}=72$ ですから，$f_{e2}'=72+2+4=78$ になります．

次に偏差平方和についても同様に，プーリング前の $S_{e2}=1.170$ に $S_{A×B}=0.0045$ と $S_{A×D}=0.0603$ を加えます．その結果，$S_{e2}'=1.170+0.0045+0.0603=1.2349$ になります．

この結果をもとに表3・9を**表3・12**のように書きかえます．この処理により誤差分散とその自由度がかわったため，各要因のp値も変化します．

プーリングすることで誤差の自由度が増えるため，F 検定を行う時の分母の自由度が大きくなり検定による検出力の向上が期待できます．また，誤差自身の信頼性も高まる方向に移行します．

今回のプーリングでは，誤差分散より小さい分散の要因をプーリングしたため，プーリング前より誤差分散が小さくなりました．そのため，各要因のp値も小さくなっています．

プーリングする要因をどのように決めるか，について分散比；F0が2以下とすることもあるようです．誤差分散の2倍程度までの分散となった要因は偶

表3・13 純変動と寄与率

要因	自由度；f	偏差平方和；S	分散；V	純変動；S′	寄与率；ρ〔%〕
材質	2	0.147	0.074	0.116	5.0
ゴム硬度	1	0.174	0.174	0.159	6.9
ローラー幅	1	0.018	0.018	0.002	0.1
ゴムの厚さ	2	0.079	0.039	0.047	2.0
A×C	2	0.0774	0.039	0.046	2.0
B×C	1	0.0293	0.029	0.013	0.6
B×D	2	0.0636	0.032	0.032	1.4
C×D	2	0.0952	0.048	0.064	2.8
e1′；交互作用	16	0.380	0.024	0.127	5.5
e2；偶然誤差	78	1.235	0.016	1.694	73.7
全体	107	2.299			100.0

然誤差の範囲とする考えです．いずれにしても，なにをプールするかは，固有技術の面から十分に検討して決めることをおすすめします．

ところで，偏差平方和の分解で要因の効果と偶然誤差を分離したのですが，要因の水準の違いが結果系におよぼす効果，つまり，工程平均の違いのあらわれにも偶然誤差が混入している可能性があります．

そこで，要因の偏差平方和を修正した純変動；S' という指標を計算することがあります．純変動が求まると全体の偏差平方和に対する要因ごとの純変動の比を計算することができ，各要因が結果系に対してどの程度影響を与えているのかを知ることができます．この比を寄与率といい，ギリシア文字の ρ（ロー）で記述しパーセントで表現するのが一般的です．

純変動；S' は，偏差平方和；S から偶然誤差の分散：V_{e2} に対象とする要因の自由度を掛けた値を引きます．水準の違いによる工程平均のあいだにも偶然誤差が混入していると考えるためです．

例えば，材質の純変動；S'_A は

$S'_A = S_A - f_A V_{e2} = 0.147 - 2 \times 0.016 = 0.115$ となります．表計算ソフトウェアの計算結果では表3・13のように0.116となります．これはまるめ誤差の影響です．

この処理をすべての要因と交互作用に対して実施し，結果を純変動；S' の

列に記入します．次に，各要因の純変動を全体の偏差平方和で割って100倍し，寄与率；ρの列に記入します．この結果，寄与率はパーセントで表示されます．

　分散分析についてかなりの紙面をさいて解説してきました．前述のように，最近のパラメータ設計ではあまり活用されていませんが，分散分析を実施することによって得られる情報はとても有効です．パラメータ設計を実施する過程において活用すれば，きっとよりよい成果にむすびつくはずです．

付録1 標準正規分布表

正規分布表の使い方

正規分布 $N(\mu, \sigma^2)$：平均値 $=\mu$，標準偏差 $=\sigma$ のとき，標準偏差の z 倍より大きい領域で事象が発生する確率：P を求める手順

1 標準正規分布になるように標準化して z を求める．
$$z = \frac{(x-\mu)}{\sigma}$$

2 標準化により，標準正規分布の数値を使って計算することが可能となる．
3 $z=1.96$ のときは，行方向の 1.9 と列方向の 0.06 の交点の値（0.0250）となる．
4 両側の場合は，求めた値を 2 倍する．

z から P を求める表

z	0.00	0.01	0.02	0.03	0.04	0.05	0.06	0.07	0.08	0.09
0.0	0.5000	0.4960	0.4920	0.4880	0.4840	0.4801	0.4761	0.4721	0.4681	0.4641
0.1	0.4602	0.4562	0.4522	0.4483	0.4443	0.4404	0.4364	0.4325	0.4286	0.4247
0.2	0.4207	0.4168	0.4129	0.4090	0.4052	0.4013	0.3974	0.3936	0.3897	0.3859
0.3	0.3821	0.3783	0.3745	0.3707	0.3669	0.3632	0.3594	0.3557	0.3520	0.3483
0.4	0.3446	0.3409	0.3372	0.3336	0.3300	0.3264	0.3228	0.3192	0.3156	0.3121
0.5	0.3085	0.3050	0.3015	0.2981	0.2946	0.2912	0.2877	0.2843	0.2810	0.2776
0.6	0.2743	0.2709	0.2676	0.2643	0.2611	0.2578	0.2546	0.2514	0.2483	0.2451
0.7	0.2420	0.2389	0.2358	0.2327	0.2296	0.2266	0.2236	0.2206	0.2177	0.2148
0.8	0.2119	0.2090	0.2061	0.2033	0.2005	0.1977	0.1949	0.1922	0.1894	0.1867
0.9	0.1841	0.1814	0.1788	0.1762	0.1736	0.1711	0.1685	0.1660	0.1635	0.1611
1.0	0.1587	0.1562	0.1539	0.1515	0.1492	0.1469	0.1446	0.1423	0.1401	0.1379
1.1	0.1357	0.1335	0.1314	0.1292	0.1271	0.1251	0.1230	0.1210	0.1190	0.1170
1.2	0.1151	0.1131	0.1112	0.1093	0.1075	0.1056	0.1038	0.1020	0.1003	0.0985
1.3	0.0968	0.0951	0.0934	0.0918	0.0901	0.0885	0.0869	0.0853	0.0838	0.0823
1.4	0.0808	0.0793	0.0778	0.0764	0.0749	0.0735	0.0721	0.0708	0.0694	0.0681
1.5	0.0668	0.0655	0.0643	0.0630	0.0618	0.0606	0.0594	0.0582	0.0571	0.0559
1.6	0.0548	0.0537	0.0526	0.0516	0.0505	0.0495	0.0485	0.0475	0.0465	0.0455
1.7	0.0446	0.0436	0.0427	0.0418	0.0409	0.0401	0.0392	0.0384	0.0375	0.0367
1.8	0.0359	0.0351	0.0344	0.0336	0.0329	0.0322	0.0314	0.0307	0.0301	0.0294
1.9	0.0287	0.0281	0.0274	0.0268	0.0262	0.0256	0.0250	0.0244	0.0239	0.0233
2.0	0.0228	0.0222	0.0217	0.0212	0.0207	0.0202	0.0197	0.0192	0.0188	0.0183
2.1	0.0179	0.0174	0.0170	0.0166	0.0162	0.0158	0.0154	0.0150	0.0146	0.0143
2.2	0.0139	0.0136	0.0132	0.0129	0.0125	0.0122	0.0119	0.0116	0.0113	0.0110
2.3	0.0107	0.0104	0.0102	0.0099	0.0096	0.0094	0.0091	0.0089	0.0087	0.0084
2.4	0.0082	0.0080	0.0078	0.0075	0.0073	0.0071	0.0069	0.0068	0.0066	0.0064
2.5	0.0062	0.0060	0.0059	0.0057	0.0055	0.0054	0.0052	0.0051	0.0049	0.0048
2.6	0.0047	0.0045	0.0044	0.0043	0.0041	0.0040	0.0039	0.0038	0.0037	0.0036
2.7	0.0035	0.0034	0.0033	0.0032	0.0031	0.0030	0.0029	0.0028	0.0027	0.0026
2.8	0.0026	0.0025	0.0024	0.0023	0.0023	0.0022	0.0021	0.0021	0.0020	0.0019
2.9	0.0019	0.0018	0.0018	0.0017	0.0016	0.0016	0.0015	0.0015	0.0014	0.0014
3.0	0.0013	0.0013	0.0013	0.0012	0.0012	0.0011	0.0011	0.0011	0.0010	0.0010
3.5	.2326E−3									
4.0	.3167E−4									
4.5	.3398E−5									
5.0	.2867E−6									
5.5	.1899E−7									

統計でよく使う値	片側	両側	わかりやすい表現
$z=1.960$ のとき $P=$	0.025	0.050	→ 5 %
$z=2.576$ のとき $P=$	0.005	0.010	→ 1 %
$z=3.000$ のとき $P=$	0.00135	0.0027	→ 2.7/1000

第2編
品質工学の実践

$$y = \beta M$$

$$b_{all} = \frac{\sum_{j=1}^{n}\sum_{i=1}^{m}\sum_{k=1}^{p} M_i y_{ijk}}{np\sum_{i=1}^{m} M_i^2} = \frac{\sum_{j=1}^{3}\sum_{i=1}^{3} M_i y_{ijk}}{3\sum_{i=1}^{m} M_i^2}$$

$$\hat{\eta} = \frac{\frac{1}{r}(S_\beta - V_e)}{V_N}$$

$$= \frac{1}{r}(S_\beta - V_e) = \frac{1}{r} S_\beta = \frac{1}{r}\frac{1}{r}\left(\sum_{j=1}^{n} L_j\right)^2 = \left(\sum_{j=1}^{n} L_j/r\right)^2$$

$$b_1 = \frac{\sum_{i=1}^{n}(x_i y_i)}{\sum_{i=1}^{n} x_i^2}$$

$$\hat{S} = \frac{1}{r}(S_\beta - V_e)$$

第2編 品質工学の実践

第4章

損失関数

4・1 分布と損失関数

4・1・1 正規分布にしたがう品質特性の製品を損失関数で評価する

　第1章で,品質工学では品質を『製品が出荷後,社会に与える損失である』という言葉で定義していることについて説明しました.そして,この言葉の内容を具現化する,つまり,品質を金額で計れるように変換するために,損失関数が用意されていることも説明しました.

　損失関数に関する次の3つの特徴を思い出してください.

1. 2次関数で表現される.
2. 製品の性能や特性という品質特性が,企業や工場が定めた規格範囲内におさまっていたとしても損失は発生している.
3. 損失関数は,製品に対して設計や製造上の仕様や規格から決められている機能の限界値と機能の目標値との差;Δ_0と,機能の限界値で発生する損失金額;A_0,そして,機能のばらつきの評価指標である分散;σ^2の3つのパラメータであらわされ,損失をLとすると

    $L = \dfrac{A_0}{\Delta_0^2}\sigma^2$ となり,この金額は製品を1台出荷するごとに発生する社会に与える損失である.

　この節では損失関数を使うことで得られる具体的な効果と,原理となる数理について解説します.

　品質工学では品質特性の"分布"を考えない,と教えられた方も多いかもしれません.しかし,分布を仮定しなくても品質工学は使うことができて成果が

得られる,という言葉が正解です.

　一般的な品質管理を実施している企業・工場では,分布といえば当然のごとく正規分布を思い浮かべることでしょう.工場で生産される製品の性能や特性値を無秩序にばらつかせる要因は,管理や調整することができない偶然誤差の積み重ねです.そして,偶然誤差は正規分布にしたがいます.そのため,多くの工業製品の性能や特性値などを対象とした品質水準は,正規分布にしたがうことになります.

　日本の品質管理の根底にながれている思想は,3σ管理という考え方です.前述のように,工業製品の特性値は偶然誤差の影響を受けて必ずばらつきます.そして,要求されている特性値の規格範囲からはずれてしまうものも生産されることがあります.規格範囲をはずれた製品は不適合品といい,そのままでは,後工程に送ったり出荷したりすることはできません.手直しや廃棄といった損失が発生します.当然,不適合品の数が多くなると損失は大きくなります.

　生産設備や製造工程の管理をより厳密にして,工場環境もより安定化させていけば,偶然誤差の分布の幅を小さくできるので,不適合品の数を減らすことができるかもしれません.しかし,この時必ず管理の実施や設備投資により,生産能率の低下やコストの上昇をまねきます.

　そこで,工場や企業の経営観点から,生産能率という面で考えて,多少の不適合品が生産されてしまうことを認めよう,という方針も経営上の選択肢として考えることができます.

　ここで,多少の不適合品の割合をいくつにするか,が問題になります.製品の特性値が正規分布にしたがう場合,その標準偏差をσとすると,平均を中心として$\pm 3\sigma$の範囲をはずれる確率は約 0.27 % になります.理論的には 1000 個の製品を生産した場合,不適合品の数は 3 個程度です.

　製品の特性値の標準偏差が規格幅の 1/6(片側では 1/3)になるような生産活動をすることで,不適合品率を 0.3 %程度にできるわけです.いいかえると「企業や工場の経済的,経営的な観点から,量産品を製造する工程において,その製品の品質を規格にてらして,最悪 1,000 個中 3 個までであれば不適合品を認めよう」という方針で生産を行うのです.これが3σ管理の考え方です.

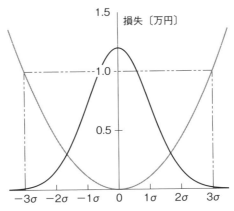

図4・1 製品の分布と損失の関係

　当然,生産する製品によっては0.3％という不適合品率では品質上問題が大きくて,その考え方を適用できないこともあります.3σ管理とは,最低限守らなければいけない最悪状態の品質管理の基準である,ということを覚えておいてください.

　3σ管理がなされているときの品質検査では,規格の上限と下限の値が厳密に設定されていて,これを境に適合品と不適合品が明確に分けられます.とくに不適合品が廃棄される場合,損失金額;A_0を明確に定義できます.そこで,製品に要求される性能や特性が正規分布にしたがう場合,損失関数がどのような結果となってあらわれるのか,について調べてみます.

　性能や特性の目標値がm,その限界値が$±\Delta_0$という基準で生産されている製品があります.工場は3σ管理を前提として経営されています.生産している製品の性能や特性は正規分布にしたがっているとします.また,その平均は目標値と一致しています.そして,製品の性能や特性に関する規格の幅は,実際に生産された製品の検査結果から標準偏差;σの6倍（片側で3倍）になっていて,3σ管理が実現されているとします.この時,生産されている製品の性能や特性の分散は$σ^2$です.

　片側の管理限界値;Δ_0は性能や特性の目標値からちょうど3σの位置に相当しているため,$±\Delta_0=±3σ$という関係になります.

　図4・1に標準正規分布と損失関数のグラフを重ねて描いてみました.縦軸

が損失で単位は〔万円〕です．横軸は製品の性能や特性値を基準化した z 値の軸になります．規格をはずれると $A_0=10,000$ 円の損失が発生するものとします．

損失関数の式　$L=\dfrac{A_0}{\Delta_0^2}\sigma^2$　……（1.2　再掲載）

に $A_0=10,000$〔円〕，$\Delta_0=3\sigma$ を代入すると

$L=\dfrac{A_0}{9\sigma^2}\sigma^2=\dfrac{10000}{9}=1,111$〔円〕となります．

これは，この製品を 1 台出荷するたびに社会に 1,111 円の損失を与えることを意味しています．つまり，3σ 管理で工場が経営されている場合，その製品を 1 台出荷するごとに，A_0 の 11.1％に相当する損失を社会に与えることになります．

図 4・1 の標準正規分布の線図は確率密度を表しています．また，損失の 2 次曲線は金額を表しています．ある z の位置で両者の積をとると，製品の機能特性が目標値から σ の z 倍ずれた位置に存在する製品が 1 台出荷された時の社会に与える損失の期待値になります．

標準正規分布の確率密度；$P(z)$ は，正規分布の確率密度の(3.11)式で，$\mu=0$，$\sigma=1$ として $x=z$ となるので

$$P(z)=\dfrac{1}{\sqrt{2\pi}}e^{-\frac{z^2}{2}}\quad ……(4.1)$$

となります．z の位置での損失の期待値；$E(L_z)$ は，3σ 管理がなされている場合

$$E(L_z)=\dfrac{A_0}{9}z^2\dfrac{1}{\sqrt{2\pi}}e^{-\frac{z^2}{2}}=\dfrac{A_0 z^2}{9\sqrt{2\pi}}e^{-\frac{z^2}{2}}\quad ……(4.2)$$

となります．

損失の期待値；$E(L_z)$ を図 4・1 に描きこんで**図 4・2** を描きました．損失の期待値；$E(L_z)$ は $z=0$ で 0，$z=\pm 1.4$ 近辺で最大値をとり，z が $\pm\infty$ でも 0 にはなりません．生産されている製品全個体の品質水準を対象として，製品 1 台あたりが社会に与える損失の期待値；$E(L_T)$ は，(4.2)式を $-\infty$ から ∞ の z の区間で積分することで求まります．

$$E(L_T)=\int_{-\infty}^{\infty}E(L_z)dz=\int_{-\infty}^{\infty}\dfrac{A_0 z^2}{9\sqrt{2\pi}}e^{-\frac{z^2}{2}}dz\quad ……(4.3)$$

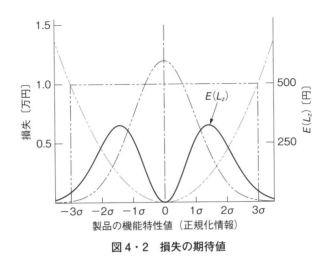

図4・2 損失の期待値

この(4.3)式の積分を行うと $E(L_T) \fallingdotseq 1111$ となり損失関数の式で計算した損失の結果と一致することが確認できます．損失関数で計算した損失金額は，分布の確率密度と損失の積の線図で囲まれる面積で表される分布全体での損失と等値になります．

この章の最後で説明しますが，正規分布を前提とした 3σ 管理に限らず，品質特性が正規分布にしたがわなくても，確率密度関数が区間全域にわたって連続性があれば，損失関数で計算された損失は確率密度と損失の積を区間で積分した値と一致します．

なお，この事例を体感できるシミュレータを Microsoft 社の Excel で制作しました．ファイル【損失関数.xls】のシート『標準正規分布』です．このファイルは本書で紹介しているほかの Excel ファイルと一緒にダウンロードすることができます．利用規約およびダウンロード方法は第7章7・2節を参照してください．ファイルを開くと図4・3の画面が表示されます．

『損失関数』の領域で A_0, $\varDelta_0$ の欄に置数すると，損失関数 $L = \dfrac{A_0}{\varDelta_0^2}\sigma^2$ の値を計算して L の欄に表示します．なお，標準正規分布では $\sigma^2 = 1$ です．ここで，$\varDelta_0$ の値は，標準正規分布での中央からどれだけ離れているか，の指標である z の値を入力します．z は標準偏差の倍数になります．デフォルトでは $z = 3$（つ

第4章 損失関数

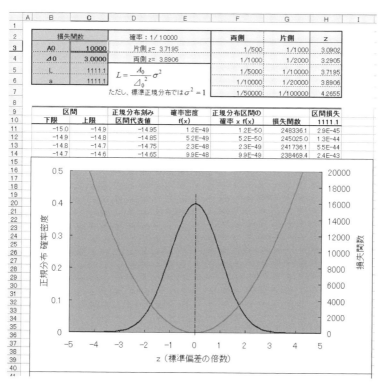

図4・3 損失関数シミュレータの画面

まり 3σ)としています.

L の下の a は,Δ_0 の位置で A_0 の損失となる2次関数の係数を表示しています.この値をもとに,ある区間での損失関数の値などを計算しています.

このシミュレータでは z が重要な変数となるので損失関数の領域の右に z の値を表示する機能を設けました.

ある確率を 1/n という形式で入力するとその確率が片側,および,両側で生起する時の z の値を返します.セル E2 に n の値を置数してください.その右側の領域には代表的な確率(分数表示)と z の値をまとめてあります.

このファイルでは,$-15<z<15$ の範囲で区間の幅を 0.1 として,その中央値での確率密度と損失関数を計算します.そして,区間損失を

区間損失 = 確率密度 × 区間幅(0.1)× 損失関数

で計算しています.

セル H10 にはすべての区間損失の総和を計算します.この値が損失関数の計算式で計算されたセル C5 の値と一致することを確認してください.

なお,標準正規分布と損失関数のグラフの下方には図 4・2 と同様な区間損失のグラフが表示されていますので,こちらも確認してください.

4・1・2　どちらの製品を買うべきか？～分布の違いによる損失の比較

工場で生産される製品の多くは,その製品に期待されている機能のねらい値を中心に上側と下側の規格を設定して,検査を行うことで品質管理を実施しています.そして,その規格値を越えたときに,不適合品として工場内での損失が顕在化します.

しかし,工場内の検査に合格して出荷された製品であっても,機能のばらつきによって,その時点では顕在化していない潜在的な損失が出荷後に顕在化するということを,田口は『品質とは製品が出荷後,社会に与える損失である』という言葉で暗示しています.

製品を1台出荷するごとに社会に与える損失金額を定義するのが損失関数です.しかし,損失関数の式は,機能の限界値;Δ_0 とそのとき発生する損失金額;A_0,そして,製品の機能のばらつきである分散;σ^2 のみで記述される非常に単純な式です.前節の例題のように製品の機能が正規分布にしたがう,などという分布の形態は考慮していません.

それでは,次の2つの製品について考えてみましょう.

① 品質特性が正規分布にしたがっていて,かつ,3σ 管理がなされている工場で出荷検査なしで出荷されるので,消費者は約 0.3 % の確率で不適合品をつかむ懸念がある製品 A.

② 品質特性が一様に分布しているけれども,出荷検査で上限,下限の規格内に収まっている製品のみを出荷し,不適合品は絶対に出荷されることがない製品 B.

なお,ともに機能のねらい値と製品分布の中央値は一致していて,規格の上限,下限はねらい値に対して $\pm\Delta_0$ だとします.

2つの製品の品質特性を図 4・4 に示します.

第 4 章 損失関数

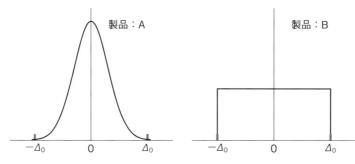

図 4・4 品質特性の分布の違い

　図 4・4 で，製品それぞれの品質特性の分布が描く線と横軸で囲まれた面積は，全事象の確率となり 1 です．したがって，製品 B の確率密度；p_B は一様で $p_B = \dfrac{1}{2\Delta_0}$ になります．

　製品 A は最終的な品質検査をしないで出荷するので，製品 A の購入者は，1000 人中 3 人が購入時点で不適合品をつかむ可能性があります．一方，製品 B は出荷検査で不適合品を取りのぞいて出荷しているので，製品 B の購入者が購入時点で不適合品にあたる確率はゼロです．あなたが消費者だったらどちらの製品を購入するでしょうか．

　このような判断をする時こそ損失関数の出番です．製品 A，B ともに規格の幅は $2\Delta_0$（$\pm\Delta_0$）です．また，この規格からはずれた瞬間に発生する損失金額を A_0 とします．損失関数で損失を計算するためにあと必要な情報は製品の品質特性のばらつき情報としての分散；σ^2 です．

　製品 A は 3σ 管理がなされて生産されているわけですから，$\sigma_A = \dfrac{\Delta_0}{3}$ になります．したがって，$\sigma_A^2 = \dfrac{\Delta_0^2}{9}$ です．一方，製品 B の分散；σ_B^2 は，一様分布の一様な確率密度を p，一様分布で囲まれる領域の全体面積を S，位置 x での短

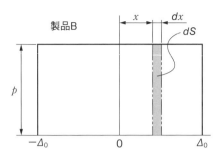

図4・5 矩形分布の分散を求める

冊形の微小面積；dSとして，次の式で計算できます．

$$\sigma_B{}^2 = \frac{1}{S}\int_{-\Delta_0}^{\Delta_0} x^2 dS \quad \cdots\cdots(4.4)$$

(4.4)式の学の材料力学における断面2次モーメントに通じる概念になります．なお，面積；$S=2p\Delta_0$ですが，これは全事象が起きる確率となって1になります．**図4・5**にその様子を示します．

図4・5より短冊型の微小要素の面積は$dS=pdx$ですから(4.4)式は

$$\sigma_B{}^2 = p\int_0^{\Delta_0} x^2 dx = 2p\int_0^{\Delta_0} x^2 dx \quad \cdots\cdots(4.5)$$

となります．この定積分を解くと

$$\sigma_B{}^2 = 2p\int_0^{\Delta_0} x^2 dx = 2p\left[\frac{x^3}{3}\right]_0^{\Delta_0} = \frac{2}{3}p\Delta_0{}^3$$

ここで$2p\Delta_0=S=1$ですから

$$\sigma_B{}^2 = \frac{1}{3}\Delta_0{}^2 \quad \cdots\cdots(4.6)になります．$$

製品Bの場合，Δ_0の位置は分布の中心から製品Aの標準偏差；σ_Aを使ってあらわすと$\Delta_0=3\sigma_A$になりますから(4.6)式は

$$\sigma_B{}^2 = \frac{9}{3}\sigma_A{}^2 = 3\sigma_A{}^2 \quad \cdots\cdots(4.7)$$

となります．このように，製品Bの分散は製品Aの分散の3倍になります．

また，損失関数を使って製品Aの損失；L_Aと製品Bの損失；L_Bを計算すると

$$L_A = \frac{A_0}{{\Delta_0}^2}{\sigma_A}^2 = \frac{A_0}{{\Delta_0}^2}\left(\frac{1}{3}\Delta_0\right)^2 = \frac{A_0}{9} \quad \cdots\cdots(4.8) になるのに対し$$

$$L_B = \frac{A_0}{{\Delta_0}^2}{\sigma_B}^2 = \frac{A_0}{{\Delta_0}^2}3{\sigma_A}^2 = \frac{3A_0}{{\Delta_0}^2}\left(\frac{1}{3}\Delta_0\right)^2 = \frac{A_0}{3} \quad \cdots\cdots(4.9)$$

となって，L_B は L_A の3倍になります．

つまり，0.3％の不適合品も含めて出荷しているけれども，品質特性が正規分布にしたがっている製品 A に対して，不適合品を取りのぞいて出荷しているけれども品質特性が一様に分布している製品 B は，出荷後に社会に与える損失が3倍も大きくなると推定されるのです．

以前，ある日本企業はアメリカで販売するテレビを，日本とアメリカで生産していたそうです．同じ機種であっても日本製はある品質特性が正規分布にしたがっていて，アメリカ製は一様分布であったため出荷検査で不適合品を取りのぞいて出荷していました．結果的に品質特性が正規分布にしたがっていた日本製が大好評で，アメリカ人はすすんで日本で生産されたテレビを購入したということです．

4・2 損失関数を使ってコストと品質の経済性を評価してみる

4・2・1　加工方法を変更するべきか？〜工場内の損失で判断するには

前節で機能特性のばらつきが正規分布にしたがう品質特性となる製品について，3σ 管理で生産された製品全体の損失の期待値を計算すると，損失関数の基礎式(1.2)式に帰着することを紹介しました．

それでは，損失関数を有効に活用するための例題として，次の問題を考えてみましょう．

例題 1

ある工場で生産する合板の厚さはねらい値が30〔mm〕，品質管理のための検査規格は ±0.5〔mm〕です．規格をはずれるとその合板は廃棄しなければならず，原料，加工費と諸経費の合計で3000円の損失が発生します．

現在，管理すべき品質特性である合板の厚さはねらい値30〔mm〕を中心に標準偏差が0.10〔mm〕の正規分布にしたがっています．

生産技術の面から追求した結果,加工方法を変更すると加工費が2円安くなりますが,厚さの標準偏差が 0.15 [mm] となって品質水準の低下が懸念されます.ただし,検査規格の片側の限界値が 0.5 [mm] であるため,変更後も 3σ 管理は実現できます.

それでは,加工方法を変更するべきかどうかの判断をしてください.

この問題では,まず,現状の品質水準をもとに計算した損失;L_1 と加工方法変更後の損失;L_2 を計算します.加工方法を変更することによって,加工費は低下しますが,同時に品質水準は悪化します.

このため,L_1 と L_2 から加工費の低減分の2円を引いた値を比較して $L_1 > L_2 - 2$ であれば加工方法を変更するべきである,と判断することになります.

では,それぞれの損失を計算します.

$$L_1 = \frac{A_0}{\Delta_0^2}\sigma_1^2 = \frac{3000}{0.5^2} \times 0.10^2 = 120$$

$$L_2 = \frac{A_0}{\Delta_0^2}\sigma_2^2 = \frac{3000}{0.5^2} \times 0.15^2 = 270$$

そして,$L_2 - 2 = 270 - 2 = 268$ となります.

結果,$L_1 < L_2 - 2$ (120 < 268) になるので,この加工方法の変更はしてはいけない,という結論になります.

前述のように,加工方法の変更を行った場合,板の厚さの標準偏差;σ_2 は 0.15 [mm] ですから $3\sigma_2 = 0.45$ [mm] になります.そして,検査の規格値は ± 0.5 [mm] ですから 3σ 管理の考えを満足しています.単純に 3σ 管理が実現されているという考えだけでは,コストと品質のバランスが取れていることにはなりません.3σ 管理が実現できるという見方だけでは,この加工方法の変更は実施されてしまいますが,損失関数の考えからすると実施してはいけないことが確認できました.

この合板を年間 10 万枚作った場合について考えてみます.

第3章の標準正規分布で学習したように,加工方法について現状と変更した場合それぞれ合板が不適合となる確率を推定してみます.なお,今回の事例の

z の値は大きいため付録 1 の標準正規分布表には掲載されていません．そこで，Excel の関数を使います．

現状の場合の推定不適合品率；P_1 は，$z=\dfrac{0.5}{0.10}=5$ になるため，Excel の適当なセルに"＝2＊（1－NORMSDIST（5））"と入力すると標準正規分布で $z \leqq -5$ の領域と $z \geqq 5$ の領域の事象が発生する確率；$P_1=5.74 \times 10^{-7}$ が求まります．同様に加工方法を変更した場合 $z=\dfrac{0.5}{0.15}=3.333$ になるため，

"＝2＊（1－NORMSDIST（3.333））"とセルに入力すると $P_2=8.58 \times 10^{-4}$ が求まります．

1 年間に生産されてしまう不適合品の推定数は，現状の加工方法では，
$100000 \times 5.74 \times 10^{-7}=0.06$〔枚〕であり，変更すると
$100000 \times 8.58 \times 10^{-4} \fallingdotseq 86$〔枚〕になります．

不適合品は 1 枚あたり 3000 円の損失になるわけですから，加工方法を変更すると 25 万 8,000 円の損失が発生します．これから加工コストの年間の低減分 20 万円を差し引いても 5 万 8,000 円損失が増大します．

したがって，「加工方法を変更してはいけない」という結論が導かれます．なお，今回は製品の品質検査が行われて不適合品が市場に出荷されないという前提ですから，損失関数で計算された損失はすべて工場内での損失になります．

4・2・2 部品を変更するべきか？〜社会に与える損失で判断する

例題 2

現在販売している製品は，出荷後 1 万台に 1 台の確率で故障してクレームになります．その原因は製品を構成している，ある部品の品質のばらつきによるものです．その部品に要求されている品質特性は正規分布にしたがっていて，故障はその特性が設計上要求している下限値より低くなることによって発生します．その時，お客様の機会損失や自社のクレーム処理費用などで 3 万円の損失が発生します．

故障する部品についてグレードの高いものを採用すると，故障が発生する確率は現状の 1/10（10 万台に 1 台）に低減できる可能性がありますが，部品

費が10円アップします．この製品は今後も半永久的に生産されるとした時，この部品をグレードの高いものに変更するべきでしょうか．

この問題では1万台に1台の確率で故障し，その時の損失が3万円ということで，損失の期待値は単純に計算すると $30,000 \times (1/10,000) = 3$ 〔円〕であるから10円もコストアップする部品に変更してはいけない，と普通は考えてしまいます．しかし，損失関数で評価した場合，本当にそうなるでしょうか．

まず，現状の1万台に1台という市場での故障率を，標準正規分布の z で表現します．今回の問題は標準正規分布の中心から左側を対象とする片側の問題です．Excelの関数を使うと"＝NORMSINV（1/10000）"とセルに入力することで，ある z の値から左側の領域の確率が 1/10000 になるときの z の値を返してくれます．その結果，セルには"－3.719"と表示されます．マイナスは分布の中心から左側を意味しており，図4・6のように標準偏差の－3.719倍の位置より左側の領域が生起する確率は 1/10000 である，ということです．

この値の意味は，部品の特性値がそのねらい値より小さい側で標準偏差の3.719倍をこえると故障するということです．つまり，機能の限界値；Δ_0 が 3.719σ に相当します．

そして，この時に $A_0 = 30,000$ 円の損失が発生するわけですから，現状の部品を使っている場合，製品を1台出荷するごとに社会に与える損失；L_1 は

$L_1 = \dfrac{A_0}{\Delta_0^2} \sigma^2$ で計算するのですが，今回の例題では故障するのは部品に要求

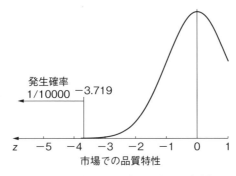

図4・6　市場で故障が発生する領域

されている特性が小さい側の機能の限界値を超えた時だけです.

損失関数の式は，基本的に分布の中央から左右対称に機能の限界値が設定されていることが前提となっているため，厳密には損失；L_1 はこの半分になります．したがって

$$L_1 = \frac{A_0}{2\Delta_0^2}\sigma^2 = \frac{3000}{2(-3.719\sigma)^2}\sigma^2 = \frac{3000}{2\times 3.719^2} = 1,085 〔円〕となります.$$

同様に部品のグレードを高いものに変更した場合，故障率が10万台に1台となるので，その時の z の値を Excel の関数で求めると -4.265 になります．そして，その時の損失；L_2 は

$$L_2 = \frac{3000}{2\times 4.265^2} = 825 〔円〕となりました.$$

したがって，$L_1-L_2=1085-825=260$〔円〕だけ品質が向上することになり，出荷後の製品1台が社会に与える損失を低減できたことになります．ただし，製造コストの増加分を含めて考えると，部品費は10円高くなるので全体では製品1台あたり $L_1-L_2-10=250$〔円〕だけ損失を低減できることになります．

ここまで読んでなにかモヤモヤ感が否めない方も多いのではないでしょうか．というのも，部品のグレードを高いものにすると10円コストが高くなる，という事実です．この製品を今後10万台生産すると，現状の部品のままでは市場で10台程度の故障が発生します．1台あたり3万円の損失が現実に発生するので10台では30万円の損失です．

一方，グレードの高い部品に変更すると市場で発生する故障は1台程度です．故障による損失は3万円となり，部品変更前よりも (30万円 −3万円) ＝27万円の品質向上になりますが，製造コストが10円×10万台で100万円増加します．100万円のコストアップと引きかえに，品質向上による経済的効果は27万円しかないように見えてしまいます．その差の73万円は製品を生産している企業側が，むだに負担しているように感じてしまいます．

ところが損失関数による評価を行うと，現状の部品では10万台の製品を出荷すると 1,085円×10万台＝1億850万円の損失であり，グレードの高い部品を使えば損失は 825円×10万台＝8,250万円になります．その差の2,600万

円だけ，社会与える損失を低減できることになります．

現状部品でも高グレード部品に変更しても，製品が社会に与える損失はかなり高額になっていて驚かれていると思います．

損失関数で計算された損失金額は，製品に期待されている機能のばらつきがもとで発生する総損失です．そして，その内訳は，ユーザー側で発生する実損失，機会損失と，企業側で発生するクレーム対応などの損失，そして，企業ブランドの価値の低下にともなう損失，さらには，その製品とかかわりをもたない人々にも影響をおよぼす公害という損失の合計です．

特にブランドの価値の低下にともなう損失は，インターネットやSNSが発達した現在では大きなウエイトを占めるようになってきました．1・2・3項でも述べたように，たった1台の故障であってもそれに立腹したユーザーによってインターネットサイトやSNSを使って悪評を発信されると，想像以上にブランドの価値をおとしめられる懸念があります．

今回の例題で設定している故障が起きる時には，このブランドの価値が低下するという損失も含まれています．このブランドの価値の低下による損失が大きくなれば当然全体の損失も大きくなります．ブランドの価値を決めることができるのは経営者だけです．したがって，機能限界で発生する損失；A_0は経営者以外には決めることはできないことをくり返しておきます．この関係について表4・1にまとめました．

表4・1より100万円製造コストをあげることで，自社も含めた社会に与える損失がコスト上昇分の27倍程度低減できるわけですから，有能な経営者で

表4・1　10万台生産した場合の損失の関係

	現状部品	高グレード部品
製造コストアップ	0円	100万円
予測される故障台数	10台	1台
故障による損失金額	30万円	3万円
顕在化した損失の合計	30万円	103万円
損失関数で計算した損失	1億850万円	8250万円
コストアップ分と損失の合計	1億850万円	8350万円
潜在している損失	1億820万円	8147万円
潜在している損失の低減		▼ 2673万円

第4章 損失関数

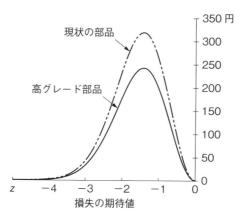

図4・7 例題2における損失の期待値

あればグレードの変更を実施するように指示することになるでしょう．参考として図4・7に部品の違いによる損失の期待値を示します．

この図は図4・2の$E(L_2)$の線図に相当します．実際，損失関数で計算される損失とは，現時点で発生していたり，顕在化していたりする損失ではありません．製品をその品質水準で社会に供給した場合に発生する損失の推定値です．しかし，その値は今までの経験ではなかなか認知しにくい値になることが多くなります．そして，この点が難関となって損失関数という思想が受けいれがたくなっているのも事実です．

ただし，企業経営の面から損失関数を使うことが難しくても，損失関数の思想は製品出荷前での製品企画，設計，生産技術，製造，品質管理，検査規格の決定などの場面で，《例題1》のようにA_0を担当者で決めることができる問題に対しては，現場の技術者たちにとって，とても有効な道具になります．ぜひ，実務において損失関数を活用してみてください．

なお，図4・7で示した2つの線図を$-\infty$から0までの区間で数値積分してこの区間での損失を求めると，現状の部品は1084.3円であり，高グレード部品は824.5円になります．

4・3 損失関数が2次関数になる理由
損失関数の数理

この節では損失関数がなぜ2次関数になるのか,を数学の観点から説明します.

ある製品に設けられた耐用年数が T 年だとすると,耐用年数をすぎても使用できているのは,「おまけ」の状態です.その製品を使用しはじめた瞬間（時間軸でゼロの位置）から T 年に達する瞬間までに,その製品に期待・要求されている機能がばらついてしまうと,社会に対してなんらかの損失を与えてしまいます.

それは前述のように,ユーザーがこうむる実損失や機会損失,修理対応や設計変更,ブランドイメージ低下などメーカー自身がこうむる損失,そして,まったく無関係な第3者にもあたえてしまう公害などの損失の総和です.

個々のユーザーにおいては,機能のばらつきの量はそのユーザーが購入した製品固体の固有の値になり,複数のサンプルを調査しても離散的なデータになってしまいますが,過去,現在,未来にわたって生産される製品全体で考えると,ばらつきは連続的な分布の傾向を示すものと考えられます.

第1章で紹介したマニア的なユーザーの話やタイムレコーダの印字位置に関する例のように,その製品のカタログに記載されている機能特性の中央値が常に出力されるように機能が発揮されていれば,ユーザーの不満や実損失は最小で,ほとんどの場合ゼロになります.一方,カタログに記載されている機能特性の規格範囲内であっても,出力が中央値から離れれば離れるほど,不満や損失は（現時点ではそれがどのような関数になるかはわかりませんが）<u>連続的に増加</u>するであろうと想像できます.

では,機能の中央値から離れれば離れるほど連続的に増加する不満や損失について考えてみます.不満や損失を醸成する要因は,その製品を使用できた期間（寿命）と,その製品に期待・要求される機能のばらつきの大きさ,この2つです.したがって,不満や損失は,時間 ; t と実際の出力 ; y を変数とした関数になります.この時,不満や損失が最小となる出力は目標値 ; m です.

しかし,理想的な機能を発揮したとしても,ユーザーが想定している耐用年数

第4章 損失関数

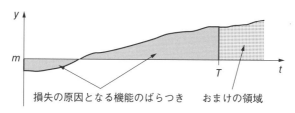

図4・8 機能の時間的変化

よりも短い期間で故障すると，当然，ユーザーの不満が発生してしまいます．

現時点と今後も含めてN台の製品が出荷されて使用される場合，そのうちi番目の製品で実際の出力がyであった時，その製品が社会全体に与える損失を$L(y)$とします．

なお，この$L(y)$に影響を与える出力；yは，図4・8のように使用時間；tとともに変化することも考えられるので，その時の出力；yはtの関数；$y(t)$となります．この$y(t)$と使用時間；tを変数としたある関数；$f(y, t)$を，使用開始時点から耐用年数；Tの区間で積分した結果が，工場から出荷されたi番目の製品についての，その製品が寿命を迎えるまでに社会に与える損失の全体；L_iとなります．

つまり，
$$L_i = \int_0^T f_i(y, t)dt \quad \cdots\cdots(4.10)$$

です．現時点までと，今後も含めてN台の製品が社会で使われることになるとすると，全体の製品台数；Nでの損失；L_{total}は

$$L_{total} = \sum_{i=1}^N L_i = \sum_{i=1}^N \int_0^T f_i(y, t)dt \quad \cdots\cdots(4.11)$$

となります．

損失関数；$L(y)$は製品1台あたりの社会に与える損失ですから，製品全体での損失；L_{total}を全体に製品台数；Nで割った平均になります．したがって，

$$L(y) = \frac{1}{N}\sum_{i=1}^N L_i = \frac{1}{N}\sum_{i=1}^N \int_0^T f_i(y, t)dt \quad \cdots\cdots(4.12)$$

となります．$L(y)$は未知の関数ですが，$y=a$のまわり（近傍）では，テイラー展開という数学的な処理を行うことで，$y=a$のまわりでの$L(y)$の近似的な関数である$L(y≒a)$を求めることができます．

それでは，(4.12)式を機能の出力の目標値である m のまわりでテイラー展開します．

$$L(y) = L(m) + \frac{L'(m)}{1!}(y-m) + \frac{L''(m)}{2!}(y-m)^2 + \frac{L'''(m)}{3!}(y-m)^3 \cdots$$
$$\cdots\cdots (4.13)$$

ここで，$L(m)$ は出力が m，つまり，目標値の時の損失ですから最小でありゼロとします．

また，$\frac{L'(m)}{1!} = L'(m)$ は $L(y)$ で $y=m$ での接線の傾きですが，m が極小値ですから，ここでの接線の傾きはゼロです．したがって，(4.13)式は

$$L(y) = \frac{L''(m)}{2!}(y-m)^2 + \frac{L'''(m)}{3!}(y-m)^3 \cdots \quad \cdots\cdots (4.14)$$

となります．ここで，寄与が小さいと予想される3次の項以上を無視すると

$$L(y) \fallingdotseq \frac{L''(m)}{2!}(y-m)^2 \quad \cdots\cdots (4.15)$$

となりました．損失関数によって計算される損失は相対値なので，高次の項の影響まで調べるほど精密である必要はありません．

$k = \frac{L''(m)}{2!}$ とすると(4.15)式は

$$L(y) \fallingdotseq k(y-m)^2 \quad \cdots\cdots (4.16)$$

となって，損失は k を比例定数として，実際の出力と目標値の差，つまり，ばらつきの2乗に比例することが確認できました．

なお，図4・8に示したように製品に期待・要求される特性値は，使用期間のなかで変化します．その原因は，使用環境の変化（外乱）や製品自身の劣化（内乱），そして，その固体が工場で組み立てられて完成するまでに運命づけられた特性値のばらつき（個体差）と，それら3つの要因のからみあい（交互作用）となります．

これが，品質工学の哲学における非常に重要な原理の1つになっています．

4・4 正規分布以外の分布での損失関数

4・4・1 MTシステムへの損失関数の導入

ここまで,製品の品質とは製品に期待されている機能のばらつきに由来したものであり,正の指標では正確な評価ができないので,顧客の不満足度のような負の指標で示すべきであること,また,不満足度を損失という観点からながめて品質を定量化すること,そして,品質を定量的に計測する手段として,損失関数を使うことで金額化できることを説明してきました.

損失関数を使うことで品質を金額という計量が可能であり,しかも,社会や人々にとってもっとも刺激的で,認知性に優れている特性に変換することができることを知っていただきました.

そして,損失関数で定義される損失は,

1) 機能の目標値からのばらつきを変数とした2次関数で増減する.
2) 製品に要求されている機能の限界を超えていない範囲であっても潜在的な損失が発生している.

といういささか納得しにくい特性であることも解説しました.

くり返しになりますが,品質とは製品の機能や寿命のばらつきのことです.そして,損失関数とは,ユーザーの想定よりも早く壊れてしまう,あるいは,他人が所有する同じ製品と比較して,自分が買った製品が劣っているように感じられたときに醸成される不満を計るものさしであり,そのものさしのめもりには金額が刻まれている,と理解してください.

損失関数で計算された損失という金額は,ある事象とある事象の相対評価を行うための特性です.絶対的な評価指標ではありません.したがって,製品に組みこむ部品の選択肢を決定する場合や,同属の製品群のなかでの製品間の比較,例えば,自家用車という製品群のなかでAという車種とBという車種を比較する場合には使うことができます.しかし,飛行機と自家用車のように異なる製品群に存在する製品どうしの比較は単純にはできない,と理解してください.

ここまで解説してきた損失関数の計算事例では,品質特性が正規分布にした

がうことを前提としていましたが，その他の分布について，損失関数の使い方の例を示します．

MTシステムはモノゴトの判別，診断，認識，予測を行うために提案された品質工学の手法です．そして，MTシステムの根幹技術が，判別のためのMT法です．

MT法では，同属であるとみなされる集団をものさしの原点にあたる単位空間として，新たなサンプルが単位空間からどれだけ離れているのかをマハラノビス距離で計測します．

この時，新たなサンプルが単位空間と同属か，異質か，の判断をするためにしきい値を決める必要があります．マハラノビス距離の計算で結果を2乗値のまま扱う時，マハラノビス距離の2乗値が採用した項目数を自由度とするカイ2乗分布にしたがう[※1]，という特性から，筆者は一般論としてカイ2乗分布の5％，あるいは1％有意となる値をしきい値とする提案をしています．

それでは，マハラノビス距離の2乗値がしたがうカイ2乗分布と損失関数の関係について調べてみましょう．まず，大切なことは，マハラノビス距離を2乗情報としてそのまま扱うという前提条件です．

そのため，2次関数で表現される損失関数は，横軸にマハラノビス距離の2乗値を使うことで，一般的な放物線ではなく直線として表現されます．さらに，マハラノビス距離を2乗した情報であつかうため，常に正の領域での思考になるので，一般的な損失関数の思考では理想値に対して両側の領域で発生する損失が，片側だけになります．そして，品質工学のMT法では，多変量解析で使われているマハラノビス距離の2乗値を項目数で割るという工程が入りますが，ここからの説明ではマハラノビス距離を項目数で割らないマハラノビス距離の2乗値で話をすすめます．

カイ2乗分布は正の領域のみの非対称な分布になります．

そして，カイ2乗分布の特性としてその平均は自由度（$=f$），分散は自由度の2倍の値（$=2f$）と一致します．

自由度5のカイ2乗分布の確率密度曲線に損失関数を描き加えたものが**図**

※1 詳細は拙書『試して究める！ 品質工学 MTシステム解析法入門』を参照してください．

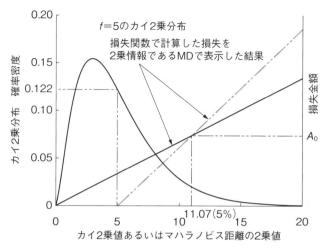

図 4・9　カイ 2 乗分布にしたがうマハラノビス距離と損失関数の関係

4・9 です．マハラノビス距離を 2 乗した情報として横軸に採用しているため，損失関数は放物線ではなく直線になります．単位空間のマハラノビス距離の 2 乗値の平均は自由度と同じ値（この事例では $f=5$）です．

一方，損失が発生しはじめる基点として，カイ 2 乗分布の原点（ゼロ）と平均（この事例では 5）という 2 つの点が考えられます．つまり，カイ 2 乗分布の平均より左側の領域でも損失が発生するという考え方と，平均の右側の領域だけで損失が発生するという考え方です．この 3 つの点に注意して，以下読みすすめてください．

この自由度 5 のカイ 2 乗分布にしたがう品質特性で，5％有意の点を規格の限界として，そこで A_0 の損失が発生する時の損失関数を考えてみます．まず，カイ 2 乗値の分散は自由度の 2 倍の値と一致しますから $\sigma^2=2f=10$ になります．そして，Δ_0^2 は自由度 5 のカイ 2 乗分布における有意水準 5％の値になり 11.07 です．

Microsoft 社の Excel では関数を使って"＝CHIINV（0.05, 5）"で求めることができます．（　）内の最初の値が有意水準，2 番目の値が自由度です．

それでは，損失関数を使って損失を求めてみます．

$$L = \frac{A_0}{\Delta_0^2}\sigma^2 = \frac{10A_0}{11.07} \fallingdotseq 0.903A_0$$

となります．しかし，この式で計算した損失は品質特性の目標値の両側で損失が発生した場合の金額になりますから，片側での損失のみを考えるカイ2乗分布の場合は，この半分の損失となり，$L' = 0.452A_0$ になります．

Δ_0^2 を有意水準1％の値とした場合 $\Delta_0^2 = 15.09$ となって

$$L = \frac{A_0}{\Delta_0^2}\sigma^2 = \frac{10A_0}{15.09} \fallingdotseq 0.663A_0 \text{から}$$

$L' = 0.332A_0$ になります．仮に $A_0 = 10,000$ 円とすると，有意水準5％を規格限界とした場合には4,520（円/1台），1％を規格限界とした場合には3,320（円/1台）という損失が推定されます．

4・1・1項では，品質特性が正規分布にしたがう製品について，その製品を1台出荷するごとに社会に与える損失は，標準正規分布の確率密度と損失関数の2次関数の積を $-\infty\sim\infty$ の区間で積分した値になることを示しました．カイ2乗分布についても同様に数値積分を行って確認してみました．その結果をファイル【損失関数 Ver0.xls】のシート『カイ2乗損失』に記しました．このシートはカイ2乗分布の自由度や損失関数に関する情報を入力すると自動的に損失が計算されるようになっています．

図4・10に示した『カイ2乗分布に関する情報』のエリアで自由度を入力すると，カイ2乗分布（確率密度）をグラフに表示します．そして，『重心』のエリアには重心の横軸座標（カイ2乗の値）と縦軸座標（確率密度）を計算し，その結果をグラフに赤枠の黄色の○（丸印）で表示します．

『損失関数に関する情報』のエリアには，損失関数を定義するための数値を入力します．基点には損失がゼロとなるカイ2乗値（ゼロまたは，分布の平均）を入力してください．

そして，規格の限界値として有意水準を使う場合，『有意水準』にその確率を入力します．この例では0.01（1％）としています．ここに入力した値を反映して『規格限界』にそのときのカイ2乗の値が設定されます．もし，規格限界を有意水準の確率で決めない場合は，セルF6に直接規格限界の値を入力してください．

第 4 章 損失関数

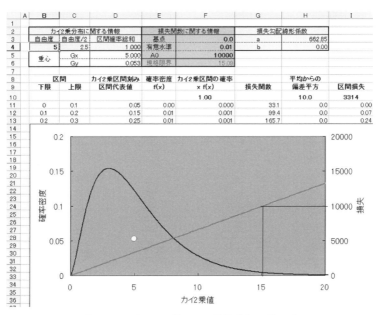

図 4・10 シート『カイ 2 乗損失』の使い方

そして，A_0 にはその限界値での損失金額を入力します．この例では 10,000 円としています．この結果をグラフにオレンジ色の直線で表示します．その直線の線形係数（傾き：a, y 切片：b）は『損失勾配線形係数』のエリアに表示されます．この例では，損失がカイ 2 乗値のゼロから発生して規格限界値の 15.09 で 10,000 円の損失が発生する条件をもとに計算した $a=662.85$, $b=0.00$ という結果になっています．

このシートではカイ 2 乗値を 0 から 100 の領域で 0.1 きざみに分割し，その分割された中央の値を代表値として，その代表値での確率密度と損失関数で計算した損失を表示しています．

そして，確率密度と損失の積をそれぞれの区間で計算して，その総和（数値積分した結果）をセル I10 に表示しています．

図 4・11 にカイ 2 乗分布と損失の分布の関係を示します．この損失の分布で囲まれる面積が自由度 5 でカイ 2 乗分布にしたがう品質特性の製品を多数出荷した場合に，製品 1 台が社会に与える損失の期待値となります．

141

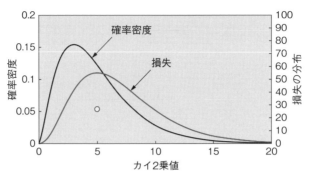

図4・11 カイ2乗分布と損失の分布

この例では，自由度5，損失発生の基点をゼロ，有意水準1％を規格限界としてその時発生する損失を10,000円とした時，製品1台が社会に与える損失は3,314円になることを意味しています．これはさきほど損失関数の計算式で計算した結果の3,320円とほぼ一致します．試しにセルF4に有意水準として0.05と入力してみてください．計算式で計算した4,520円とほぼ同じ4,517円という結果になります．このように，カイ2乗分布においても正規分布の場合と同様に，確率密度と損失金額の積を全区間で積分した結果と損失関数で計算した結果が一致することが確認できました．

4・4・2 MT法でのしきい値の決め方〜第1種の過誤と第2種の過誤

MT法でモノゴトを判別する場合，統計学の検定という特性上，マハラノビス距離の2乗値（以下MDと表記）が5％有意となるカイ2乗値より大きくなったので異質と判定したけれども，実際にはそのサンプルは異質ではなく，単位空間と同属であるという『第1種の過誤』となる場合があります．また，その逆に，MDがカイ2乗値よりも小さくなったので単位空間と同属と判定したけれども，実際にはそのサンプルは単位空間には属さないという『第2種の過誤』が起きる場合もあります．

例えば，製品検査で複数項目の個別検査と，その結果を総合判定するためにMT法を使いMDによる判別を実施している場合，ある製品でMDがしきい値より大きかったので出荷をとめて製品や工程の確認をしたけれども，実際は良品であった，という場合が第1種の過誤になります．また，MDがしきい値

より小さかったので出荷したら，その製品が不良品でユーザーに迷惑をかけたという場合が第2種の過誤になります．そのため，MDのしきい値はどのように決めればよいか，が重要な問題になります．

話を簡単にするため，しきい値をこえた製品はすべて廃棄されて製造にかかわったコストすべてが工場内損失になるものとします．また，しきい値より小さいMDの製品であったとしても，すべて良品とは限りません．逆に，ちょうどしきい値と一致する品質特性の製品が多数あったとしても，その製品がすべて不良品ではないと考えられるので，しきい値と一致した製品が不良である確率をpと仮定します．当然，その製品が良品である確率は$(1-p)$になります．

さらに，もう1つ仮定します．あるカイ2乗値をしきい値とした時，ある製品のMDがしきい値と一致した場合，その製品が不良である確率をpとして，MDがしきい値より小さい場合は，MDの大きさに比例して不良となる確率が小さくなっていくことにします．

ここでも前節と同じように，$p=0$となる基点のMDを決める必要があります．今回もゼロ，または平均（自由度）を基点とします．

さて，あるMDをしきい値とした場合，その値よりも大きい製品は不良品だけでなく良品も含まれているかもしれませんが，これらはすべて廃棄するので，しきい値を超えた製品全数の製造コストが損失となります．

一方，しきい値よりも小さいMDの製品であっても，最大pという確率で不良品が含まれているので，これらの不良品が出荷されることで社会に品質損失を与えます．しきい値として採用するMDは，この2つの損失の和が最小になるような位置で決めればよいことになります．

これをシミュレーションするExcelシートを作成しました．ファイル【損失関数Ver0.xls】のシート『過誤損失』です．このシートについて説明します．図4・12にシート『過誤損失』の画面を示します．基本的な画面構成は図4・10のシート『カイ2乗損失』と同じです．

『χ^2に関する情報』の領域で「自由度」を入力すると，その自由度のカイ2乗分布の確率密度を濃い青線でグラフに表示します．また，黄色の○（丸印）でその重心を表示します．

『損失関数に関する情報』の領域で，「基点」は損失が発生し始めるカイ2乗

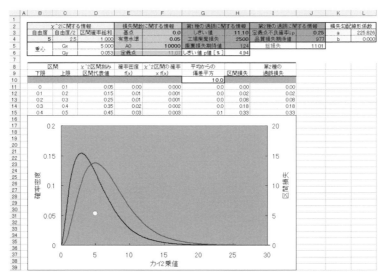

図4・12 シート『過誤損失』の画面表示

値で,ゼロ(デフォルト),または,重心の横軸座標の値(MDの平均)を使います.このツールでも A_0 という損失が顕在化する Δ_0 に相当するカイ2乗の値を定義する必要がありますが,「有意水準」にその確率を入力すると「定義点」にカイ2乗値を返します.基点からこの位置で A_0 の損失となるように損失関数を直線で定義します.

前述のように,定義点と一致するMDの製品がすべて不良か,というとそうではありません.良品の群で設計された単位空間を使い有意水準5%で判定すると,単位空間と同属であるサンプルでも5%の確率で有意,つまり,良品ではない,と判定されます.判別能力に優れているMT法ですが,せん断的な判別はできません.

そこで,この定義点と一致するMDの製品が多数あった場合,真に不良品が混入している確率の推定値を定義します.前述の p という確率です.そして,この確率は損失発生の基点でゼロになる比例関係になると仮定します.この p の値は『第2種の過誤に関する情報』領域の「定義点不良確率」に置数します.デフォルトは0.25になっています.製品の不良による損失は,基点から直線的に増加して定義点で p という確率で不良品が混入していて,その時製品が不

良であった場合に A_0 という損失が発生する，という仮定で計算します．その結果がグラフに緑色の線で示す「区間損失」です．

このような曲線で示される区間損失ですが，MDがしきい値を超えた場合，すべてを廃棄するので実際には第1種の過誤にはあたらず，しきい値となるカイ2乗値より大きい領域の確率と製造コストの積が，廃棄される多数の製品1台あたりの損失期待値になります．その結果をセルH5に表示しています．製造コストは『第1種の過誤に関する情報』領域の「工場廃棄損失」に1台あたりの製造コストとして置数します．デフォルトは2,500（円）です．

一方，不良品を出荷したために発生する第2種の過誤による損失は，基点でゼロ，定義点で不良率；pの2点を結ぶ不良率直線とカイ2乗値の確率密度，そして損失関数の積を基点からしきい値の区間で積分した結果になります．このシートでもカイ2乗値をゼロから0.1刻みの区間で数値積分して計算しています．そして，その合計が第2種の過誤による損失の期待値になり，総損失としてセルJ4に表示しています．

このシートのデフォルト値である「基点」=0，「定義点」を決める有意水準0.05（定義点はカイ2乗値で11.07），そのとき顕在化する損失金額 A_0 を10,000円，「定義点」での不良品が混入する確率 p を0.25，廃棄により発生する工場内損失を製品1台あたり2,500円としたとき，『第1種の過誤に関する情報』領域の「しきい値」の値を変化させると，それにともなってセルH5の廃棄による損失の期待値と，セルJ4の第2種の過誤による社会に与える品質損失の期待値，そして，両者の合計であるセルJ5の「総損失」が変わります．

「総損失」が最小になるように試行錯誤，または，Excelのソルバー機能を使ってしきい値の最適値を追求します．今回の事例ではしきい値を11.10にすると総損失が1,101円となって最小化できました．

この例でのしきい値と品質損失，工場内損失，そして，総損失の関係を図4・13に示します．当然のことですが，A_0 や廃棄損失の金額，基点，定義点，そして，定義点での不良品が混入する確率 p を変更すると，この図の関係は変化して総損失が最小となるしきい値も異なる値になります．

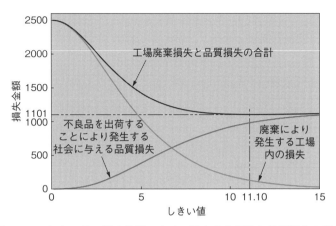

図4・13 しきい値の設定位置による工場内廃棄損失と品質損失の関係

4・4・3 任意の確率密度関数と損失関数の関係

ここまで，正規分布とカイ2乗分布について，それらの確率密度関数と損失関数の積を確率密度関数がとる範囲で積分した結果が，損失関数の式（1.2式）で計算した結果と一致することを示してきました．

この章の最後に，任意の形態で分布する確率密度関数と損失関数の関係について調べてみます．

図4・14のように，δ軸方向の区間（$\Delta_L \sim \Delta_H$）を範囲として連続した，ある確率密度関数を$p(\delta)$とします．この時，$p(\delta)$で囲われた面積の図心は$\delta=0$に存在する確率密度変数とします．

$p(\delta)$が囲む領域の面積：Sは，

$$S = \int_{\Delta_L}^{\Delta_H} p(\delta) d\delta \quad \cdots\cdots(4.17)$$

になります．そして，Sは全事象が生起する確率となるため$S=1$です．

また，分散：σ^2は

$$\sigma^2 = \frac{1}{S}\int_{\Delta_L}^{\Delta_H} p(\delta)\delta^2 d\delta = \int_{\Delta_L}^{\Delta_H} p(\delta)\delta^2 d\delta \quad \cdots\cdots(4.18)$$

になります．

それでは，$\delta=0$でゼロ（最小）になり，$\delta=\Delta_0$での損失がA_0になるδを変

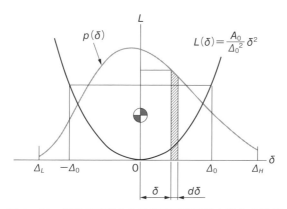

図4・14 任意の形態をとる確率密度関数と損失の関係

数とした2次関数で定義される損失関数：$L(\delta)$ と確率密度関数：$p(\delta)$ の積について考えます.

$$L(\delta) = \frac{A_0}{\Delta_0^2}\sigma^2 \quad \cdots\cdots(4.19)$$

ですから

$$L(\delta)p(\delta) = \frac{A_0}{\Delta_0^2}\sigma^2 p(\delta) \quad \cdots\cdots(4.20)$$

となり，これを $p(\delta)$ がとる区間（$\Delta_L \sim \Delta_H$）で積分した結果が，確率密度関数全域で発生する損失金額の総和になります．この値は，製品を1台出荷するごとに社会に与える損失金額の期待値です．

それでは(4.20)を積分します．

$$\int_{\Delta_L}^{\Delta_H} L(\delta)p(\delta)d\delta = \int_{\Delta_L}^{\Delta_H} \frac{A_0}{\Delta_0^2}\delta^2 p(\delta)d\delta$$

$$= \frac{A_0}{\Delta_0^2}\int_{\Delta_L}^{\Delta_H} p(\delta)\delta^2 d\delta \quad \cdots\cdots(4.21)$$

になります．そして，(4.21)式の積分部分は(4.18)式で示した σ^2 と等値の式になっています．つまり

$$\int_{\Delta_L}^{\Delta_H} L(\delta)p(\delta)d\delta = \frac{A_0}{\Delta_0^2}\sigma^2 \quad \cdots\cdots(4.22)$$

となり，確率密度関数がどのような形態であっても，確率密度関数と損失の積を積分した結果は，損失関数の計算式で計算した結果と一致することが確認できました．複雑な積分をしなくても，損失関数を使えば簡単に損失金額の期待値が計算できるのです．

第5章

パラメータ設計の数理の理解と実践法

5・1 パラメータ設計～数理の理解の準備

　第1章で紹介したように，パラメータ設計はその始まりが実験計画法であったことから，実験計画法を少し発展させた手法や，設計・開発過程における実験の能率化を目的とした手法と誤って認識されていることもあります．しかし，その目的とそれを実現するための思想は，これらの認識とはまったく異なるものです．

　パラメータ設計の目的は，『環境変化の影響をうけにくい技術の遺伝子と，目的とする機能を支配する技術の遺伝子を見つけだす』ことです．これを確実に見つけるには，評価の対象となっているシステムの構成要素について，それぞれの要素で選択可能なすべての選択肢を用意して，実現できる全部の組みあわせを具現化し，考えられるすべての環境のもとで実験する必要があります．

　しかし，それは不可能です．パラメータ設計は必要最小限の実験を行い，その結果から『環境変化の影響をうけにくい技術の遺伝子と，目的とする機能を支配する技術の遺伝子を見つけだす』という目的を実現するために考案された技術手段です．この目的を効果的，能率的に達成するために用意された，思想・思考，評価指標，道具，実験方法（レシピ），解析方法，検証方法で構成された全体がパラメータ設計です．

　まず，思想・思考の中心は，技術評価方法にダーウィンの進化論を応用する，そして，第1段階でばらつきの低減を実現してから，第2段階で目的とする機能の発揮をめざしたチューニングを行う手順ですすめる，ということにつきます．評価指標として『感度』と『SN比』という2つの概念を使います．また，

道具として『直交表』を使います．これらは第1編で解説したとおりです．

　本章以降，パラメータ設計の思想・思考の復習からはじめて，評価指標である感度とSN比，確実に成果を得るための実験の立案，結果の解析，そして，検証のしかたについて，詳細に解説していきます．道具である直交表は第6章で解説します．

　パラメータ設計の思想・思考の復習につづいて，『感度』と『SN比』の数理の話が始まりますが，やや，難解に感じられるかもしれませんので，すぐにパラメータ設計を実施したい，という方は，後に記載している最終的に導かれた感度とSN比の数式を，機械的に活用していただいてもかまわないと思います．

　パラメータ設計を成功させるためには，数式・数理の理解よりも，実験計画の立案と実験の実施のしかた，そして，その時に注意すべき内容などに関する知識のほうが重要です．

　直交表の利用や結果の解析には専用ソフトウェアもありますので，そちらを利用してもよいと思います．もちろん，直交表や数式をExcelなどに入力して自分が使いやすいツールを作りこんで用意しておけば，パラメータ設計を実施するときの敷居が低くなるはずですから，ぜひ検討してみてください．

　それでは，パラメータ設計の思想と思考の復習から始めます．

　次の項から感度とSN比の数理を統計学の数理と比較しながら順をおって説明していきますが，まず，パラメータ設計の思想と思考について少し復習しておきましょう．

　第1章で解説したように，技術者の仕事の対象はほとんどの場合システムであり，それを設計したり，構築したり，保守・管理することになります．システムは，『エネルギ』，『物質』，『情報』が入力されると，別の形態や状態の『エネルギ』，『物質』，『情報』に変換して出力します．これがシステムの機能です．

　システムにはノイズがおそいかかってきて，その機能の発揮を妨害します．

　ノイズの影響で入出力の変換機能にみだれが生じ，出力される成果物のばらつきが大きくなります．さらに症状が悪化すると不具合や故障といった重篤な障害が発生します．ですから，ノイズがおそいかかってきても機能の発揮が妨害されにくいシステムが構築できれば，それら悪い症状はあらわれにくくなります．つまり，品質が向上し，その結果，社会に与える損失が低減できること

になります.

　これを目的としてシステムを評価する時，自然の摂理である進化論の考えを使います．まず，先祖となるシステムをもとに，その構成要素の選択肢の組みあわせを変更して子孫を何種類か作ります．パラメータ設計では主として L18 直交表を使うので 18 個の子孫を作ることになります．これによって，進化論の第 1 の要件である『多様性の獲得』を実現します．

　次に，そのシステムの機能の発揮を妨害するノイズを加えて実験して，システムを構成している各要素の選択肢のなかでノイズの影響を受けにくい，つまり，環境が変わっても安定的に機能することが期待できる技術の遺伝子を見つけ出します．あわせてノイズに対して脆弱な選択肢をとりのぞく，つまり，進化論の第 2 の要件である『環境による選択と淘汰』を実現します．科学・技術に進化論を適用することがパラメータ設計の思想です．

　はじめてパラメータ設計を実践していく時，多くの方がとまどいを感じるのが，技術者が実現したい技術の目的，つまり，システムの出力結果が目標値を満足することを目指すのではなく，ばらつきに関する情報を収集することを優先しているということです.

　このような逆説的，天邪鬼な技術活動の手順もまた，品質工学を敬遠する原因の 1 つなのですが，品質を損失という負の指標でないと評価できなかったことと同様に，このようにパラメータ設計を進めていくことにも重要な意味があるのです．

　ノイズの影響が微弱な状態では，製品の性能や特性値がばらつく原因はおもに偶然誤差です．制御や管理，調整を厳密にしていけば，偶然誤差の影響を小さくしていくことができるかもしれませんが，完全に取りのぞくことは不可能です．ばらつきの原因は神のみぞ知るものだからです．

　通常，技術者は仕事が与えられると，まず，どうやって目標値を達成するか，という視点で検討を始めます．経験を積んだ技術者ならば，仕事の対象であるシステムに関する知見や，関連する自然科学，工学など，固有技術もしっかりと身についているはずです．そのため，安定的な環境や使用条件のもとでは，目標を達成するシステムを創造することはそれほど難しいことではないでしょう．

そして，目標が達成できることが確認できてから，ほかの環境条件で検証する，というながれで仕事をすすめるのが一般的です．しかし，ここから苦労と苦悩が始まるのです．

田口は，神のみぞ知るばらつきの原因を人間は知ることができないし，ましてやそれをコントロールすることはできない，という考えのもと，技術者が最初に取りくまなければならない技術的課題は，ノイズの影響を受けてもばらつきにくいシステムの姿を早く見つけることだとしました．そして，それが見つかったとしても，なぜ，ばらつきにくくなるのか？ という原因の追究はする必要はない，とも指摘しています．

いかに優れた技術者であっても神のみぞ知る真のばらつきの原因を見つけることはできない，そして，それを追求する時間とコスト，情熱があるのなら，それらをもっと有効に活用するべきであると考えたからです．

また，高度な固有技術を持ち，仕事に情熱を傾けることができる技術者ならば，ばらつきにくい特性を保ったまま，目標とする出力にあわせこむことは不可能ではないはず，とも考えました．そして，この考えをもとにパラメータ設計が考案されたのです．

パラメータ設計を実施したからといって，よいシステムや製品が手に入るわけではありません．パラメータ設計は技術者や彼が所属している企業の技術の水準を見きわめるための手段なのです．

さて，パラメータ設計を含む品質工学では，品質を損失という経済指標に変換することで，経営・経済の観点から定量化していることを第4章で紹介しました．しかし，技術者目線ではより源流に近い純技術的な観点から，品質を定量化する必要があります．このように技術的観点から品質を定量化した指標がSN比です．次節からSN比を含むパラメータ設計に関連する数式の導出や統計学との関係を解説していきます．

5・2 パラメータ設計の本質―静特性解析の数理―

5・2・1 パラメータ設計が提案された時代背景を知っておく

品質工学に対してアレルギー反応を示す方には，統計学についてよく知って

いる方が多いようです．統計学は受動的な調査解析，品質工学は積極的な検証解析であるという両者の違いが，十分認識されていないことに主な原因があります．

また，統計学では偏差平方和というサンプル群内のばらつきの総量をあらわす指標があり，統計学ではこの概念をよく使います．しかし，パラメータ設計ではばらつきの指標として偏差平方和という指標を使いません．

さらに，統計学ではあまり活用することをすすめていない「ゼロ点回帰」の考え方が，パラメータ設計の動特性評価における根幹の理論となっています．統計学の知識があるとこのようなことが障壁となって，パラメータ設計や品質工学全般に対して肯定的ではなくなり，それを活用することに消極的になるのかもしれません．

一見，統計学から提供されている数式とは別物に見えてしまうパラメータ設計で使う数式も，もとは統計学の数理・数式から導かれています．ただし，コンピュータが一般的ではなかった時代に，厳密性よりもデータ加工工程や計算工程を削減して，結果を早く得ることに考えをめぐらせた結果，田口が導出しまとめた数式だと筆者は認識しています．現代ではコンピュータをごく一般的に利用できるようになっています．そのため，田口が考案した数理・数式やデータ解析の工程を使わなくてもコンピュータで処理することが可能になっています．

しかし，田口が提案した数理・数式は品質工学の根底にながれる思想を，実現するために具現化したものですから，それらを理解することはかならずパラメータ設計の理解を深めてくれるはずです．また，数理にこめた田口の深い思慮にも気づきがあるはずです．

5・2・2　静特性〜望目特性の考え方

まず，望目特性を使った評価の考え方から解説します．

第2章で日本陸軍の狙撃兵選抜の話を紹介しました．狙撃兵の訓練をしている兵隊が目的としているのは，「標的の中心に弾をあてる」ことです．しかし，当然弾があたった位置はいくら射撃の名手といえども，標的の中心からばらついた結果になってしまいます．例えば，5発弾を撃った時，標的の中心から弾

のあたった位置までの距離を計測した結果が図5・1のようになったとします．ただし，この事例では中心から円周方向のどの位置にあたったか，という2次元情報としては考えないでください．標的の中心に弾をあてることが目的の場合，図5・1のように標的の中心から5発の弾があたった位置との距離；$y_1 \sim y_5$ を測り，その距離をなるべく小さくしていくための工夫をしていくことで，目的である標的の中心に弾をあてるという課題が達成できる可能性が高まります．

　これを現実の目的とした活動として，競技射撃があげられます．競技射撃では標的の中心に近いほど高い得点が得られるので，選手は標的の中心と弾着の距離を小さくするために練習をつみます．今回の事例では標的の中心から弾着位置までの2次元平面での方向性は考えないため，標的の中心から弾着位置までの距離は常に正の値になります．ある特性を表現する値が常に正の領域に存在するという条件のもと，その特性は小さければ小さいほどよい，という技術課題を評価する場合，品質工学では望小特性という評価方法が用意されています．望小特性の評価では望小特性のSN比という評価指標を(5.1)式で計算します．

$$望小特性のSN比 = -10\log\frac{1}{n}\sum y^2 \quad \cdots\cdots(5.1)$$

例え y が負の値をとったとしても2乗することで正の値になります．

　当然，y がゼロから離れれば離れるほど y^2 は大きくなります．その総和も当然大きな値になりますが，SN比は大きい値ほど良好な指標という共通認識を

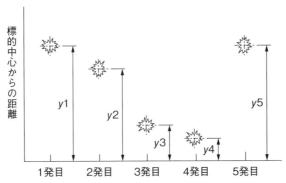

図5・1　標的の中心から弾着位置までの距離　望小特性の考え方

くずさないために，常用対数をとって10倍した後，負の符号（－）をつけています．なお，(5.1)式で計算すると，y^2 の総和がゼロに近づくことがばらつきの小ささよりも優先されてSN比が高くなります．

表5・1にAとBという2つの特性を，それぞれ5回計測した結果を示します．この特性は常に正の値をとり，小さければ小さいほどよい，という特性だとします．そこで，(5.1)式を使って望小特性のSN比を計算してみます．単位は〔db〕です．一般的に工学・技術の世界では真値の常用対数をとった値を『ベル：〔B〕』，さらに値を0から100程度にして認知性をたかめるために，その値を10倍にします．そして，その単位を『デシベル』と呼称し，〔dB〕と表記しますが，品質工学でのSN比は一般的なSN比と見分けるために，大文字のBを小文字のbで表記するという作法になっています．なお，本書では，今後，感度やSN比の真値の常用対数をとって10倍するデータ加工を今後"対数変換"という言葉で表記します．

さて，表5・1で，特性Aは4回の計測結果が0.5で，最後の1回がゼロからもっとも離れた4.5となっています．レンジは4になります．一方，特性Bは0.5から4の間で万遍なくデータがちらばっていますが，もっとも大きいものが4です．こちらのレンジは3.5です．

この時，望小特性のSN比を計算すると，特性Aは －6.28〔db〕，特性Bは －6.72〔db〕となって，特性Aのほうが良好という評価結果が得られます．5つの計測結果の分散をみると特性Aの3.20に対して特性Bは1.83であり，さきのレンジの値とあわせて，統計学的にみると特性Bのほうがサンプル群

表5・1 望小特性のSN比の特徴

	特性A	特性B
計測 No. 1	0.5	0.5
計測 No. 2	0.5	1
計測 No. 3	0.5	1.5
計測 No. 4	0.5	2
計測 No. 5	4.5	4
平均	1.30	1.80
分散	3.20	1.83
望小SN比	－6.28	－6.72

内のばらつきは小さいことになります.

望小特性のSN比はばらつきの小ささよりも,データがゼロに近い位置に存在していることを優先して良好な値を示す,という一例です.したがって,望小特性のSN比を使ってもパラメータ設計で行うように,まず,ばらつきを小さくしてから目標の値にすり合わせる,というチューニングによる出力の調整はできません.望目特性のSN比を使ってはじめて,パラメータ設計の思想が具現化できることをしっかりと理解してください.

ただし,データ群内の個々がとる値の関係によっては,ばらつきの小ささが優先される場合もあります.

では,図5・1に標的の中心から弾着位置までの距離の平均の線を引いて図5・2のように描きかえてみます.この図では弾着位置の平均と各弾着位置の距離が,統計学の偏差に対応しています.望目特性の評価では,偏差が小さくなるような技術手段の発見を第一に優先します.射撃というシステムを構成しているいろいろな要素の選択肢のなかから,もっともばらつきが小さくなる遺伝子をもつものを探し出すのです.その結果として図5・3に示すように,時として平均の値が目標とする値(この事例ではゼロ)からさらに離れる方向に移動することがあるかもしれません.

極端にいうと,この時点では平均が目標値からどれだけ離れていようと問題にはしません.ここまでがパラメータ設計の第1段階です.

次に,ばらつきが小さくなる遺伝子をもつ要素の選択肢をなるべく変更する

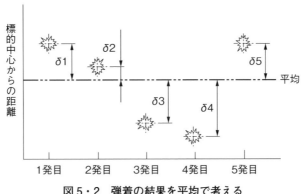

図5・2 弾着の結果を平均で考える

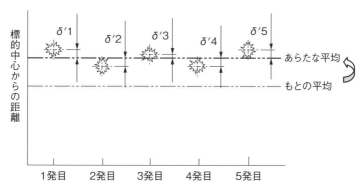

図5・3　第1段階　平均に気をとられないでばらつきが減る遺伝子をみつける

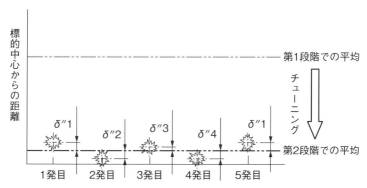

図5・4　第2段階　ばらつきが小さくなる遺伝子をなるべく残して平均を移動する

ことなく，今度は平均を目標値に近づける（この例では小さくする）遺伝子をもち，ばらつきにはあまり影響を与えることがない選択肢を探し出して，ばらつきにくい状態を保ったまま，平均を目標値にすり合わせる，今回の場合はなるべくゼロに近づけるように要素の選択肢を組みあわせるのです．

これがパラメータ設計の第2段階です．このように技術活動をすすめていくため，パラメータ設計は2段階設計ともよばれているわけです．その結果として，**図5・4**のようなシステムが構築できれば，パラメータ設計は成功したということになります．

パラメータ設計の要点は，ばらつきを小さくする遺伝子を見つけ出すこと，次に，平均の位置を移動することができる遺伝子を見つけ出すこと，そして，

両者をすり合わせてばらつきを小さく保ったまま,目標とする出力に合わせこむこと,です.

これを実現するために,ばらつきに関する遺伝子情報を調べるための『SN比』と,平均を目標値に移動することができる遺伝子情報を調べるための『感度』を利用します.また,システムを構成する各要素の選択肢ごとに,公平・公正にSN比と感度を調べるため,『直交表』を利用して評価のための実験を計画します.そして,システムを構成する要素(制御因子)ごとに直交表によって提示された選択肢(水準)を組みあわせて,多様化されたシステムの子孫を作ります.

この多様化されたシステムの子孫を,少なくとも2水準の異なるノイズ環境のもとで実験し,得られた結果を統計解析し,さらに要因効果図というグラフを作成して,制御因子ごとに各水準が持つSN比と感度の遺伝子情報を可視化します.この要因効果図を使って制御因子ごとにどの水準を選択すればよいか,を判断します.続いて,本当にその選択が正しいかを確認するための実験を行います.そして,確認した結果が正しければパラメータ設計は成功したことになります.

以上が望目特性の評価によるパラメータ設計の考え方とすすめ方になります.これら一連の工程は静特性,動特性ともに共通の内容ですから,具体的な実験の立案,実施,解析,最適化の確認の方法や各時点での注意すべき点などはまとめて第7章で解説します.

5・2・3 望目特性の数理〜なぜ,V_e をひくのか?

望目特性のSN比とはシステムにある入力をした時,結果として出力される特性値がいかにばらつきにくいか,をその値の大きさで表現する指標です.まず,最初に田口が提示した静特性 望目特性の感度とSN比を計算する式を示します.

感度の式　　$\hat{S} = \hat{\mu}^2 = \dfrac{1}{n}(S_m - V_e)$　　……(5.2)

望目特性SN比の式　　$\hat{\eta} = \dfrac{\hat{\mu}^2}{\hat{\sigma}^2} = \dfrac{1}{n}\dfrac{(S_m - V_e)}{V_e}$　　……(5.3)

第5章 パラメータ設計の数理の理解と実践法

ただし，n はサンプル数，V_e は採集したサンプル群のデータの不偏分散です．そして，

$$S_m = \frac{\left(\sum_{i=1}^{n} y_i\right)^2}{n} = n\bar{y}^2 \quad \cdots\cdots(5.4)$$

となります．なお，S_m は品質工学では"入力の効果"とか，"データ平均；$\bar{y}$の変動"と呼ばれています．統計学の補正項；CF，または，修正項；CT の計算で使う式と意味や目的は異なりますが，同じ記述になります．

では，なぜこのような式で望目特性の感度とSN比が計算されるのか，を説明します．

1・4・1項で静特性の望目特性SN比の数理としての原理思想を(1.6)式として示しました．

$$\eta = \frac{(母平均)^2}{母分散} = \frac{\mu^2}{\sigma^2} \quad \cdots\cdots(1.6\ 再掲載)$$

統計学では　観測されたデータ群の平均；m と標準偏差；s を使って

$CV = \dfrac{s}{m}$ という指標を変動係数と定義します．変動係数はデータ群の標準偏差を平均で基準化しているので，平均が異なる群同士のばらつきをあらわす標準偏差を相対評価することが可能になります．(1.6)式は母集団についての変動係数の逆数を2乗したものです．SN比は大きいほど良好，安定的である，という工学における共通認識を遵守するために，変動係数の逆数の2乗を田口は採用しました．

さて，(1.6)式の分子ですが，母平均の2乗であり，これが『感度』の真値になります．感度をばらつきの指標である分散で割ったものがSN比です．これは品質工学で使ういろいろなSN比のほとんどに共通した考え方です．

ところで，私たちが実際に実験を行った場合，得られる情報は母集団から取り出したサンプルについての平均；m と分散；s^2 になります．これは，当然母集団の母平均；μ や母分散；σ^2 と一致することはなく，偏りがある値となります．そのため，サンプルデータから得られた情報で母平均，母分散を推定する必要があります．田口が提示した感度(5.2)式やSN比(5.3)式ではわかりに

くいのですが，母平均はその推定値の2乗情報として組みこまれています．これらの式は，母平均の推定値を求めてからそれを2乗するのではなく，母平均の2乗を直接推定することで計算工程を減らし，かつ，推定精度を高めることを目的とした工夫の結果です．

それでは，次の例で感度（母平均の2乗）を推定する(5.2)式の導出と，あわせて注意すべき点についても解説します．さきに統計学的な視点から説明し，後にその説明を補足するための例を用意しています．

母平均；μ の母集団から複数個のサンプルを取り出して計測したデータのサンプル平均；$\bar{y}$ の期待値；$\hat{\bar{y}}=E[\bar{y}]$ と $\bar{y}^2$ の期待値；$\hat{\bar{y}}^2=E[\bar{y}^2]$ では
$E[\bar{y}]=\mu$ となるのですが，$E[\bar{y}^2]=\mu^2$ とはならず

$$E[\bar{y}^2]=(E[\bar{y}])^2+V[\bar{y}] \quad \cdots\cdots(5.5)$$

という関係があります．ここで，$V[\bar{y}]$ はこの試行を多数回実施した結果得られた多数個の平均；$\bar{y}_j$ の群の分散です．

ばらつきのある母集団から採集したサンプル群の群内データ；y_i は当然ばらつきが存在します．正規分布にしたがう母平均；μ，分散；σ^2 から無作為にサンプルを取り出すと，

$$y_i=\mu\pm z_i\sigma \quad \cdots\cdots(5.6)$$

になります．ただし，z は0以上の正の値です．ここで，サンプルデータの期待値；$\hat{y}$ は μ になることが理想ですが，現実には y_i の平均はサンプルデータの値によって，μ より大きくなったり小さくなったりします．

では，サンプルデータの期待値の2乗；$\hat{y}^2$ はどうなるでしょうか．採集したサンプルデータが y_i ですからその2乗は(5.6)式を2乗して

$$y_i^2=(\mu\pm z_i\sigma)^2=\mu^2\pm 2\mu z_i\sigma+z_i^2\sigma^2 \quad \cdots\cdots(5.7)$$

になります．

n 回試行して n 個の y_i を採集し，それを足しあわせると

$$\sum_{i=1}^{n}y_i^2=\sum_{i=1}^{n}\mu^2\pm 2\sum_{i=1}^{n}\mu z_i\sigma+\sum_{i=1}^{n}z_i^2\sigma^2 \quad \cdots\cdots(5.8)$$

が得られます．

ここで，第2項は n を十分に大きくしていくと，左辺に与える効果としてゼロになります．z_i の期待値は標準正規分布（つりがね型）片側半分の図心の

第5章　パラメータ設計の数理の理解と実践法

z軸座標になります．そして，この項の演算記号は±（プラスマイナス）であるため，相殺されるからです．

第3項は2乗しているので，かならず正の値となります．したがって，(5.8)式の左辺と右辺第1項の関係は

$$\sum_{i=1}^{n} y_i^2 > \sum_{i=1}^{n} \mu^2 = n\mu^2$$

となって，y_i^2の平均はかならずμ^2より大きくなります．つまり，

$$E[\bar{y}^2] > (E[\bar{y}])^2 \quad \cdots\cdots(5.9)$$

になります．

ところで，(5.5)式の$V[\bar{y}]$は母集団からn個のサンプルを取り出して，その平均；$\bar{y}$を計算する行為を多数回くり返した時のサンプル平均の群の分散です．ここで中心極限定理により，母集団からn個のサンプルを取り出す行為をm回実施した場合，m個からなるサンプル平均の群の分散；$s_{\bar{y}}^2$は母分散；σ^2の$1/n$になります．このため(5.5)式は

$$E[\bar{y}^2] = (E[\bar{y}])^2 + V[\bar{y}] = (E[\bar{y}])^2 + s_{\bar{y}}^2 = \mu^2 + \frac{\sigma^2}{n} \quad \cdots\cdots(5.10)$$

になります．この式を変形していくと

$$\mu^2 = E[\bar{y}^2] - \frac{\sigma^2}{n} = \frac{1}{n}(n\hat{\bar{y}}^2 - \sigma^2)$$

になります．この時$\hat{\bar{y}}^2$はy_iの平均の期待値を2乗した値のことです．ここで(5.4)式とあわせて考えると

$n\hat{\bar{y}}^2$は$\dfrac{1}{n}\left(\sum_{i=1}^{n} y_i\right)^2 = S_m$の期待値ですから

$n\hat{\bar{y}}^2 = E[S_m]$と書きかえることができ，その結果，

$$\mu^2 = \frac{1}{n}(E[S_m] - \sigma^2) \quad \cdots\cdots(5.11)$$

になります．

表5・2はある特性値が母平均；10，母分散；1で正規分布にしたがう母集団から無作為に5個のサンプルを取り出して計測した結果の一例です．

私たちが感度として推定したいのは母平均；μを2乗した値です．この事例

では，母平均；$\mu=10$ ですから，$\mu^2=100$ が理想です．

まず，5個の特性値を2乗した値の平均を計算すると

$\frac{1}{5}\sum_{i=1}^{5}(y_i)^2=(99.00+104.00+\cdots+119.30)/5=101.06$（表側の『特性値の2乗の平均』の値）となって，$\mu^2=100$ よりも過大に評価されることが確認できました．

つぎに，5個の特性値の平均；$m=10.018$ を2乗すると，$m^2=100.36$ になりますが，この例ではこれもまた $\mu^2=100$ よりも過大に評価されています．ただし，データのとる値によっては m^2 は μ^2 よりも過小に評価される場合もあります．

さて，(5.11)式で入力の効果；S_m の期待値である $E[S_m]$ のかわりに実際に観測されたデータ群から計算した S_m を使い，また，σ^2 にもデータ群から計算した $V_e=s^2$ を使うと，母平均の推定値；$\hat{\mu}$ の2乗は

$\hat{\mu}^2=\frac{1}{n}(S_m-V_e)$ となって，望目特性の感度を計算する(5.1)式が導かれました．

表5・2 に示した例では，$S_m=501.78$，$S_m-V_e=500.89$，そして，感度の推定値；$\hat{S}=100.18$ となり，サンプル平均 m の2乗(100.36)やサンプルの値を2乗してから平均をとった結果(101.06)よりも，直接，母平均の推定値の2乗値(100.00 が理想) を高い精度で計算できることが確認できます．

なお，後に解説しますが動特性の感度とSN比の数理も同様な思想のもと，数式が導かれます．そして，動特性の数理展開のほうが理解しやすいかもしれませんので，ここでの解説が十分に理解できなかった場合には，そちらの解説もあわせて読んでみてください．

表5・2 感度推定のための統計処理の一例

サンプル	No. 1	No. 2	No. 3	No. 4	No. 5
特性値	9.95	10.20	10.55	8.47	10.92
特性値の2乗	99.00	104.00	111.28	71.74	119.30
平均；m	10.018		Sm=	501.78	
分散；Ve	0.883		Sm−Ve=	500.89	
m²=	100.36		Ŝ=	100.18	
特性値の2乗の平均	101.06				

5・2・4 望小特性,望大特性の使い方

5・2・2項では,特性値が常に正の値で小さければ小さいほどよいという特性は,望小特性で評価することを紹介しました.その逆に特性値が常に正の値で,大きければ大きいほどよいという特性の場合には,望大特性の評価を行います.望大特性のSN比を計算する式は,

$$\eta = -10 \log \frac{1}{n} \sum \frac{1}{y^2} \quad \cdots\cdots(5.12)$$

を使います.この計算は表計算ソフトウェアを使う場合,$1/y^2$ を個々のデータについて計算する列(または行)を用意する必要があるため,少し面倒な作業になります.実用上は,望小特性のSN比を計算する(5.1)式のマイナスの符号をとった式で計算しても問題はないと思います.

望大特性も望小特性と同様に,ばらつきの小ささよりも値自体の大きさを優先して評価するため,2段階設計のチューニングができません.チューニングをすることで目的の達成を目指している場合,望小特性や望大特性のSN比のよる評価は適切ではありません.チューニングが必要な場合は,望目特性で評価し,SN比を大きく,感度を小さく(あるいは大きく)することで対処する必要があります.

技術の目的が一見,望小特性,望大特性で評価するべきであると考えられる内容でも,品質工学の目標である『社会の総損失を減らす』という考えに照らして見直してみると,本当に望小,望大で考えていいのか,という気づきが得られることがあります.

建築物の強度は地震などのノイズを想定すると,なるべく強いほうがよいので望大特性として扱いたい特性だと考えます.そして,許されるコストの範囲でもっとも強度が高い建築物を作ったとします.その建築物の生涯で何度か地震にも見舞われましたが,望大特性で設計してあったため,被害は皆無でした.

その建築物が役目を終え,いよいよ解体になった時,強度が高いので解体するために莫大なコストがかかってしまいました.

品質工学では,その製品が出荷されたあとに発生する損失を最小限にすることを理想としています.そのために損失関数という,技術を経済的観点から評価する手段が用意されています.

もし，この建築物を設計する段階で，望大特性ではなく，望目特性で評価し，損失関数をあわせて使って設計されていれば，想定される地震での損害と解体費用の総和を最小化する設計案がとられ，役目を終えたあとの解体も適切なコストで行うことができたことでしょう．

5・2・5　ゼロ望目特性～その名前にひそむ危険な落とし穴

ゼロ望目特性を解説する前に，まず，望目特性や後に解説する動特性を使う解析では，1つ暗黙の前提条件が存在することを紹介します．それは，感度と誤差の梃子関係です．この解説は動特性のほうが理解しやすいと思いますので，動特性で解説します．

動特性は入出力関係を評価するための方法であり，(1.7)式で計算してSN比を求めます．図5・5のように動特性の評価では入力が大きくなると，ばらつきの範囲も入力の大きさに従って拡大していく，という考えのもと，(1.7)式の原理式が考案されています．

$$\eta = \frac{変換効率を意味する直線の傾きの2乗情報}{データ群と直線のあてはまりの悪さに関する2乗情報}$$

……（1.7：再掲載）

これはSN比という概念がもともと増幅回路などアナログ技術の入出力特性を評価する指標であったことに由来しているからです．

しかし，デジタル機器の入出力関係は，図5・6のような特性を示すことがあります．また，軸を削り出す旋盤作業では，図面に指示された直径や軸の長さが2倍になったからといって，加工にともなうばらつきが倍になることはありません．軸長が10mmの軸も100mmの軸も，例えば±0.2mmという公差範囲で加工することが可能です．

このように平均値に関係なく，特性値が正負の領域にわたって存在する事象のばらつきに関する情報だけを評価するために，ゼロ望目特性というSN比が用意されています．

$$\eta = -10\log\frac{1}{Ve} \quad \cdots\cdots(5.13)$$

品質工学関連の書籍では，ゼロ望目特性の解説で，

第5章　パラメータ設計の数理の理解と実践法

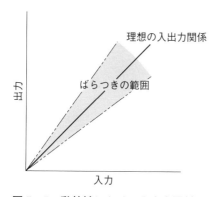

図5・5　動特性における入出力関係とばらつきの考え方

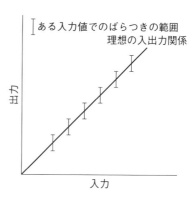

図5・6　デジタル機器の入出力関係

「目標値がゼロを理想とする場合」という言葉が書かれていることが多いのですが，これは誤りです．ゼロ望目特性ということばから，ゼロを理想とする場合に使うものと勘違いされている方はとても多いことでしょう．現に筆者もその1人でした．くり返しになりますが，ゼロ望目特性の評価対象は平均に関係なくばらつきのみを評価する必要がある特性です．そして，それは正負の領域にデータが存在している場合でも使うことができる，と理解してください．

特性値が正負の領域にわたって存在し，ゼロを理想値とする問題，例えば，片面が加飾されたカラー鋼板のように，表裏の特性が違う板材のそりのばらつきを改善したい，というような問題では，望小特性のSN比の式(5.1)式を使うとうまくいくこともありますが，評価の対象としている技術について十分理解していないと，誤った判断をする懸念もあります．次の例でゼロ望目特性のSN比はゼロを理想値とする時には使えない場合があること，そして，評価対象としている技術について十分に理解している必要があることを説明いたします．

表面が加飾されたカラー鋼板を平坦にするため，3種類の方法を考え，それぞれの方法で5枚ずつ実験した結果を表5・3にまとめました．そりは加飾面が凸の場合を正（プラス）としています．

まず，Aの方法はサンプルによってそりが正負となっていてレンジは4mmです．Bも同様でレンジも同じ4mmですが，加飾面が凸になりやすい傾向を示しています．

165

表5・3 加工方法によるそり量（mm）の違い（加飾面が凸をプラス）

方法	A	B	C
1枚目	2	3	3
2枚目	1	2	3
3枚目	0	1	3
4枚目	−1	0	3
5枚目	−2	−1	2
平均	0.00	1.00	2.80
レンジ	4	4	1
分散	2.50	2.50	0.20
ゼロ望目SN比 [db]	3.98	3.98	−6.99
望小特性SN比 [db]	−3.01	−4.77	−9.03

　Cの方法はすべて加飾面が凸でありレンジも1mmと小さい値を示しています．この時ゼロ望目特性のSN比は，A＝B≫Cとなっています．また，望小特性のSN比はA＞B≫Cの順番です．

　まず，ゼロ望目特性のSN比がゼロを理想とした特性の評価を目的としたものであるのなら，平均がゼロであるAの方法が，平均が1のBの方法よりも大きなSN比になってほしいのですが，両者のSN比は同じ値です．ばらつきがAのほうが小さいからか？　とレンジ，分散を見ても同じ値です．

　つまり，ゼロ望目特性のSN比は，ゼロを理想とした特性を公正に評価することができないことになります．

　一方，ゼロを理想とする場合，望小特性で評価すればうまくいくこともあるけれども，評価対象について理解していないと誤った判断をすることがある例を説明します．

　AとCを比較した場合，望小特性のSN比は圧倒的にAのほうが良好な値を示しています．しかし，鋼板を平坦にする技術という評価対象で考えた場合，レンジが4mm，しかも，プラスマイナス両側にそりが発生するAの方法と，レンジが1mm，そして，そりが一方向にしか発生しないCの方法を比較すると，Cのほうが扱いやすさの点で優れているのかもしれません．さらに，このCの方法に感度をチューニングできる制御因子があった場合，絶対にCの方法を追求するべきです．

　技術の評価対象でゼロを理想とする場合，平均がゼロ，または，限りなくゼ

ロに近い場合は，ゼロ望目特性でも公正な評価ができることもあります．しかし，平均がゼロではない場合，公正な評価はできません．

また，ゼロを理想とする場合であっても，望小特性を使ってよいか，はチューニングができる技術か否か，など評価対象の技術の全体を十分に検討する必要があることを覚えておいてください．

5・3 パラメータ設計～動特性の数理と注意点

5・3・1 動特性の評価の意味と原理，および利点について

技術者の仕事の対象であるシステムは，入力に対して自身が持つ機能で，目的とする変換を行って出力する変換機です．第1章の3節で，システムの優劣は，入力量に対する出力量の比である変換効率で評価するのがよい，と紹介しました．入力したエネルギ，物質，情報（信号）がすべて目的とするエネルギ，物質，情報（信号）に変換できた時，そのシステムは理想的に機能しています．

しかし，理想に近いシステムであったとしても，必ず摩擦などによりエネルギが消費されたり，化学反応が不十分で未生成物質が残留したりするので物理・化学的な変換効率が100％になることはありえません．さらに，内乱，外乱，個体差といったノイズがおそいかかってきて，機能の発揮を妨害します．

自然科学の法則や現象は入力がゼロであれば出力もゼロであることが多く，変換効率を調べるには静特性評価のようにある入力に対してどれだけの出力を得たか，を1点だけ調べ，原点と，ある入力値での出力値を結んだ直線を想定すれば，その直線の傾きとして変換効率を見ることができます．

しかし，日ごろ技術者が仕事の対象としているシステムは，そのように素直な挙動をしてくれません．素直ではない悪い挙動とは，理想とする入出力の直線関係とのあてはまりの悪さであり，図5・7のように3つの系統に分類されます．

それらは，理想とする直線のまわりで直線にのってくれないばらつきと，入出力関係が直線になってくれない線形性の悪さ，そして，ノイズに対して脆弱なため，環境の変化で変換効率自体が低下するという悪さです．

動特性の評価は対象システムについて，この3つの悪さを総合して定量的な

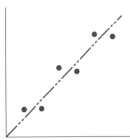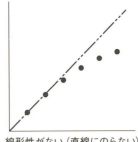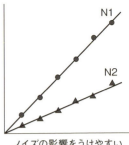

再現性がない（ばらつく）　　線形性がない（直線にのらない）　　ノイズの影響をうけやすい

図5・7　システムの入出力関係　3つの悪い挙動

情報を得ることが目的です．静特性というある1点を対象とした評価よりも，直線という1つ次元が高い観点からの評価になるため，より多くの情報が収集できるはずです．そのため，核となる技術を開発する段階で動特性の評価を実施すると技術の汎用性と拡張性が獲得できるようになります．

つまり，現時点では技術目標としていない入出力領域を含めて実験することにより，得られた抗たん性の高い技術原理を，将来単純に拡張できる可能性がうまれ，より大きな出力を得られるシステムを短期間で開発できるようになるかもしれません．

当然，入力を変えるだけで異なる目標の出力が得られるようになり，柔軟な顧客対応ができる可能性も得られます．

ただし，より多くの成果を得るためには，より多くの汗をかかなければならないのも事実です．そのため，品質工学をすでに実践している方でも動特性の評価を実践するには，かなり抵抗を感じることも多いはずです．

ですから，動特性の評価は，時間的に余裕がある技術開発のなるべく早い段階で，しかもなるべく手間をかけずに実施したほうがよいのです．

さて，2次元の平面上で直線を定義するには**図5・8**のAのように始点と終点の2点が必要です．

しかし，この2点を単純に結んだ直線は，静特性の評価を2箇所で行っただけと考えられるので，動特性評価を行う目的に対して，有益な技術情報が得られる可能性は低いでしょう．

例えば，評価対象が図5・8のBのように入力がゼロの時，出力がゼロにな

第5章　パラメータ設計の数理の理解と実践法

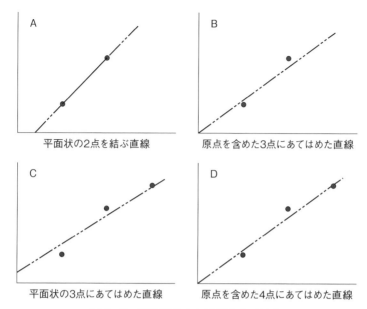

図5・8　平面状の点と直線のあてはめ

るという厳密な法則があったとしても，原点（ゼロ，ゼロ）を通ると規定して2点の間に引いた直線では偶然誤差の寄与が大きいため，やはりその直線に関する情報の技術的な価値は高くありません．動特性の評価を実施するには，原点以外に少なくとも3つの入力を用意する必要があります．

動特性の評価では，図5・8のCのようなy切片が存在する単回帰式の直線のあてはめではなく，Dのようなゼロ点回帰式の直線をあてはめるのが作法です．これにより，エネルギ，物質，情報を入力して別のエネルギ，物質，情報に変換するシステムの変換効率と，ばらつきを把握することが可能になります．

また，システムのノイズに対する抗たん性を調べるためには，少なくとも2水準の異なるノイズ環境のもとで実験を行い，その2つのノイズ環境で公平にデータを採集することが重要です．つまり，1つのシステムを評価するためにノイズ因子2水準，入力（信号因子）3水準の合計6データが必要になります．L18直交表にのっとった実験を行う場合，評価の対象となるシステムの子孫は18個あるわけですから，総計108データが必要になります．

5・3・2 動特性評価でのノイズの役割とその影響を調べる

　動特性では前節で述べたように，直線関係のあてはまりに関する3つの悪さを評価します．したがって，評価対象のシステムに与えるノイズは，これら3つの悪さを十分に引き出すことを目的として選ぶ必要があります．

　まず，直線のまわりでばらつく要因はおもに偶然誤差に由来したものであり，制御因子のなかには水準によって偶然誤差を増幅してしまう効果を持つものが存在するかもしれません．

　次は，入出力関係が直線にのらない線形性の悪さです．制御因子のいずれかで，その制御因子がつかさどるシステムの変換機能へのかかわりが，入力の大きさに対応しきれずに飽和状態になっているときなど，このように線形性が悪い挙動を示します．

　そして，制御因子の水準のいずれかが環境変化の影響を受けやすく，変換機能へのかかわりが低下してしまうような場合，与えるノイズの違いによって変換効率が低下して出力特性が大きく変わってしまいます．

　例えば，温度の高低の違いだけでこれら3つの悪さがすべて顕在化してくれれば，温度だけをノイズとして採用すればいいのですが，湿度などほかの環境が変化しないと，悪さが顕在化してくれないものも当然ありえます．

　そのため，ノイズはいろいろな要因を盛り込んで与えたほうが，悪さをはっきりと顕在化できると考えられます．2・4・2項でも述べましたが，この処置をノイズの調合といいます．内乱，外乱となる複数のノイズを調合して2水準に集約して実験することで，単独のノイズごとに実験するよりもずっと効果的に実験をすすめることが可能になります．

　ただし，ノイズの調合で複数あげたノイズ因子の2つの水準を，ノイズセットのどちらに組みこむのか，は事前の予備実験などで確認する必要があるかもしれません．よく，ノイズ因子をL8やL9直交表に割りつけて8組，9組のノイズセットにまとめて実験すればよい，と解説される場合もありますが，コンピュータを使ったシミュレーションでないのならば，そこまでやる必要はないと思います．そこまで時間とコストを使えるのであれば，より大きな直交表を使ったパラメータ設計を実施したほうが，もっと有効な情報が得られ，成果が期待できるはずです．

したがって，調合ノイズ因子を3水準として，悪さを引きだすノイズ2水準のほかに，非常に安定的な標準状態（設計者や加工者，実験者を含む人間が快適に生活できる環境）をつけ加えれば十分でしょう．

例えば，温度（高，低），設置状態（良，悪），潤滑油脂（新品，劣化品）という3つのノイズ因子を調合するとき，調合ノイズ因子を

第1水準（温度：低，設置状態：悪，潤滑油脂：劣化品）
第2水準（温度：高，設置状態：悪，潤滑油脂：劣化品）
第3水準（温度：適温，設置状態：良，潤滑油脂：新品）

とすればよいと思います．

いったん，挙動の悪さを十分に顕在化できるノイズの調合レシピが見つかると，そのレシピは非常に強力な技術ノウハウになります．また，市場で新たに発見されたノイズをそのレシピに次々と加えていくことで，より強力なノウハウとして進化していくはずです．技術者個人だけでなく，企業として積極的にレシピを作りこむ活動は非常に有効です．

ノイズの調合にも，汎用性と拡張性を考えておく必要があるということです．いずれにしてもノイズを与えて実験する目的は，2・4・2項のくり返しになりますが，製品が仕様書に書かれた環境で機能できるのか，を検証することではなく，挙動の悪さを顕在化するために実施する，ということをしっかりと認識してください．

5・3・3　動特性評価で使う $y=\beta M$ という式が意味すること

動特性の評価で使う感度とSN比の式も，一般的な統計で使う式から導き出されたものなのですが，計算工程で使う変数や展開に面食らう方が多いものと思います．これもPCが一般的ではなかった時代背景によるもので，計算能率を第一に優先するべく田口が考えた，変数の集約と計算工程の短縮の結果だと考えられます．もとになる数理は3・4・5項で解説した統計学のゼロ点回帰式ですから，そちらと対比しながら以下を読みすすめてください．

まず，ゼロ点回帰式について復習します．

ゼロ点回帰式は入力（説明変数）と出力（目的変数）の関係を1次式であらわすことを目的として，y 切片がゼロになる条件のもと，残差平方和が最小に

なるように傾き：b_1 を定めたものです．そして，重要な問題として y 切片が存在するという条件で定めた単回帰式をあてはめたときこそ，残差平方和が最小になるのですが，むりやり原点を通すのでゼロ点回帰式の残差平方和は単回帰式の場合より必ず大きくなります．

n 対のデータがある時，ゼロ点回帰式の傾き：b_1 は，(3.53)式で計算します．導出は3・4・5項を参照してください．

$$b_1 = \frac{\sum_{i=1}^{n}(x_i y_i)}{\sum_{i=1}^{n} x_i^2} \quad \cdots\cdots (3.53\text{ 掲載})$$

ところで，品質工学の動特性評価の場合，入出力関係を表現するゼロ点回帰式を $y=b_1 x$ とは記述しません．

$$y=\beta M \quad \cdots\cdots (5.14)$$

と記述するのが作法です．M は入力する量で，信号と呼ばれています．

回帰分析で計算された傾き：b_1 はサンプルデータから求めた傾きです．しかし，母集団を構成するデータ群にあてはめた真の傾きは，b_1 と一致することはほとんどないと考えられるので，統計学では真の傾きを β と表記します．

一方，計測工学では，ある特性の真の値を T (True Value)，それを何らかの計測器で計測した結果を M (Measured Value) と表記します．誤差：ε は $\varepsilon = M - T$ になります．いいかえると，人間が認知できるモノゴトの本質をあらわす特徴量は，そのモノゴトの真の値ではなく，誤差をともなっている，ということです．そして，その誤差を正確に知ることはできません．

(5.14)式は，入出力関係が β という傾きで支配されている母集団に，ある値：M を入力した結果が出力 y になることを意味していますが，この時の入力を意味するシンボルは変数：x でも真の値：T でもなく，真の値に誤差をともなう量である M です．

私たちがシステムを動特性で評価しようとする時，「ある量の入力をする」という意図を持って，ボリウムをまわしたり，バルブを開いたりするのですが，この時，入力量として表示されている量と実際に入力されている量のずれなど装置自体の誤差，操作や読みとりなど人間がかかわる誤差，そして，偶然

誤差が加わります．実験者には真の値：Tをねらって入力しようとする意図があるのですが，実際に入力される量はねらい値とは異なっている（かもしれない）Mという量が入力されている，ということを(5.14)式は暗示しています．システムへの入力にもゆらぎがともなう，ということです．

例えば，はかりというシステムを評価する場合，はかりに質量：mと刻印された分銅をのせた時，はかりの表示がyという値だったとします．この時，$y=m$だとしてもはかりにのせた分銅の質量は，分銅に期待されている質量：mと厳密に一致しているとは限りません．かならず，$\pm\varepsilon$という誤差が存在します．つまり，実際にはかりにのせた分銅の質量は$M=m\pm\varepsilon$であり，のせた分銅の実際の質量：Mを私たちは知ることができない，ということです．評価対象のシステムにそのようにあいまいな入力をして出力：yを観測し，その結果からシステムの真の変換効率：βの2乗値を直接推定し，さらに，再現性と線形性の悪さ，および，ノイズによる変換効率の変化を調査できるように工夫されているのが，次の節で紹介する田口が提示した感度とSN比の式です．

余談になりますが田口としては，感度を計算する原理をゼロ点回帰式ではなく，ゼロ点を通る直線に各プロットから引いた垂線の長さの2乗を総和した結果が最小になるように，入出力関係を表現する線を定義したかったのかもしれません．この考えは，目的は異なりますが，主成分分析の第1主成分軸を定める思想に通じるものです．

(5.14)式が表す意味は，動特性の数理を知るうえで非常に重要な原理を暗示しています．このあと示す動特性の感度の式を見ると，いろいろな疑問をもたれることだと思います．その疑問を解決するには，この$y=\beta M$が意味していることをしっかりと認識しておく必要があります．

このように，式の変数などの記述1つひとつにおいても田口はしっかりと意味を持たせているのです

5・3・4　動特性〜感度とSN比の式を導出する

はじめに動特性評価で使用する感度：$\hat{S}$とSN比：$\hat{\eta}$の対数変換前（真値）の推定値を計算する式を示します．

$$\hat{S} = \frac{1}{r}(S_\beta - Ve) \quad \cdots\cdots (5.15)$$

$$\hat{\eta} = \frac{\frac{1}{r}(S_\beta - Ve)}{V_N} \quad \cdots\cdots (5.16)$$

パラメータ設計の実務上は,感度,SN 比ともにこの計算式で計算した結果の常用対数をとり,さらに 10 倍する対数変換を行った後の値を使います.しかし,対数変換する前であっても両方の式とも非常に難解に感じることでしょう.

SN 比を計算する(5.16)式の分子は感度を計算する式になっていることを確認してください.SN 比の定義からすると感度が有効成分です.そして,分母の V_N があらわすものが無効成分になります.そして,1・4・1 項の(1.7)式として

$$\eta = \frac{\text{変換効率を意味する直線の傾きの2乗情報}}{\text{データ群と直線のあてはまりの悪さに関する2乗情報}} \quad \cdots (1.7 \quad 再掲載)$$

を示しました.

このように,動特性評価における感度は『変換効率を意味する直線の傾きの 2 乗情報』(有効成分)であり,SN 比は感度を『データ群と直線のあてはまりの悪さに関する 2 乗情報』(無効成分)で割ったものになります.

つまり,感度は β^2 に関する推定値になります.後に具体例で説明しますが,ここで注意しておくべきことは β の推定値:$\hat{\beta}$ を 2 乗した結果と,β^2 の推定値:$\widehat{\beta^2}$ では値が異なる,という点です.

田口が感度に採用したのは前者 β の推定値の 2 乗である $\hat{\beta}^2$ です.しかも,$\hat{\beta}$ を計算してからそれを 2 乗するのではなく,直接 $\hat{\beta}^2$ を計算できるように工夫されているのが(5.15)式です.

これも,コンピュータが一般的ではなかった時代に計算工程をすこしでも減らすために田口が導き出した結果です.

それでは,感度を計算するなぜ(5.15)式で $\hat{\beta}^2$ が計算できるのか,を説明しますが,はじめに動特性評価に必要な統計量の概念とその計算式を示します.

信号因子:M(:入力)とその水準数:m,そしてその水準番号:i

M_i は m 水準のなかの i 番目にあたる入力すべき理想量.実際は

第5章　パラメータ設計の数理の理解と実践法

その量に対してゆらいだ入力がなされていると考える.

ノイズ因子：Nとその水準数：n, そしてその水準番号：j
N_jはn水準のなかのj番目にあたるノイズ因子，または，調合ノイズのセットの水準

くり返し回数：pは同じ信号因子の水準，同じノイズ因子の水準という条件のもとでくり返して実験データを採集した回数. そのなかの回数順位をkとする.

以上より実験データの総数はmnp個になります.

観測された出力値：y_{ijk}　信号因子の水準M_iにおいてノイズ因子の水準N_jで採集したp回のうちのk回目に観測されたデータ.

総変動：S_Tは観測されたすべての出力値を2乗した値の合計. 数学的に記述すると

$$S_T = \sum_{i=1}^{m} \sum_{j=1}^{n} \sum_{k=1}^{p} (y_{ijk})^2 \quad \cdots\cdots(5.17)$$

有効除数：rは各y_{ijk}を採集するときに入力したM_iを2乗した値の合計

$$r = np \sum_{i=1}^{m} M_i^2 \quad \cdots\cdots(5.18)$$

統計学のゼロ点回帰分析における$\sum x^2$の品質工学流の表現で(3.53)式の分母に該当.

線形式：Lは1つのノイズ因子の水準ごとに対をなす入力値と出力値をかけあわせた結果の合計. ノイズ因子j番目の線形式をL_jと表記

$$L_j = \sum_{i=1}^{m} \sum_{k=1}^{p} M_i y_{ijk} \quad \cdots\cdots(5.19)$$

統計学の$\sum xy$の品質工学流の表現で(3.53)式の分子に該当.

1つのノイズ因子の水準に対して，それぞれの入力値：M_iでp回くり返して採集したデータy_{ik}とM_iをかけた値の総和.

以上が感度を計算するために必要な基礎となる情報と，その計算式になります. ここで，j番目のノイズ因子で実験した結果から得られたデータで，そのデータ群にあてはめるゼロ点回帰直線の傾き：b_jを(3.53)式から計算してみます.

$$b_j = \frac{\sum_{i=1}^{m}\sum_{k=1}^{p} M_i y_{ijk}}{p \sum_{i=1}^{m} M_i^2} = \frac{L_j}{(r/n)} \qquad \cdots\cdots (5.20)$$

となって,ノイズ因子の j 番目の水準で実験した結果にあてはめたゼロ点回帰式の傾きを計算することができます.

線形式：L_j と有効除数：r を計算するのは,ゼロ点回帰式の傾きを計算するための前処理ということです.話を簡単にするため,信号因子の水準数を3として,それぞれの水準で1回しかデータをとらない場合（$p=1$）について考えます.

ノイズ因子の水準数が3の場合,**図5・9**のようにゼロ点回帰直線はノイズ因子の水準ごと（N1, N2, N3）と全データ（N$_{all}$）を対象として,合計3+1本引くことができます.田口が感度としているのは全データに対して引いたゼロ点回帰直線の傾きの真値の推定値：β の2乗です.全データにあてはめたゼロ点回帰直線（N$_{all}$）の傾き：b_{all} は $m=3$,$n=3$,$p=1$ より

$$b_{all} = \frac{\sum_{j=1}^{n}\sum_{i=1}^{m}\sum_{k=1}^{p} M_i y_{ijk}}{np \sum_{i=1}^{m} M_i^2} = \frac{\sum_{j=1}^{3}\sum_{i=1}^{3} M_i y_{ijk}}{3 \sum_{i=1}^{m} M_i^2} \qquad \cdots\cdots (5.21)$$

となります.

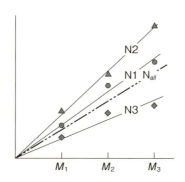

図5・9 信号因子3水準,ノイズ因子3水準のデータに対するゼロ点回帰直線

また,個々のノイズ因子の水準ごとに引いたゼロ点回帰式の傾き：b_j は

$$b_j = \frac{\sum_{i=1}^{3} M_i y_{ijk}}{\sum_{i=1}^{3} M_i^2}$$

になります.

これをノイズ因子の3水準で考えると

$$b_1 = \frac{\sum_{i=1}^{3} M_i y_{i1}}{\sum_{i=1}^{3} M_i^2}, \quad b_2 = \frac{\sum_{i=1}^{3} M_i y_{i2}}{\sum_{i=1}^{3} M_i^2}, \quad b_3 = \frac{\sum_{i=1}^{3} M_i y_{i3}}{\sum_{i=1}^{3} M_i^2}$$

ですから(5.21)式にこれらの傾きの式を代入すると

$b_{all} = \dfrac{b_1 + b_2 + b_3}{3}$ となって,ノイズ因子の水準ごとに求めたゼロ点回帰式の傾き：b_j の平均：$\bar{b}$ が全データにあてはめたゼロ点回帰式の傾き：b_{all} になります.つまり,b_j に関するばらつきの情報は b_{all} を基準として使って表現できることになります.

それでは,この事例について線形式：L_j と有効除数：r を使って解説を進めます.この事例では $n=3$,$p=1$ です.

求めたい感度：$\hat{S} = \hat{\beta}^2$ と同じ次元である b_{all}^2 を計算します.

$$b_{all}^2 = \bar{b}^2 = \left(\frac{b_1 + b_2 + b_3}{3}\right)^2 = \left(\frac{\sum_{i=1}^{3} M_i y_{i1} + \sum_{i=1}^{3} M_i y_{i2} + \sum_{i=1}^{3} M_i y_{i3}}{3\sum_{i=1}^{3} M_i^2}\right)^2 \quad \cdots\cdots(5.22)$$

ここで,3・4・6項で紹介したゼロ点回帰分析での残差平方和：S_E を計算する(3.57)式を再掲載します.ただし,n を m に書きかえています.

$$S_E = \sum_{i=1}^{m} e_i^2 = \sum_{i=1}^{m} y_i^2 - \frac{\left(\sum_{i=1}^{m} x_i y_i\right)^2}{\sum_{i=1}^{m} x_i^2} \quad \cdots\cdots(3.57\text{再掲載})$$

この式で求まる S_E はノイズ因子の水準1つあたりの残差平方和と考えることができます．つまり S_{Ej} です．これを3つのノイズ因子の水準全体で考えると

$$\sum_{j=1}^{3} S_{Ej} = \sum_{j=1}^{3} \left\{ \sum_{i=1}^{3} y_{ij}^2 - \frac{\left(\sum_{i=1}^{3} M_i y_{ij}\right)^2}{\sum_{i=1}^{3} M_i^2} \right\}$$

$$= \sum_{j=1}^{3} \sum_{i=1}^{3} y_{ij}^2 - \frac{\left(\sum_{i=1}^{3} M_i y_{i1} + \sum_{i=1}^{3} M_i y_{i2} + \sum_{i=1}^{3} M_i y_{i3}\right)^2}{3\sum_{i=1}^{3} M_i^2}$$

となります．この時，第1項は総変動：S_T です．また，第2項は(5.22)式から $3\bar{b}^2 \sum_{i=1}^{3} M_i^2$ であり，一般式に書きかえると $n\bar{b}^2 \sum_{i=1}^{n} M_i^2$ です．

つまり，ノイズ因子すべての水準を対象としてゼロ点回帰式を考えた場合，無効成分である残差平方和：$S_{E\,all}$ は

$S_{E\,all} = S_T - n\bar{b}^2 \sum_{i=1}^{n} M_i^2$ で計算できるのです．当然，総変動：S_T から無効成分である残差平方和：$S_{E\,all}$ を引いた残りは有効成分になります．

したがって，$n\bar{b}_{all}^2 \sum_{i=1}^{n} M_i^2$ は有効成分になります．ここで，この有効成分を(5.22)式と有効除数：r，および，線形式：L_j を使って書き直します．

$$n\bar{b} \sum_{i=1}^{n} M_i^2 = 3 \left(\frac{\sum_{i=1}^{3} M_i y_{i1} + \sum_{i=1}^{3} M_i y_{i2} + \sum_{i=1}^{3} M_i y_{i3}}{3\sum_{i=1}^{3} M_i^2} \right)^2 \sum_{i=1}^{3} M_i^2$$

$$= \frac{\left(\sum_{i=1}^{3} M_i y_{i1} + \sum_{i=1}^{3} M_i y_{i2} + \sum_{i=1}^{3} M_i y_{i3}\right)^2}{3\sum_{i=1}^{3} M_i^2} = \frac{(L_1 + L_2 + L_3)^2}{r}$$

になります．この式を一般式に修正すると

$$\text{ゼロ点回帰の有効成分} = \frac{1}{r}\left(\sum_{i=1}^{n} L_j\right)^2$$

になります.

品質工学のパラメータ設計ではこの『ゼロ点回帰の有効成分』を S_β と記述して

$$S_\beta = \frac{1}{r}\left(\sum_{i=1}^{n} L_j\right)^2 \quad \cdots\cdots(5.23)$$

としています.

さて,さきほど無効成分とした $S_{E\,all}$ について考えます.この $S_{E\,all}$ は図5・7で示した3つの悪い挙動を数量化したものです.つまり,再現性の悪さ,線形性の悪さ,そして,ノイズによって変化する変換効率のばらつきです.この3つの悪さのうち,ノイズによって変化する変換効率の悪さは,実験者が恣意的に与えたノイズによって変化するわけですから,ある意味,実験者のさじ加減次第になります.

一方,再現性の悪さと線形性の悪さは,システム自身やシステムとノイズの交互作用による偶然誤差の増幅や,機能の飽和によって発現する悪さであり,これは偶然誤差のなかまです.

田口は $S_{E\,all}$ を2系統に分離することにしました.実験者が恣意的に与えるノイズによって変化する変換効率の悪さの2乗情報を誤差因子の効果:$S_{\beta \times N}$ とし,偶然誤差を Se としました.$S_{\beta \times N}$ の $\beta \times N$ とは,真の傾き:β はノイズ(N)の効果によって変化する,という意味です.

これらの関係を**図5・10**にまとめました.それでは,$S_{\beta \times N}$ と Se を求めます.なお,品質工学では $S_{E\,all}$ を S_N と記述します.そして,(5.16)式で計算する動特性のSN比の真値の式の分母,つまり,無効成分になります.

$$S_{E\,all} = S_N = S_{\beta \times N} + Se \quad \cdots\cdots(5.24)$$

で無効成分の総量をあらわします.図5・9で全データに対して引いた1本のゼロ点回帰直線の残差平方和が図5・10の S_N にあたります.

そして,ノイズ因子の水準ごとに引いたゼロ点回帰直線の残差平方和を足しあわせたものが Se です.

PC上のExcelなどで計算する場合はこの関係をそのまま使えばよいのです

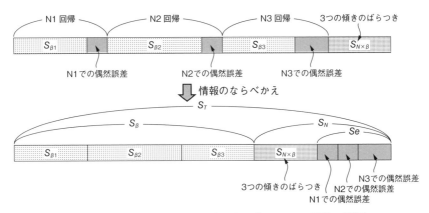

図5・10 動特性評価のゼロ点回帰分析における誤差の関係

が，田口がパラメータ設計を構築していた時代には PC が使えなかったため，計算工程が小さくなることを目的として，

$$S_{\beta \times N} = \frac{\sum_{i=1}^{n} L_j^2}{(r/n)} - S_\beta \quad \cdots\cdots(5.25)$$

$$Se = S_T - S_\beta - S_{\beta \times N} \quad \cdots\cdots(5.26)$$

を提示しました．(5.26)式は今まで説明した内容からすぐにその式の意味が理解できるはずです．

それでは，(5.25)式を導きます．(5.26)式を変形すると

$$S_{\beta \times N} = S_T - S_\beta - Se = S_N - Se \quad \cdots\cdots(5.27)$$

になります．この式がもとになります．この式の意味は，全データに対してあてはめた1本のゼロ点回帰直線の残差平方和：S_N から，ノイズ因子の水準ごとにあてはめたゼロ点回帰直線の残差平方和の総和：Se を引くことで $S_{\beta \times N}$ が求まる，ということです．

全データに対してあてはめたゼロ点回帰直線の傾き：$\bar{b}$ のあてはまりの悪さである S_N と，ノイズ因子の水準ごとにあてはめたゼロ点回帰直線の傾き：b_j のあてはまりの悪さである S_{Ej} を(3.57)式を使って求めます．

$$S_N = \sum_{j=1}^{n}\sum_{i=1}^{m} y_{ij}^2 - \frac{\left(\sum_{j=1}^{n}\sum_{i=1}^{m} M_i y_{ij}\right)^2}{n\sum_{i=1}^{m} M_i^2} = S_T - \frac{\left(\sum_{j=1}^{n}\sum_{i=1}^{m} M_i y_{ij}\right)^2}{n\sum_{i=1}^{m} M_i^2}$$

$$S_{Ej} = \sum_{i=1}^{m} y_{ij}^2 - \frac{\left(\sum_{i=1}^{m} M_i y_{ij}\right)^2}{\sum_{i=1}^{m} M_i^2}$$

また,

$$Se = \sum_{j=1}^{n} S_{Ej} = \sum_{j=1}^{n}\left(\sum_{i=1}^{m} y_{ij}^2 - \frac{\left(\sum_{i=1}^{m} M_i y_{ij}\right)^2}{\sum_{i=1}^{m} M_i^2}\right)$$

$$= \sum_{j=1}^{n}\sum_{i=1}^{m} y_{ij}^2 - \sum_{j=1}^{n}\frac{\left(\sum_{i=1}^{m} M_i y_{ij}\right)^2}{\sum_{i=1}^{m} M_i^2} = S_T - \sum_{j=1}^{n}\frac{\left(\sum_{i=1}^{m} M_i y_{ij}\right)^2}{\sum_{i=1}^{m} M_i^2}$$

これらを(5.27)式に代入すると

$$S_{\beta\times N} = S_N - Se = \sum_{j=1}^{n}\frac{\left(\sum_{i=1}^{m} M_i y_{ij}\right)^2}{\sum_{i=1}^{m} M_i^2} - \frac{\left(\sum_{j=1}^{n}\sum_{i=1}^{m} M_i y_{ij}\right)^2}{n\sum_{i=1}^{m} M_i^2}$$

になります.ここで,有効除数:rと線形式:L_jを使って書き直すと

$$S_{\beta\times N} = \frac{\sum_{j=1}^{n} L_j^2}{(r/n)} - \frac{\left(\sum_{j=1}^{n} L_j\right)^2}{n(r/n)} = \frac{\sum_{j=1}^{n} L_j^2}{(r/n)} - \frac{1}{r}\left(\sum_{j=1}^{n} L_j\right)^2 = \frac{\sum_{j=1}^{n} L_j^2}{(r/n)} - S_\beta$$

となり,(5.25)式が導かれました.

さて,偶然誤差の変動:Seはデータ全体に対するゼロ点回帰式のあてはまりの悪さのうち,ノイズの影響によるあてはまりの悪さ(傾きの異なり)を取りのぞいた偶然誤差の2乗情報です.これを自由度:fで割ると偶然誤差の分散:Veが得られます.

全データ数はmnp個あり,ノイズ因子の水準数がnなので$f=mnp-n$にな

ります.

したがって,

$$Ve = Se/(mnp - n) \quad \cdots\cdots(5.28)$$

となります.

ところで,3・5・5項の分散分析における純変動の考えでは,Aという因子の要因効果である偏差平方和：S_Aのなかにも偶然誤差が含まれているという思考のもと,S_AからVeにAの自由度：f_Aを掛けた値を引くことで,因子Aの純変動：S_A'を求める,という工程を紹介しました.$S_A' = S_A - f_A Ve$です.動特性の計算においてもゼロ点回帰式のあてはまりのよさをあらわす指標であるS_βには,その自由度：f_β分に相当する偶然誤差が混入していると考え,S_βから$f_\beta Ve$を引くことで田口は計算精度の向上をはかっているのです.ゼロ点回帰分析においては傾き：b_1だけしか使わないので$f_\beta = 1$です.したがって,精度を高めたゼロ点回帰式のあてはまりのよさの指標：S_β'は

$$S_\beta' = S_\beta - Ve \quad \cdots\cdots(5.29)$$

になります.このS_β'は全データにあてはめたゼロ点回帰直線の傾き：$\bar{b}$ではなく,真の傾き：βの推定値：$\hat{\beta}$という傾きを持つゼロ点回帰式とのあてはまりのよさをあらわしています.

動特性の感度を計算する(5.15)式でVeを無視（$Ve = 0$）すると

$$\hat{S} = \frac{1}{r}(S_\beta - Ve) = \frac{1}{r}S_\beta = \frac{1}{r}\frac{1}{r}\left(\sum_{j=1}^{n}L_j\right)^2 = \left(\sum_{j=1}^{n}L_j/r\right)^2$$

になります.最右辺の（　）のなかは全データにあてはめたゼロ点回帰直線の傾き：$\bar{b}$になりますから,$Ve = 0$としたときの$\hat{S}$は$\bar{b}^2$になります.

Veに実験結果を解析して得られた値を使うことで,$\hat{S}$はデータ群にあてはめたゼロ点回帰直線の傾きではなく,真の傾きの推定値を2乗した値：$\hat{\beta}^2$として求めることができます.動特性の感度の真値とは

$$\hat{S} = \beta^2 \quad \cdots\cdots(5.30)$$

です.このように田口が提示した一連の計算式をたどる工程を経ることにより全データから推定した真のゼロ点回帰係数：βの2乗値を直接求めることが可能になります.

そして,誤差全体の変動：S_Nをその自由度：f_Nで割ることで基準化した誤

差全体の分散:V_Nを無効成分として,感度:$\hat{S}$をV_Nで割ることにより動特性のSN比の真値:ηを推定します.誤差全体の自由度:f_Nは全データ(mnp個)から1をひいて

$$f_N = mnp - 1 \quad \cdots\cdots(5.31)$$

で計算します.

最後に対数変換をすることで実用上の感度とSN比をデシベル表示の数値に変換します.

$$\text{感度} = 10 \log \hat{S} \quad \cdots\cdots(5.32)$$
$$SN\text{比} = 10 \log \hat{\eta} \quad \cdots\cdots(5.33)$$

一般的な品質工学の書籍では,田口が提示した計算式がいきなり示されていることが多いのですが,統計学を原理として解説すると数式の持つ意味とながれはこのようになります.

5・3・5 動特性解析に関するいくつかの検証

動特性の数理にについてまだいくつか腑におちない部分があるのではないでしょうか.この節では,それらを解消できる手助けとして3つの例を紹介します.

まず,前節で説明した動特性の数理で,感度の真値を計算するときに,S_βからV_eを引く計算の目的に対していまひとつ実感がともなわないと思います.また,その前の節で解説した$y=\beta M$とゼロ点回帰直線を定義する式の表記にこめられた思想もあわせて理解をうながせるように,次の例について説明します.

《例1》 厳密な電流測定回路

図5・11のような電気回路があります.この電流計は非常に精密に電流を計測することができます.抵抗器も非常に高精度,かつ,温度が多少変化しても抵抗値(1Ω)は変化しません.

また,電源も厳密に電圧を発生させることができるのですが,ダイヤルをあわせた目盛の電圧に対して,1/2の確率で目標の電圧のプラス10%,1/2の確率でマイナス10%の電圧が発生します.つまり,電気回路に入力する電圧は,目盛の値に対してゆらいでしまう,ということです.

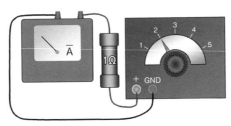

図5・11　電源と電流計と抵抗器からなる電気回路

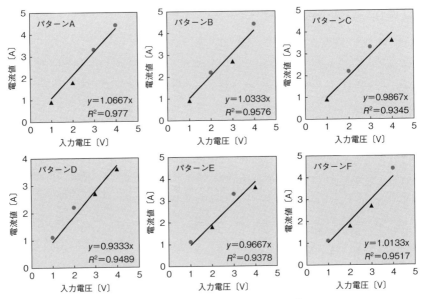

図5・12　観測される電流値　6通りのパターン

さて，この電気回路で，電源の目盛を1V，2V，3V，4Vの4つの位置にあわせて電流を計測します．ここで，観測される電流の結果の散布図を描くと，図5・12に示した6つのパターンのいずれかになります．●が+10%，▲が−10%のときのプロットです．このゼロ点回帰直線の傾きの期待値は"1"です．

この6通りのパターンの傾きとその2乗について表5・4にまとめました．

今回の回路の事例では，1回計測しただけでは6パターンのどれに該当する結果が得られるのかわかりませんが，傾き：bの期待値（平均）：$\hat{b}=1.0000$になります．しかし，動特性の感度とするためにbを2乗するとその推定値：

表5・4 観測された傾き：b と b^2

パターン	A	B	C	D	E	F	平均
傾き：b	1.0667	1.0333	0.9867	0.9333	0.9667	1.0133	1.0000
b^2	1.1378	1.0677	0.9736	0.8710	0.9345	1.0268	1.0019

表5・5 実験結果

信号水準；M	ノイズ因子	出力；yi
1	N1	8.2
	N2	12.3
2	N1	15.9
	N2	25.1
3	N1	24.5
	N2	34.9

$\widehat{b^2}$ は 1.0019 となって，$\hat{b}^2$（=1.0000）よりも過大に見積もられます．直接推定すると過大に見積もられる b^2 を(5.15)式のように Ve を引くことで調整していると考えることができます．

次に感度と SN 比の計算式と統計学での解析を比較してみます．

《例2》 感度と SN 比の計算工程　田口と統計学の比較

入力した値を10倍にして出力することを理想とするシステムがあります．このシステムにノイズ因子を2水準印加して，M=1，2，3を入力した結果，表5・5のような出力：y_i が得られました．

この結果を田口の計算式と計算工程を使って感度と SN 比を求めた場合と，統計学によるゼロ点回帰分析から求めた場合を表5・6にまとめました．両者を比較すると，田口と統計学では変数の定義と計算工程が異なっているだけであることが確認できます．

変数の定義や計算工程の違いから統計学の数理とは別モノと感じてしまわれることが多いのですが，田口の数理は統計学からはじまっています．何度も書きますが，すべて計算能率の向上と計算工程を圧縮するために考案された処理なのです．

最後に動特性の評価を実施する目的で行った実験結果のデータ構造と，それにともなう解析結果の変化について説明します．

表 5・6　田口と統計学による感度と SN 比の変数定義と計算工程の比較

品質工学		統計学	全体	N1	N2
データ対の数；mnp	6	データ対の数；mnp	6	3	3
有効除数；r	28.0	信号値総和；ΣM_i	12.0	6.0	6.0
全変動；S_T	2919.6	信号値平方和；ΣM_i^2	28.0	14.0	14.0
N1　線形式；L_1	113.5	出力総和；Σy_i	120.9	48.6	72.3
N2　線形式；L_2	167.2	出力平方和；Σy_i^2	2919.6	920.3	1999.3
入力の効果；S_β	2814.0	$\Sigma y_i M_i$	280.7	113.5	167.2
誤差因子の効果；$S_{\beta \times N}$	103.0	出力の偏差平方和；S_{yy}	483.5	133.0	256.9
偶然誤差の変動；Se	2.6	残差平方和；S_E	105.6	0.1	2.5
誤差全体の変動；S_N	105.6	N1 と N2 の S_E の合計	—		2.6
偶然誤差の分散；Ve	0.7	回帰係数；b（傾き）	10.0	8.1	11.9
誤差全体の分散；V_N	21.1	回帰寄与率；R^2	0.782	0.999	0.990
感度の推定値；$\hat{S}$	100.5	回帰係数の 2 乗；b^2	100.5	65.7	142.6
SN 比の推定値；$\hat{\eta}$	4.8	N1 と N2 の傾きの2 乗平均	—		104.2
感度〔db〕	20.0				

《例 3》　動特性評価におけるデータ構造の影響

信号因子 1 水準ごとに 6 個のデータが存在する実験結果があります．この時，ノイズ因子の水準数とくり返し回数の積が 6 だと判断できるのですが，その組みあわせは**表 5・7**のように 4 つのパターンが考えられます．

この実験結果（出力の計測値）を 4 つのパターンそれぞれについて解析した結果を**表 5・8**にまとめました．

当然，データ構造のパターンの違いによって計算工程の途中でのいろいろな計算結果の値に違いがでます．

その結果，感度と SN 比の真値も 4 つのパターンそれぞれ異なる結果となっています．しかし，パラメータ設計で情報として活用するのは，感度と SN 比の真値の常用対数をとって 10 倍した対数変換後の値です．その値を小数点以下 2 位までにまるめると，感度は 19.70〔db〕（パターン 4 は 19.69），SN 比は 9.13〔db〕になり，データ構造のパターンに対応した解析方法の違いによる影響はなくなってしまいます．

私たち技術者が直面しているシステムの最適化という業務においては，重要になる問題は S_N 自体であって，ノイズ因子の効果を研究することが目的ではない場合には，S_N を Se と $S_{\beta \times N}$ に分離して解析する必要性はほとんどありま

第 5 章　パラメータ設計の数理の理解と実践法

表 5・7　ノイズ因子の水準数とくり返しの組みあわせでかわるデータ構造

信号因子		パターン1 ノイズ6水準 繰り返しなし	パターン2 ノイズ3水準 繰り返し2	パターン3 ノイズ2水準 繰り返し3	パターン4 ノイズ1水準 繰り返し6	出力計測値
$M_1=1$	N1		N1-1	N1-1	N1-1	7.8
	N2		N1-2	N1-2	N1-2	8.6
	N3		N2-1	N1-3	N1-3	9.5
	N4		N2-2	N2-1	N1-4	10.1
	N5		N3-1	N2-2	N1-5	11.7
	N6		N3-2	N2-3	N1-6	12.4
$M_2=2$	N1		N1-1	N1-1	N1-1	13.4
	N2		N1-2	N1-2	N1-2	15.1
	N3		N2-1	N1-3	N1-3	16.3
	N4		N2-2	N2-1	N1-4	18.4
	N5		N3-1	N2-2	N1-5	20.1
	N6		N3-2	N2-3	N1-6	23.7
$M_3=3$	N1		N1-1	N1-1	N1-1	24.1
	N2		N1-2	N1-2	N1-2	27.3
	N3		N2-1	N1-3	N1-3	28.2
	N4		N2-2	N2-1	N1-4	30.1
	N5		N3-1	N2-2	N1-5	34.1
	N6		N3-2	N2-3	N1-6	35.3

表 5・8　4つのパターンの解析結果

	パターン1	パターン2	パターン3	パターン4
r	84	84	84	84
S_T	8031.5	8031.5	8031.5	8031.5
L1	106.9	227.6	354.3	811.4
L2	120.7	263.9	457.1	
L3	126.7	319.9		
L4	137.2			
L5	154.2			
L6	165.7			
S_β	7837.7	7837.7	7837.7	7837.7
$S_{\beta \times N}$	169.9	154.4	125.8	0.0
S_e	23.8	39.3	67.9	193.7
S_N	193.7	193.7	193.7	193.7
V_e	1.987	2.620	4.246	11.397
V_N	11.397	11.397	11.397	11.397
$\hat{S}$	93.283	93.275	93.256	93.171
$\hat{\eta}$	8.185	8.184	8.183	8.175
感度〔db〕	19.698	19.698	19.697	19.693
SN比〔db〕	9.130	9.130	9.129	9.125

せん．そのため，計算を単純化したいのであれば，ノイズ因子の水準ごとに線形式：L_j を計算しなくてもよく，ノイズ因子の水準数だけ得られた実験結果を信号水準ごとのくり返しとして処理，つまり，全データに1本のゼロ点回帰直線をあてはめた解析で十分である，ということになります．

意外と知られていないことなのですが，多くのパラメータ設計解析支援ソフトウェア（特に海外のもの）は，すべてのデータをくり返しとして処理しているものが多いようです．実用上，問題とはならないからです．

以上，紹介した3つの事例がパラメータ設計を理解したり，実践したりするうえで，なんらかの参考になればと思います．

5・4 標準SN比による解析方法とその注意点

5・4・1 非線形問題に対応するための標準SN比と転写性のSN比評価

1990年代にその手法が公開され，当時は21世紀型のSN比とよばれ品質工学の世界ではかなり話題になったのが標準SN比です．21世紀になって15年以上たちましたが，このところ，その成果を公開する事例発表が減ってきたように感じています．

標準SN比という技術手法を活用するには，いくつかの注意点に気を配る必要があること，そして，活用の対象に対する高い固有技術を持っていないとうまくいかないことが原因ではないか，と思います．

この節では，一般的な標準SN比の解説だけでなく，標準SN比を活用するときの注意点と，解析上のちょっとした工夫を紹介していきます．

まず，標準SN比について解説します．

自然科学を基本機能とするシステムの入出力関係は，多くの場合，入力がゼロのとき出力がゼロである傾きを持った直線関係であらわすことができる比例関係となるため，動特性で評価することができます．

しかし，世の中の技術は多岐にわたって存在します．当然，そのなかには直線関係で表現できない入出力関係を示すものも存在します．入出力関係が曲線になる場合です．単純に非線形問題といわれることも多いのですが，ここで注意するべきことがあります．それは，評価対象としている事象が，入力するパ

ラメータの次元では直線関係ではないけれども,パラメータの n 乗を横軸にして再散布した図を描くと直線関係になるか否か,です.

例えば,4・4・1項で紹介したマハラノビス距離(2乗値)と損失関数の関係のように $y=ax^2$ という関係がある入出力です.これを広義の非線形問題とします.一方,品質工学の教科書でよく標準SN比の事例として紹介される,ドーム型ばねを利用したクリック感が得られる押しボタンなど,数学的に表現しにくい挙動を示す事象もあります.これが狭義の非線形問題です.

広義の非線形問題は,そのシステムの原理を追及していけば線形問題に帰着し,直線関係のあてはめが可能になることが多いので,その直線関係を動特性の評価で解析するべきです.標準SN比が対処すべき問題は狭義の非線形問題です.

それでは,標準SN比という考えがどのようにうまれたのか,を紹介します.筆者自身は"技術"の本質としてとらえている『転写性』に関する問題に対して,その解析のための品質工学による回答が『転写性のSN比評価』という方法であり,複写機や工作機械,樹脂成形機などの評価で多くの事例が紹介されています.

まず,転写性のSN比評価について説明します.ある機械を使って,図5・13(左)のような部品を鉄板から切りだします.機械にはその部品の図面をもとに正確に加工データが入力されています.そして,その加工データ通りに鉄板が載ったテーブルと刃物やレーザービームを動かせば,図面と寸分たがわぬ部品が加工できるのですが,実際は,テーブルや刃物などの動きの誤差,加工現場の温度による鉄板の膨張などが影響して,図5・13(右)のような仕上がりになったとします.この時,部品図面上の角部同士の寸法と仕上がった部品のそれを比較することで,その機械の加工精度を評価することが転写性の

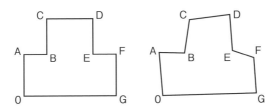

図5・13 図面指示と実際に加工された部品

SN比の目的になります．

　今，左下の角部"O"を基準に考えるとA～Gまで7個の寸法情報を得ることができます．

　すべての角部について同様に考えるとその組みあわせは28（${}_8C_2$）個になります．そして，理想状態の角部の位置関係から計算した各辺の長さを信号：Mとし，該当する部品を計測して得られた寸法を出力：yとすることで$\beta=1$を理想とする$y=\beta M$という関係になり，動特性の評価が可能になります．ただし，この時，実験で得られたゼロ点回帰式の傾きにするばらつきを考えるのではなく，理想としている$\beta=1$をばらつき評価の基準とします．

　このように考えて動特性のSN比を計算し，その値で機械の加工精度を評価するのが転写性のSN比による評価です．

　一般的な動特性の評価から転写性のSN比による評価に発展していく段階で，いくつかの気づきが得られました．

・コンピュータが使えるならば信号はいくつあってもよい．
・信号がたくさんあれば，信号の間隔（きざみ）は，等間隔などの規則性は必要なく，自由に決めてもよい．
・もとの形はどんな形でも評価ができる．

　これらの気づきから，非線形現象の評価に使えるのでは，というさらなる気づきが得られました．標準SN比の誕生です．

5・4・2　標準SN比～解析の原理と解析上の注意点

　標準SN比による評価を実施する時，最初に確認しなければならない重要な事項があります．それは，評価の対象となる技術の（狭義の）非線形挙動に，目標とする理想のフォルムがあるか否か，です．本質的には理想のフォルムがない場合，標準SN比を使ってその技術を評価すること自体，誤りかもしれません．この理由は後ほど説明します．まずは，理想とするフォルムがある技術を評価する場合についての解析方法を説明します．

　図5・14に示すような数式で表現できない山谷のある曲線で表現された非線形挙動が理想のフォルムを対象として，その理想のフォルムを実現する技術の獲得を目的として標準SN比を使います．

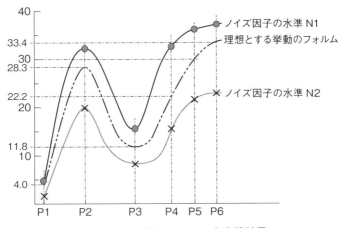

図5・14 理想のフォルムと実験結果

まず,少なくとも2水準のノイズを与えて実験し,結果をプロットします.

次に,「開始位置」,「極大点」,「極小点」,「変曲点」,「終点」など理想とするフォルムの形状を特徴づけるいくつかの点で,理想とするフォルムの目的変数(縦軸)の値を調べます.そして,この理想とするフォルムの目的変数を横軸,縦軸に実験結果の観測値をとって図5・15のような散布図をイメージします.この時,もし,理想とするフォルムとぴったり一致する実験結果が得られたとすると$\beta=1$という傾きを持つゼロ点回帰直線上に実験結果が並びます.

評価の目的がパラメータ設計ではなく,ベンチマークテストで機能性を比較する場合のように,チューニングによる機能性の改善を目的としない場合は,$y=M$という直線との偏差:εを評価対象の特性として,ゼロ望目特性のSN比,または,望小特性のSN比の式を使ってSN比を計算し評価します.

一方,パラメータ設計のように機能性の改善を目的としていて,なんらかの制御因子を使ってチューニングが可能である場合は,一般的な動特性解析と同じ工程で解析を行い,まず,動特性のSN比を高めた後に感度をゼロ〔db〕($\beta=\beta^2=1$)に近づける技術活動を行います.

ここで,解析を行う上での注意点をあげておきます.

・フォルムを特徴づける点の近傍では,1箇所だけでなく,その点の前後で複数点を調べるようにする.(観測密度をあげる)

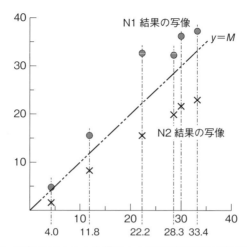

図 5・15　理想のフォルムを信号として実験結果を再散布した結果

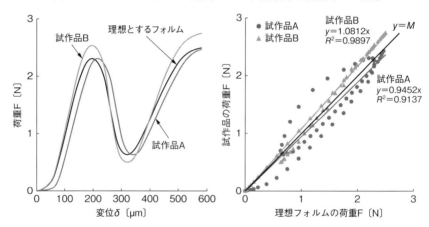

図 5・16　ドーム型ばねの理想とする特性とふたつの試作品の実験結果

- この後説明する**図 5・16**に示した試作品 A のように，理想とするフォルムと非常に近いフォルムをしめす挙動であっても，入力する信号の軸方向にずれがあると，標準 SN 比が大きく低下することがある．
- したがって生データと理想とするフォルムを図示してよく観察する．感度や SN 比の数値だけで判断してはいけない．

図 5・16（左）にドーム型ばねの変位（押し込み量）と荷重の理想とするフォルムと，2 つの試作品の実験結果を示します．2 つの試作品について，0〜600

第5章 パラメータ設計の数理の理解と実践法

〔µm〕の間で変位10〔µm〕ごとに荷重を計測し，理想とするフォルムを信号としてデータを散布した結果が図5・16（右）です．

そして，この散布結果をもとに標準SN比を計算すると，動特性の式を使って評価した場合，試作品Aは12.3〔db〕，試作品Bは21.4〔db〕になります．

また，$y=M$からの残差をゼロ望目特性のSN比の式で計算すると，試作品Aは12.77〔db〕，試作品Bは17.46〔db〕になります．そして，残差を望小特性のSN比の式で計算すると，試作品Aは12.17〔db〕，試作品Bは15.76〔db〕となり，いずれの場合も試作品Bのほうが良好という結果になります．

以上の結果から試作品Bのほうが良好な特性という結論になりましたが，実際は，試作品Aは変位の位置関係にずれがあるだけで，理想とするフォルムとほとんど同じ挙動を示しています．そのずれの位相もわずか20〔µm〕だけ遅れているだけで，実用上はなんの問題もないはずです．

標準SN比を使う場合の注意事項をいくつかあげます．

- 理想とするフォルムがない場合，2水準のノイズ因子を与えて実験した結果の平均を，仮の理想フォルムとすることで標準SN比を使って評価できる，という解説もあるが，このような評価は静特性で感度を調べずにSN比だけで問題解決をはかるのと同じ状況になっている可能性がある．
- 理想とするフォルムと異なる挙動を示す事象であってもN1，N2のばらつきが小さいと，理想とするフォルムと相似な挙動を示すがN1，N2のばらつきが大きいものより，よいSN比を示す場合もある．
- 動特性のSN比は5・2・5節で説明したように，感度と誤差の槓桿（てこ）関係の存在を前提としているため，$\beta=1$の近傍では感度とSN比の関係で技術者が目的としている評価内容が正しく評価できない場合もある．動特性のSN比だけでなく，$y=M$という直線との残差のゼロ望目特性のSN比や望小特性のSN比もあわせて評価するべきである．

図5・17はドーム型ばねの変位―荷重特性の理想とするフォルムに対してAとBのふたつの試作品に2水準のノイズを印加して計測した結果です．

動特性のSN比は試作品Aが20.7〔db〕，試作品Bが21.9〔db〕であり，試作品Bのほうが良好という結論になりますが，本当はどちらのほうが良好なのかは，この実験結果だけでは判断できないのではないでしょうか．

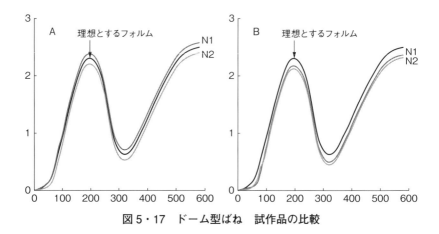

図 5・17　ドーム型ばね　試作品の比較

　標準 SN 比で評価する場合，信号の個数が大きくなり，場合によってはその数が異なるもの同士の比較になることもあります．そのため，動特性の SN 比の式で分母であるばらつきの指標：V_N を有効除数：r で割る，つまり，ばらつきを信号値の 2 乗情報の総量で基準化する，という思考で(5.16)式から

$$\eta = \frac{S_\beta - V_e}{V_N} \quad \cdots\cdots(5.34)$$

という式を導きこれを使うことで問題を解決する，という提案があることを紹介しておきます．

　ここまで解説してきたように，標準 SN 比は教科書にある通り実験して，その結果を解析したとしても，有益な成果が得られるとは限りません．逆に誤った結論を導き，大失敗することもあります．

　標準 SN 比を活用するためには，目的としている技術をしっかりと捉え，目標，目的に対して正しい実験計画を立案して実施することが肝心です．そして，評価する対象に関する高い固有技術を持つこと，さらに，SN 比の問題点について熟知している必要があります．

第6章
直交表を使いこなすために

6・1 採集したデータの解析

6・1・1 直交表の性質を調べる―加法性と交互作用―

　パラメータ設計を実施する場合に必要不可欠な道具が直交表です．パラメータ設計ではおもに混合型直交表と呼ばれる，L18直交表とL36直交表を使います．L18直交表は第2章の表2・1に示した構造をしています．そして，2・3・1項で説明したように，直交表を構成する任意の2列は直交，つまり，相手の影響を受けない独立した関係になります．そのため，直交表に割りつけた制御因子の水準ごとに，結果系への効果を分離することができます．制御因子の各水準が結果系に及ぼす効果を，その水準の水準効果と呼ぶことにします．つまり，水準効果とはある制御因子である水準を選択した場合，結果系の全体平均から上下どちらかに結果系をずらす変化量（全体平均からの偏差）のことです．

　この時，それぞれの制御因子が結果系に対してその水準効果の足し算として作用する場合，制御因子の間に加法性が成立する，といいます．制御因子間に加法性が成立している場合，直交表にのっとった実験結果を解析すれば，各制御因子の水準効果は正確に分離することができます．

　しかし，実務面では水準効果よりも，それに全体平均を加えた値として提示したほうが便利です．というのは，この後示す計算で得られる結果が水準効果に全体平均を加えた値になるからです．これを要因効果といいます．

　それでは，直交表にのっとって採集したデータから要因効果を分離する方法と，分離できた要因効果を表現する方法について，次の例で説明します．

直交表を使って評価するシステムの基本機能を「各制御因子の水準の番号をすべて足しあわせる．」こととします．つまり，制御因子 A から H まで，水準の番号（1，2，3）を選択して足しあわせて出力するシステムをつくりなさい，ということです．直交表で指示されている実験 No. 1 の結果は，"1＋1＋1＋1＋1＋1＋1＋1＝8" になります．これを，神のみぞ知る原理とします．

表 6・1 に直交表と，「制御因子の水準番号をすべて足しあわせる」というルールに従って得られた実験結果を示します．実験 No. 1 から No. 18 に対応した 18 個の実験結果が得られています．この 18 個のデータから制御因子ごとに，結果系に及ぼすそれぞれの要因効果を分離します．

まず，制御因子 A の 2 つの水準について，それぞれの要因効果を分離します．制御因子 A は，実験 No. 1 から No. 9 までは第 1 水準が採用され，No. 10 から No. 18 までは第 2 水準が採用されています．そのため，制御因子間で水準効果に完全な加法性が成立しているであろう，という仮説のもとでは，制御因子 A の第 1 水準の要因効果を調べるには，それがかかわる No. 1 から

表 6・1　制御因子間に完全加法性が成立するときの実験結果

実験 No	A	B	C	D	E	F	G	H	結果
No1	1	1	1	1	1	1	1	1	8
No2	1	1	2	2	2	2	2	2	14
No3	1	1	3	3	3	3	3	3	20
No4	1	2	1	1	2	2	3	3	15
No5	1	2	2	2	3	3	1	1	15
No6	1	2	3	3	1	1	2	2	15
No7	1	3	1	2	1	3	2	3	16
No8	1	3	2	3	2	1	3	1	16
No9	1	3	3	1	3	2	1	2	16
No10	2	1	1	3	3	2	2	1	15
No11	2	1	2	1	1	3	3	2	15
No12	2	1	3	2	2	1	1	3	15
No13	2	2	1	2	3	1	3	2	16
No14	2	2	2	3	1	2	1	3	16
No15	2	2	3	1	2	3	2	1	16
No16	2	3	1	3	2	3	1	2	17
No17	2	3	2	1	3	2	2	3	17
No18	2	3	3	2	1	2	3	1	17

No.9の実験結果に着目すればよいことになります．この9個のデータ（8, 14, 20, 15, 15, 15, 16, 16, 16）の合計は135です．そして，平均は15です．

同様に制御因子Aの第2水準の合計は144，平均は16になります．つまり，制御因子Aの場合，第2水準を選択すると第1水準を選択した場合よりも16−15＝1だけ結果が大きくなるものと推定できます．

つづいて，制御因子Bについて調べてみましょう．制御因子Bの3水準それぞれ6個のデータに対して同様の処理をすると，第1水準の平均は14.5，第2水準の平均は15.5，第3水準の平均は16.5になります．この結果より制御因子Bの場合，第2水準(15.5)を中心として，第1水準(14.5)を選択すると結果は第2水準より1だけ小さくなり，第3水準(16.5)を選択すると結果は第2水準より1だけ大きくなるものと推定できます．

残りの制御因子CからHについても同様に処理すると，制御因子Bの場合と同じ結果が得られます．15.5を中心としてレンジが"2"になっています．水準が2の制御因子Aはレンジが"1"です．

ところで，18個のデータの合計は279で平均は15.5になります．この事例では偶然，各制御因子の第2水準の要因効果と全体平均が一致しているので，第2水準からの増減量のようにみえてしまいますが，実際はそうではありませんので注意してください．ただし，制御因子ごとに各水準の要因効果の平均を計算すると全体平均と一致した結果になります．

パラメータ設計ではこの結果をもとに，制御因子ごとに最適な水準を選択してシステムを構成したときの結果などを推定します．

要因効果の計算式は

$$要因効果 = \frac{制御因子のある水準がかかわった実験結果の合計}{その水準がかかわった実験数}$$

です．

このようになる理由を制御因子Bの第3水準を例にして説明します．

制御因子Bの第3水準がかかわった実験は**表6・2**に示すようにNo.7, No.8, No.9, No.16 No.17, No.18の6個です．

ここで，制御因子Aの第1水準の水準効果をA1のようにあらわすことにします．各制御因子の水準効果に加法性があることが前提であるので，No.7

表6・2 制御因子Bの第3水準がかかわった実験の水準効果

	A	B	C	D	E	F	G	H
No. 7	A1	B3	C1	D2	E1	F3	G2	H3
No. 8	A1	B3	C2	D3	E2	F1	G3	H1
No. 9	A1	B3	C3	D1	E3	F2	G1	H2
No. 16	A2	B3	C1	D3	E2	F3	G1	H2
No. 17	A2	B3	C2	D1	E3	F1	G2	H3
No. 18	A2	B3	C3	D2	E1	F2	G3	H1

の実験結果は"実験結果 = A1+B3+C1+D2+E1+F3+G2+H3+ 全体平均"になります．

このようにしてそれぞれの実験結果をまとめて，6実験分を合計すると

実験結果の合計
$= 3(A1+A2)+6B3+2(C1+C2+C3)+\cdots+2(H1+H2+H3)+6\times$ 全体平均

になります．この時，A1+A2やC1+C2+C3はゼロです．ほかの制御因子についても同様です．その結果，

"実験結果の合計 $=6B3+6\times$ 全体平均"になり，これを実験数の6で割ることで制御因子Bの第3水準の要因効果："B3+ 全体平均"を得ることができます．直交表にのっとって採集したデータだからこそ，このような処理が可能になるのです．すべての制御因子の水準について同様の計算を行って，得られた要因効果を制御因子の水準ごとに**表6・3**のようにまとめます．この表を要因効果の補助表といいます．

続いて，得られた要因効果を認識しやすくするために可視化します．それが，**図6・1**に示す要因効果図という複数の折れ線グラフです．

パラメータ設計では直交表にのっとって実施した実験で得られたデータを加工して，実験ごとに感度とSN比を計算します．そして，感度とSN比それぞれの要因効果を分離してそれぞれの要因効果図を作成し，これらをもとにその後の最適化を計画します．

このように，要因効果図はパラメータ設計において非常に重要な道具です．

6・1・2　交互作用を減衰するための対数変換と直交表の列の性質

加法性が完全に成立している場合，直交表にのっとって採集したデータを解

表6・3 要因効果の補助表

	第1水準	第2水準	第3水準
制御因子　A	15	16	―
制御因子　B	14.5	15.5	16.5
制御因子　C	14.5	15.5	16.5
制御因子　D	14.5	15.5	16.5
制御因子　E	14.5	15.5	16.5
制御因子　F	14.5	15.5	16.5
制御因子　G	14.5	15.5	16.5
制御因子　H	14.5	15.5	16.5
全体平均	15.5		

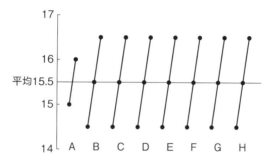

図6・1 完全に加法性が成立するときのL18直交表に関する要因効果図

析して要因効果を得ると，図6・1のようになりますが，加法性が成立しない場合について検証してみます．パラメータ設計の実験結果で加法性が成立しない代表例は，制御因子間に交互作用がある場合です．

それでは，交互作用の代表として掛け算の結果を使い，要因効果図を描いてみます．**表6・4**がすべての制御因子の積を出力した結果です．また，その要因効果の補助表が**表6・5**になります．そして，要因効果図が**図6・2**です．

図6・2をみると各制御因子ともその水準の要因効果を正しく表現できていません．制御因子Aは要因効果が逆転していますし，制御因子BはV字型の要因効果になっています．さらに，第1水準と第3水準の要因効果も逆転しています．C列以降も3水準のバランスが実際と異なります．

このように交互作用がある場合，直交表にのっとって採集したデータであっても，正しい評価はできなくなります．そのために，田口がとった戦術が対数変換です．

表6・4　すべての制御因子の単純積で出力されるシステムの実験結果

実験No	A	B	C	D	E	F	G	H	結果	対数変換
No1	1	1	1	1	1	1	1	1	1	0
No2	1	1	2	2	2	2	2	2	64	18.1
No3	1	1	3	3	3	3	3	3	729	28.6
No4	1	2	1	1	2	2	3	3	72	18.6
No5	1	2	2	2	3	3	1	1	72	18.6
No6	1	2	3	3	1	1	2	2	72	18.6
No7	1	3	1	2	1	3	2	3	108	20.3
No8	1	3	2	3	2	1	3	1	108	20.3
No9	1	3	3	1	3	2	1	2	108	20.3
No10	2	1	1	3	3	2	2	1	72	18.6
No11	2	1	2	1	1	3	3	2	72	18.6
No12	2	1	3	2	2	1	1	3	72	18.6
No13	2	2	1	2	3	1	3	2	144	21.6
No14	2	2	2	3	1	2	1	3	144	21.6
No15	2	2	3	1	2	3	2	1	144	21.6
No16	2	3	1	3	2	3	1	2	216	23.3
No17	2	3	2	1	3	1	2	3	216	23.3
No18	2	3	3	2	1	2	3	1	216	23.3

表6・5　要因効果の補助表

	第1水準	第2水準	第3水準
制御因子　A	148.22	144.00	―
制御因子　B	168.33	108.00	162.00
制御因子　C	102.17	112.67	223.50
制御因子　D	102.17	112.67	223.50
制御因子　E	102.17	112.67	223.50
制御因子　F	102.17	112.67	223.50
制御因子　G	102.17	112.67	223.50
制御因子　H	102.17	112.67	223.50
全体平均	146.11		

　表6・4の最右列に，結果の常用対数をとって10倍した対数変換後の値も記入してあります．そして，その結果から得た要因効果図が**図6・3**です．

　絶対的な数値を正確には表現できていませんが，図6・3では各制御因子の水準の要因効果が正しい順番で，ほぼ，現実に近い間隔で並んでいます．制御因子間に交互作用があっても対数変換することで，加法性が成立する情報に変換されたため，要因効果の並びを知ることができました．

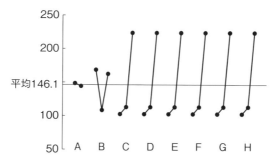

図6・2　制御因子の単純積の出力結果から得た要因効果図

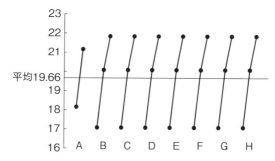

図6・3　単純積の出力結果を対数変換した後に得た要因効果図

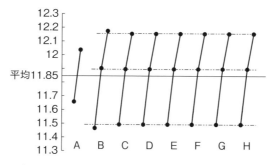

図6・4　完全加法性が成立している結果を対数変換して得た要因効果図

　しかし，もともと加法性がある場合，対数変換して問題が起きないのか気になります．そこで，表6・1に示した完全に加法性が成立するときの結果を対数変換してから要因効果図を求めた結果を図6・4示します．

　このように加法性が成立している結果を対数変換しても各制御因子の水準の

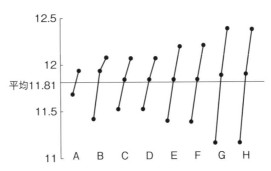

図6・5 加法性が成立する制御因子と交互作用がある制御因子が混在する場合

要因効果において,並び方が正しくなくなるなどの問題が発生しないことが確認できました.もともと加法性が成立する要因効果の推定精度を多少犠牲にしても,交互作用などにより加法性が成立しない要因効果に対して,加法性が成立するように情報を加工したほうが得策という考えの結果です.

それでは,加法性が成立する制御因子と,制御因子間の交互作用があるものが混在している時,どのような要因効果図になるのかを確認します.制御因子AからFまでは完全加法性が成立し,GとHに掛け算の交互作用があり,その結果が出力に加算されるA+B+C+D+E+F+G×Hというシステムの出力結果を,対数変換してから求めた要因効果図を**図6・5**に示します.

当然,掛け算という交互作用がある制御因子GとHの要因効果は過大に見積もられます.また,本当は同じレンジとして表現してほしい制御因子BからFも,折れ線のレンジに異なりが生じています.このように,直交表に割りつけた制御因子間に交互作用が存在すると,交互作用がない制御因子の要因効果にもその影響があらわれることが確認できました.ただし,各制御因子とも水準の要因効果の順番は正しく表現されています.

さて,ここまでいくつかの要因効果図をみてきましたが,なにかお気づきになりませんか.図6・2,図6・4,図6・5では,制御因子Bの要因効果がほかの制御因子の要因効果とは異なる屈曲傾向やレンジを持っています.実は制御因子AとBを割りつける列は,他の列とは異なる特性を持っているため,このような現象が起こります.

これを確認するため,A×B+C+D+E+F+G+Hというシステムの要因

第6章 直交表を使いこなすために

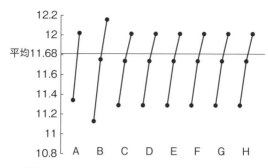

図6・6 制御因子AとBのみに交互作用がある場合の要因効果図

効果図を図6・6に示しました．交互作用があるAとBは要因効果が過大に見積もられます．しかし，その交互作用はC列以降の要因効果に平等に影響を与えています．L18直交表のA列とB列は，他の列とは異なる性質があることが確認できました．

もし，3水準の制御因子が6個しかなくて空き列を作る場合は，B列を空き列にしたほうがよい，といわれているのはこのように特異な性質があるためです．

6・1・3 2水準系の直交表の性質

直交表を使った実験が成功したか，そして，そこから得られた情報を信頼してよいか，の確認を目的として7・1・5項で解説する確認実験を行うのですが，この時は得られた要因効果に加法性があることを前提として，確認実験の制御因子・水準の組みあわせで実験を行った時の感度とSN比を推定します．

当然，要因効果の信頼性が低ければ，推定値と実験によって得られた値の異なりが大きくなるため，感度やSN比の再現性が悪くなります．そのため，パラメータ設計ではL18を代表としてL12やL36直交表など，ある一対の制御因子間の交互作用が特定の列にだけ影響を与えることがなく，いろいろな列に分散して現れるという性質を持つ混合型直交表とよばれる直交表群を使うようにします．

一方，2水準系（L12を除く）や，3水準系直交表（L27など）の多くは1対の列間の交互作用が他の特定の列にあらわれます．これは一見弱点のように

表6・6 L8直交表と完全に加法性が成立した場合の結果

因子　水準	A	B	C	D	E	F	G	
第1水準	1	1	1	1	1	1	1	
第2水準	2	2	2	2	2	2	2	
交互作用	a	b	ab	d	ad	bd	abd	

No.	A	B	C	D	E	F	G	結果
1	1	1	1	1	1	1	1	7
2	1	1	1	2	2	2	2	11
3	1	2	2	1	1	2	2	11
4	1	2	2	2	2	1	1	11
5	2	1	2	1	2	1	2	11
6	2	1	2	2	1	2	1	11
7	2	2	1	1	2	2	1	11
8	2	2	1	2	1	1	2	11

も感じられますが，うまく使うとそれなりの効果が得られることもあります．2水準系のL8直交表について，その性質と活用方法を紹介します．

表6・6がL8直交表です．L8直交表は2水準の因子を7組評価できる直交表で，実験の組みあわせは8通りです．今回も因子の水準を数値として加算，乗算で出力するシステムを考えて，要因効果図を描くことで検証します．

表6・6の上の表が制御因子と水準の関係になります．その最下段の『交互作用』について説明します．A列にはa，B列にはbの記号が記入されています．また，C列にはabと記入されています．このabとは，a×bのことで，A列とB列の交互作用がこのC列にあらわれることを示しています．以下，同様にA列とD列の交互作用がE列に，B列とD列の交互作用がF列にあらわれます．

そして，G列に記入されているabdとはA，B，D列の3因子の交互作用があらわれることを意味しています．

なお，一般的にはD列の交互作用欄の記号はcなのですが，混乱をまねく懸念があるためこの書籍ではdとしています．

下段の表で結果の欄に記入してある数値は，各制御因子の水準をあらわす数値の総和です．L8直交表に割りつけた7個の制御因子の水準間で，完全に加法性が成立する場合，**図6・7**のような要因効果図が得られます．すべての制

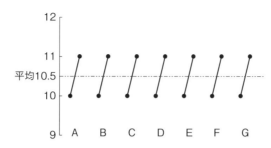

図6・7　7個の因子間で完全加法性が成立する場合の要因効果図

御因子で第1水準と第2水準の要因効果の差が"1"となって，正しく要因効果が推定できています．

続いて，A列，B列，D列のみに水準の番号を割りつけて，A×B+C，A+B×C，B+C×Aという加算と乗算が混合されている場合の要因効果図を**図6・8**にまとめて示します．実は，2水準で構成された3因子の組みあわせは8通りですから，L8直交表に示された実験組みあわせは総当たりの組みあわせになっています．

掛け算の関係になっている制御因子の要因効果は過大に見積もられています．一方，足し算として結果に関与する制御因子は要因効果図では少しわかりにくいですが，第2水準と第1水準の差が"1"となっていて，正しく要因効果が推定できています．

そして，交互作用があらわれる列，例えばA×B+DのC列の要因効果は第1水準と第2水準に差があることが確認できます．しかし，それ以外の列の要因効果は第1水準と第2水準の間に差がありません．

ここでA×B+C（最上段）のC列は，第1水準が"4"，第2水準が"3.5"です．A1（制御因子Aの第1水準）とB1（制御因子Bの第1水準）が同時に関与する実験は，No.1，No.2の2つです．実験No.1は，A1×B1+D1という組みあわせであり，その結果は"2（=1×1+1）"になります．また，実験No.2の結果は"3（=1×1+2）"になります．同様にA1とB2が同時に関与する実験はNo.3，No.4で，それぞれの結果は"3"，"4"です．

A2とB1，A2とB2の組みあわせについても同様に結果を調べて，結果の平均を計算してまとめると，**表6・7**が得られます．

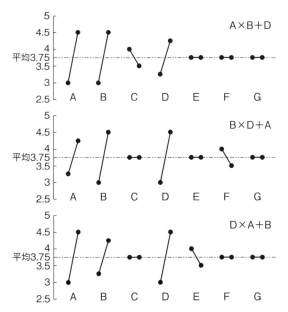

図6・8 3因子間に加算と乗算が混在する場合の要因効果図

表6・7 A列とB列の交互作用の検証結果

	A1	A2
B1	2.5	3.5
B2	3.5	5.5

　表6・7から対角に配置されたA1B1とA2B2の値の平均は"4"になります．一方，A1B2とA2B1の値の平均は"3.5"です．この値とA列，B列の交互作用があらわれるC列の第1水準，第2水準の値を比較すると，C列の第1水準の値"4"は対角A1B1-A2B2の平均"4"と一致し，第2水準の値"3.5"は対角A1B2-A2B1の平均"3.5"と一致することが確認できます．

　L8直交表では，交互作用がこのような関係であらわれます．上の例のように，直交表にあらわれる値は対角に配置された値の平均の推定値になります．

　実際に観測された交互作用の結果と比較することにより3・5・4項で説明したように，交互作用の再現性を確認することも可能です．

　この節の最後に，A列，B列，D列に割りつけた制御因子がすべて積の関係で結果が出力される場合の要因効果図を**図6・9**に示します．

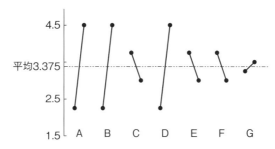

図6・9 3因子の積で出力される結果の要因効果図

　図6・9のように3つの制御因子すべてに交互作用がある場合，G列にも第1水準，第2水準の要因効果に差があらわれます．しかし，図6・8に示したように3つの制御因子間のうち，少なくとも1組に交互作用がなければG列には水準間の要因効果の差があらわれません．したがって，A, B, D列に割りつける制御因子間のいずれかに交互作用がなければ，G列に割りつけた制御因子の要因効果は交互作用の影響を受けないため，4因子の割付が可能になります．

　2水準で構成された4つの制御因子の総当たり組みあわせは16通りですが，A, B, D列のいずれかに制御因子間の交互作用がないものを割りつければ，半分の8通りの実験で総当たりと同じ情報を得ることが可能になります．

6・2 直交表にのっとって採集したデータの分散分析のしかた

6・2・1　L18直交表の場合

　3・5節では，完備型（総当たり）実験を行って得られた結果について分散分析を行うことにより，どの因子がどの程度結果系を支配しているのか，という情報が得られることを説明しました．そこでも述べましたが，直交表にのっとって採集したデータであれば，データ構造が完備型でなくても分散分析をすることが可能です．

　まず，L18直交表にのっとって採集したデータの分散分析の手順を説明します．例とする解析の対象は，表6・8に示した2水準のノイズ因子を印加して望目特性で評価することを目的とした実験結果です．そして，表6・9が感度

表6・8 望目特性評価を目的としたパラメータ設計の実験結果

	A	B	C	D	E	F	G	H	N1	N2	感度 [db]	SN比 [db]
実験 No. 1	1	1	1	1	1	1	1	1	181	139	44.0	14.6
実験 No. 2	1	1	2	2	2	2	2	2	253	177	46.5	11.9
実験 No. 3	1	1	3	3	3	3	3	3	346	214	48.7	9.3
実験 No. 4	1	2	1	1	2	2	3	3	256	164	46.2	10.0
実験 No. 5	1	2	2	2	3	3	1	1	263	177	46.7	11.0
実験 No. 6	1	2	3	3	1	1	2	2	276	204	47.5	13.4
実験 No. 7	1	3	1	2	1	3	2	3	286	184	47.2	10.1
実験 No. 8	1	3	2	3	2	1	3	1	273	207	47.5	14.1
実験 No. 9	1	3	3	1	3	2	1	2	251	169	46.3	11.0
実験 No. 10	2	1	1	3	3	2	2	1	301	229	48.4	14.2
実験 No. 11	2	1	2	1	1	3	3	2	298	192	47.6	10.1
実験 No. 12	2	1	3	2	2	1	1	3	271	199	47.3	13.2
実験 No. 13	2	2	1	2	3	1	3	2	286	224	48.1	15.2
実験 No. 14	2	2	2	3	1	2	1	3	308	212	48.1	11.5
実験 No. 15	2	2	3	1	2	3	2	1	291	199	47.6	11.4
実験 No. 16	2	3	1	3	2	3	1	2	316	214	48.3	11.1
実験 No. 17	2	3	2	1	3	1	2	3	273	207	47.5	14.1
実験 No. 18	2	3	3	2	1	2	3	1	311	229	48.5	13.3
									平均		47.34	12.19

表6・9 感度とSN比の要因効果の補助表

感度	A	B	C	D	E	F	G	H
第1水準	46.74	47.08	47.03	46.54	47.16	46.99	46.79	47.12
第2水準	47.94	47.38	47.33	47.39	47.25	47.35	47.46	47.37
第3水準		47.56	47.66	48.09	47.60	47.68	47.77	47.52

SN比	A	B	C	D	E	F	G	H
第1水準	11.70	12.21	12.53	11.85	12.14	14.10	12.07	13.09
第2水準	12.68	12.07	12.13	12.44	11.95	11.98	12.51	12.12
第3水準		12.29	11.91	12.28	12.49	10.49	11.99	11.36

とSN比の要因効果の補助表です.

分散分析はそれぞれの制御因子が結果系にどの程度かかわりを持っているのか,を検証する目的で実施します.感度,SN比とも**表6・10**の各欄をうめて完成させることが目標になります.

まず,自由度:fは,制御因子Aは2水準,それ以外は3水準ですから,$f_A=1$, $f_B=f_C=\cdots f_H=2$になります.実験は18通り行っていますから全体の

表6・10 L18直交表にのっとった実験結果の分散分析表

分散分析	f	S	V	F0	p値〔%〕
A					
B					
C					
D					
E					
F					
G					
H					
e					
全体					

自由度は17です.

L18直交表にのっとってN1,N2と2水準のノイズを印加して実験し,実験ナンバーごとに2個のデータを採集しても,その結果を感度やSN比という概念に統合することで,実験ナンバーごとに感度,SN比それぞれ1個ずつの情報になってしまいます.そのため,感度やSN比の分散分析では偶然誤差:e_2を単体として分離することができなくなるので,誤差の全体:eとしてまとめて扱います.誤差の全体の自由度:f_eは,全体の自由度から2水準1つと3水準7つの制御因子の自由度を引いて$f_e=17-1-7×2=2$になります.

次に,偏差平方和:Sを計算します.感度の場合,18個の感度の平均は表6・8の最下段にあるように47.34です.そして,制御因子Aの偏差平方和:S_Aは,第1水準の感度の要因効果から感度の平均を引いて2乗した値と,第2水準の感度の要因効果から感度の平均を引いて2乗した値の和に,それぞれの水準がかかわった実験の数"9"を掛けた値になります.

$$S_A=9\{(46.74-47.34)^2+(47.94-47.34)^2\}=6.5$$

制御因子BからHの場合も同様に第1水準,第2水準,第3水準それぞれの要因効果から感度の平均を引いた後,2乗して各水準がかかわった実験の数"6"を掛けた値が各制御因子の偏差平方和になります.

全体の偏差平方和として,18個の感度の偏差平方和を計算します.

続いて分散:Vは,それぞれの偏差平方和:Sをその自由度:fで割って求めます.

表 6・11 　L18直交表にのっとった実験結果　感度の分散分析表（完成品）

分散分析	f	S	V	F0	p値〔%〕
A	1	6.5	6.52	249.6	0.4 **
B	2	0.7	0.35	13.4	7.0
C	2	1.2	0.59	22.4	4.3 *
D	2	7.3	3.63	138.9	0.7 **
E	2	0.7	0.33	12.5	7.4
F	2	1.4	0.72	27.5	3.5 *
G	2	3.0	1.51	57.8	1.7 *
H	2	0.5	0.24	9.2	9.8
e	2	0.1	0.03	1.0	50.0
全体	17	21.3			

表 6・12 　L18直交表にのっとった実験結果 SN比の分散分析表（完成品）

分散分析	f	S	V	F0	p値〔%〕
A	1	4.4	4.37	23.3	4.0 *
B	2	0.1	0.07	0.4	72.1
C	2	1.2	0.59	3.2	24.1
D	2	1.1	0.55	3.0	25.3
E	2	0.9	0.45	2.4	29.5
F	2	39.6	19.79	105.8	0.9 **
G	2	0.9	0.47	2.5	28.4
H	2	9.1	4.54	24.3	4.0 *
e	2	0.4	0.19	1.0	50.0
全体	17	57.7			

　F比：$F0$ は，制御因子の分散：$V_A \sim V_H$ を誤差の全体の分散：V_e で割ることで計算します．F比の値からExcelの関数を使ってp値を求め，それを100倍して百分率に変換してから『p値〔%〕』の欄に記入します．以上の作業によって表6・11に示す感度の分散分析表が完成しました．このあと，$F0<1$ の制御因子があればプーリングした後に純変動：S' を計算して寄与率：ρ〔%〕を計算します．

　SN比についても同様に処理して表6・12の分散分析表を作成します．ここで，SN比の分散分析の結果，制御因子Bがプーリング対象になりました．制御因子Bをプーリングした結果が表6・13です．

表6・13 プーリング後のSN比の分散分析表

SN比	f	S	Ve	F0	p値〔%〕	S'	ρ〔%〕
A	1	4.4	4.37	33.69	0.44 **	4.24	7.35
C	2	1.2	0.59	4.54	9.34	0.92	1.59
D	2	1.1	0.55	4.27	10.17	0.85	1.47
E	2	0.9	0.45	3.44	13.50	0.63	1.10
F	2	39.6	19.79	152.63	0.02 **	39.33	68.18
G	2	0.9	0.47	3.64	12.56	0.69	1.19
H	2	9.1	4.54	35.03	0.29 **	8.83	15.30
e	4	0.5	0.13			2.20	3.82
全体	17	57.7	3.39			57.69	100.00

表6・14 L8直交表にのっとった実験結果と解析結果

	A	B	C	D	E	F	G	実験結果 N1	実験結果 N2	感度〔db〕	SN比〔db〕
実験 No.1	1	1	1	1	1	1	1	10.6	13.0	21.4	16.8
実験 No.2	1	1	1	2	2	2	2	13.8	16.0	23.4	19.6
実験 No.3	1	2	2	1	1	2	2	14.7	15.8	23.7	25.8
実験 No.4	1	2	2	2	2	1	1	13.0	14.5	22.8	22.2
実験 No.5	2	1	2	1	2	1	2	15.8	17.4	24.4	23.3
実験 No.6	2	1	2	2	1	2	1	16.2	18.0	24.6	22.6
実験 No.7	2	2	1	1	2	2	1	14.9	18.1	24.3	17.2
実験 No.8	2	2	1	2	1	1	2	12.9	15.3	23.0	18.4

6・2・2 L8直交表の場合

L18直交表の場合,全体の自由度が17で,制御因子の自由度の合計が1+7×2=15であったため,17−15=2という全体誤差の自由度を計算することができました.

L8直交表の場合,実験の組みあわせは8通りですから全体の自由度は7です.一方,L8直交表には2水準からなる7個の制御因子を割りつけることができますから,制御因子の自由度の合計は7×1=7になります.そして,全体の自由度から制御因子の自由度の合計を引いて全体誤差の自由度を求めると,7−7=0になってしまいます.そのため,このままでは分散分析ができません.どうしても分散分析をしてp値や寄与率を求めたい場合の手順を紹介します.

L8直交表にのっとって採集したノイズ因子2水準の実験結果と感度,SN比を表6・14に示します.制御因子はAからGまですべて割りつけてありま

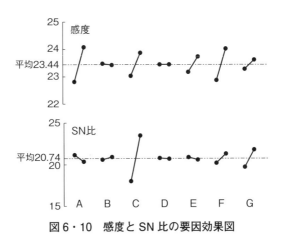

図 6・10 感度と SN 比の要因効果図

表 6・15 感度に関する L8 直交表の分散分析

	f	S	V	F0	p 値〔%〕
A	1	3.20	3.20		
B	1	0.00	0.00		
C	1	1.41	1.41		
D	1	0.00	0.00		
E	1	0.63	0.63		
F	1	2.61	2.61		
G	1	0.23	0.23		
e	0	0.00			
全体	7	8.07			

⬇ 制御因子 B と D をプーリング

	f	S	V	F0	p 値〔%〕	S′	ρ〔%〕
A	1	3.20	3.20	1249.7	0.08	3.19	39.57
C	1	1.41	1.41	551.5	0.18	1.41	17.44
E	1	0.63	0.63	245.5	0.40	0.63	7.75
F	1	2.61	2.61	1019.1	0.10	2.60	32.26
G	1	0.23	0.23	88.1	1.12	0.22	2.76
e	2	0.01	0.00			0.02	0.22
全体	7	8.07				8.07	100

す．また，感度と SN 比の要因効果図を図 6・10 に示します．

図 6・10 より，感度では制御因子 B と D は 2 水準間で要因効果の差が非常

に小さくなっています。SN比ではB，D，Eの要因効果の差が小さくなっています。

　感度の場合，制御因子BやDはその水準のどちらを選択しても感度を変化させることがない，と判断できます。この水準間のわずかな差は偶然誤差の範疇とみなし，この制御因子をプーリング対象とします。その結果，この2つの制御因子の自由度と偏差平方和を足し合わせて全体誤差とすることで，**表6・15**に示すように分散分析が可能になります。

　SN比についても同様に制御因子B，D，Eをプーリングしますが，絶対に偶然誤差とはいえない場合もありますので，制御因子を1つずつプーリングしてみて，傾向をみながら作業を進めたほうがよいでしょう。

6・2・3　L8直交表〜交互作用の検証

　L8直交表のA，B，D，G列に3〜4個の因子を割りつけて採集した実験結果をもとに，因子間の交互作用の推定値と実際の値を比較することで，交互作用の再現性を調べることができることを6・1・3項で紹介しました。この項ではその手順を説明します。

　表6・16は同じ機能が期待されている2つのシステムについて，ベンチマークテストを行って感度を求めた結果です。L8直交表にのっとって実施したパラメータ設計の結果ではありませんので注意してください。想定外のノイズに対しても抗たん性を高めるためには，ノイズ因子間の交互作用の影響を受けにくいほうがよいと考えられます。

　そこで，評価対象である2つのシステムそれぞれについて，ノイズ因子間の交互作用を検証するために，2水準からなる3種類のノイズをL8直交表に割りつけて実験を行いました。表6・16に実験結果，**表6・17**にそれぞれのシステムについての要因効果の補助表を示します。

　それでは，ノイズ因子AとBでそれぞれの水準を組みあわせた時の，感度の推定値と実際に観測された値をシステムごとにまとめます。システム1のA1とB1を組みあわせた場合の推定値は，表6・17のA1(39.49)とB1(39.46)を足してシステム1の感度の全体平均（表6・16の最下段：39.41）を引いた値になります。また，実際に観測された値は，A1とB1がかかわっている

表6・16 ノイズ因子・水準の組みあわせと感度

ノイズ組みあわせ	A	B	C	D	E	F	G	システム1 感度 [db]	システム2 感度 [db]
No. 1	1	1		1				39.42	37.27
No. 2	1	1		2				39.65	36.39
No. 3	1	2		1				39.37	36.91
No. 4	1	2		2				39.53	35.35
No. 5	2	1		1				39.37	37.75
No. 6	2	1		2				39.41	37.68
No. 7	2	2		1				39.16	28.68
No. 8	2	2		2				39.34	36.14
							平均	39.41	35.77

表6・17 感度の要因効果の補助表

システム1	A	B	C	D	E	F	G
第1水準	39.49	39.46	39.39	39.33	39.38	39.41	39.38
第2水準	39.32	39.35	39.42	39.48	39.43	39.40	39.43

システム2	A	B	C	D	E	F	G
第1水準	36.48	37.27	34.62	35.15	37.00	36.63	34.74
第2水準	35.06	34.27	36.92	36.39	34.54	34.91	36.80

No. 1 (39.42) と No. 2 (39.65) の平均です．

このような計算をして，ノイズAとノイズBの組みあわせによる交互作用を表6・18のようにまとめます．2つのシステムで，その他のノイズ因子の組みあわせについても同様にまとめて，その結果を図6・11のようにグラフを作り可視化します．

この結果，システム1はノイズ因子の交互作用の推定値と実際に観測された値の並び方が似ていて，その差が小さいのに対して，システム2は差が大きく，ノイズAの第2水準とノイズDの組みあわせでは並び方向が逆になっています．

交互作用の推定値に対して実際に観測された値の再現性が悪いということは，ノイズに対するシステムの抗たん性が悪いということで，さらに，想定外のノイズに対して脆弱である，という懸念があるので注意が必要です．

この章では直交表の性質や，直交表にのっとって採集されたデータの解析方法，交互作用の検証方法などを説明してきました．パラメータ設計で実際に制

表6・18　システム1のノイズAとノイズBの交互作用の推定値と実際

推定	A1	A2	実際	A1	A2
B1	39.54	39.38	B1	39.54	39.39
B2	39.44	39.26	B2	39.45	39.25

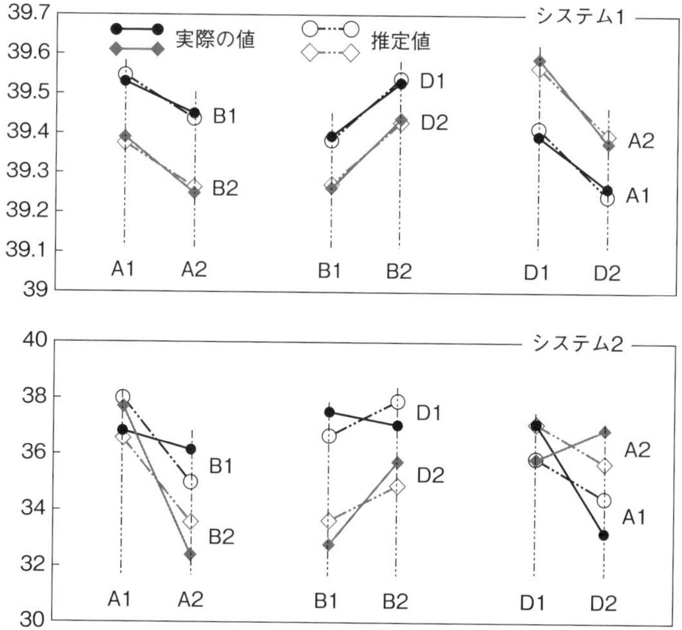

図6・11　交互作用の可視化

御因子を直交表に割りつける時のテクニックや，具体的な水準選択の方法については第7章で解説します．

6・3　L9直交表とL18直交表

この章の最後にちょっとした裏技を紹介します．

「制御因子も4つと少ないし，結論が早くほしいのでL9直交表で実験をしたいのですが……」とA君．

「L9直交表は1列と2列の交互作用が3列と4列にあらわれるので，いくら制御因子が4つだからといっても，L18直交表で実験を組んだほうがいいよ」

表6・19 L9直交表

	A	B	C	D
No. 1	1	1	1	1
No. 2	1	2	2	2
No. 3	1	3	3	3
No. 4	2	1	2	3
No. 5	2	2	3	1
No. 6	2	3	1	2
No. 7	3	1	3	2
No. 8	3	2	1	3
No. 9	3	3	2	1

表6・20 L18直交表とL9直交表の類似点

実験No	A	B	C	D	E	F	G	H
No1	1	1	1	1	1	1	1	1
No2	1	1	2	2	2	2	2	2
No3	1	1	3	3	3	3	3	3
No4	1	2	1	1	2	2	3	3
No5	1	2	2	2	3	3	1	1
No6	1	2	3	3	1	1	2	2
No7	1	3	1	2	1	3	2	3
No8	1	3	2	3	2	1	3	1
No9	1	3	3	1	3	2	1	2
No10	2	1	1	3	3	2	2	1
No11	2	1	2	1	1	3	3	2
No12	2	1	3	2	2	1	1	3
No13	2	2	1	2	3	1	3	2
No14	2	2	2	3	1	2	1	3
No15	2	2	3	1	2	3	2	1
No16	2	3	1	3	2	3	1	2
No17	2	3	2	1	3	1	2	3
No18	2	3	3	2	1	2	3	1

と私.

「ならば，とりあえずL9直交表で実験を組んで，確認実験（第7章で解説します）をして再現性が得られなかった場合は，9通りの組みあわせの実験をあらたに追加して，L18直交表の実験に組みなおしてから再解析できないですか？」とA君．

「そんなに都合のよいはなしは……」と，いいつつも調べてみたところ，こ

第6章 直交表を使いこなすために

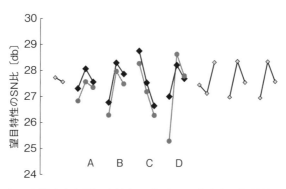

図6・12 L9直交表とデータ追加によるL18直交表の解析結果の比較

れができるような方法がありました．

表6・19がL9直交表になります．そして，**表6・20**にL9直交表との類似点をあきらかにしたL18直交表を示しました．

もし，評価の対象が4つの制御因子のときはL9直交表に割りつけて実験を行い，確認実験での再現性が得られないなどの問題が発生した場合，L18直交表のB，C，D，E列に4つの制御因子を再度割りつけて，No. 4からNo. 12の実験を行ってデータが採集できれば，L18直交表にのっとって採集したデータとして解析することが可能になります．

しかし，この方法は急いで結果を出さなければならないような非常事態での対応に限ったほうがよいでしょう．正攻法は最初からL18直交表にのっとって実験を計画して実施することです．

参考までに，この時，実施したL9直交表にのっとった実験結果から解析した望目特性のSN比と，追加実験をおこなってL18直交表にのっとった実験結果から解析した結果の比較を**図6・12**に示します．

この事例ではSN比の要因効果の値には違いがあらわれましたが，幸運なことに，要因効果の並びは同じような傾向になりました．

第7章

パラメータ設計
実験計画から確認実験，最適化まで

7・1 パラメータ設計の準備

7・1・1 パラメータ設計のながれを確認する

　この章では今まで学んできた品質工学の思想や知識をつなぎ合わせ，パラメータ設計を実施するための手順をまとめています．そのなかには筆者の経験から得たいくつかのノウハウやアイディアも含まれています．皆さんがパラメータ設計を実施される時に少しでもお役に立つことができれば，と思っています．

　また，章の後半では，L18直交表を使って実験計画を立案し，実験で得られたデータを解析するために，筆者が制作したExcel_VBAファイルのダウンロード方法を記載しています．このファイルには，これから紹介するいくつかの機能も実装しています．ぜひ，使ってみてください．なお，このファイルは7・2・1項に記載した使用許諾内容に同意していただいたことを前提としてご使用いただけます．

　それでは，パラメータ設計の手順をながれにそって説明していきます．

　パラメータ設計を実施して実験が成功し成果を得るためには，そのながれを十分に理解したうえで，それぞれの段階での留意点に気をつけて注意深く進めていく必要があります．例えばL18直交表にのっとって実験を進めていく場合，18通りのシステムを具現化し，少なくとも2水準のノイズを印加して実験するわけですから，実験を開始した後，途中でなんらかの変更や修正が必要になってしまうと，それまで集めたデータと時間がむだになってしまいます．

　まず，パラメータ設計のながれをまとめます．

1. パラメータ設計の対象であるシステムについて，なにをどうしたいのか，という目的を明確にして目標を決める．
2. 対象であるシステムが目的としている変換機としての機能を，エネルギ，物質，情報の3つの要素から確認する．
3. そのシステムが機能を発揮するために，原理として働いている自然科学の法則や工学的原理を明確にする．それらの入出力関係を計測できる技術がある場合，それを基本機能とした実験計画に進む．
4. 基本機能が見つけられない，あるいは，基本機能を計測する手段がないのであれば，システムの入出力関係自体を計測の対象とした実験計画に進む．
5. システムの機能を妨害すると考えられる外乱と内乱を検討して，2～3組の調合ノイズのレシピを作成する．この時，実験を行うときに再現性よく調整，制御できない環境要因があるときは，その環境要因について幅を広くとって2つの状態としてノイズ因子に調合する．
6. 設計者として自由に採用できる選択肢がある設計要素を制御因子として抽出し，制御因子の数とそれぞれの水準数に応じて，使用する直交表を混合型直交表のなかから選択する．可能であればテストピースによる実験を検討する．
7. 制御因子とその水準を直交表に割りつける．この時，第1水準に割りつけるべき選択肢の決め方や，多水準割付，ダミー水準割付，水準ずらしなど，7・1・2節で説明するテクニックがあるので，必要な場合はそれらを利用する．
8. 直交表に指示された各制御因子の水準の組みあわせを具現化できるように，部品などを設計して手配する．
9. 調整，制御された実験環境を用意する．部品組立の順番，ねじを締める順番，締め付けトルクなどもできるかぎり厳密に定める．逆に，組立順番を2つ用意してノイズ因子に調合してもよい．
10. 直交表に示された実験の順番は無作為に決めるのがよいが，組み換えのしやすさなどに着目して実験能率を優先してもよい．
11. 直交表に示された実験を実施してデータを採集する．

12. 得られたデータから実験ごとに感度とSN比を計算して，要因効果の補助表を作成し，要因効果図を描いて情報を可視化する．
13. 7・1・5項で説明する確認実験の準備として，設計者が最適と考える水準を制御因子ごとに決めた『最適条件（最適組みあわせ）』とそれとは別に現行の条件，または，最悪の条件である『対抗条件（対抗組みあわせ）』を決める．
14. 確認実験を実施してデータを採集する．
15. 確認実験の結果を解析して感度とSN比，そして両者の利得とその再現性を計算する．
16. 利得の再現性を評価して，実験計画や実験工程の妥当性を検査し，その結果をもとに得られた情報の信頼性を判断する．
17. 時間とコストに余裕があれば，最適条件について今回取りあげなかったノイズ因子を印加して実験してみる．

以上が，直交表にのっとったパラメータ設計のながれになります．

7・1・2 実験計画の立案と準備段階での留意点

この項では前項で述べた1～8までの内容について説明し，留意すべき点などをあげていきます．

まず，実験計画の立案においてもっとも重要なことが，目的を明確にし目標を決めることです．ここをあいまいなまま進めていくとせっかく実験をしてデータが採集できたとしても，本来の目的を果たしたり，目標を達成したりすることが難しくなります．特に複数のメンバーで共同して実験計画を立てる場合，言葉1つひとつの認識も十分にすり合わせておく必要があります．

次に，評価対象のシステムの入出力関係を明確にするために，エネルギ，物質，情報のながれや変換機能を整理します．この時，品質管理七つ道具の特性要因図などを使うとよいでしょう．

また，システムを構成するいくつかのサブシステムに機能分解して，それぞれについて検討を加えることで，本当に評価すべき対象が明らかになることもあります．その結果，システム自体を直接評価するのではなく，サブシステムの原理となる機能をテストピースで評価することで，問題を解決できる可能性

第7章 パラメータ設計 実験計画から確認実験，最適化まで

もめばえます．

　パラメータ設計ではなるべく基本機能を動特性で評価することを推奨しています．そのほうが得られる情報の質と量が高まるからです．しかし，実験に使える時間とコストに限りがあるのも事実ですから，テストピースによる動特性評価でも有益な情報が得られる可能性があると考えられる場合は，それの実施も追求してもよいでしょう．

　さて，調合ノイズのレシピ作りですが，これは非常に大切なことです．直交表の内側に割りつける制御因子をあげるのは，それほど難しいことではありませんが，対象としているシステムにとってなにが外乱になって，なにが内乱になるか，いろいろな観点からながめて慎重に決定する必要があります．このとき，関連製品に関する過去のクレームの原因や，品質管理情報などは有効な情報源です．

　なお，ノイズを印加して実験をするのは仕様書を満足するか，の確認ではなく，システムの脆弱性を積極的に顕在化するためである，ということを忘れないでください．

　さて，調合ノイズの水準数ですが，筆者は2水準で十分だと考えます．そのかわり，永続的に活用できるような複数のノイズが適正に調合されたレシピを作りこむため，調合ノイズの情報はしっかりと記録として残すようにしましょう．

　ところで，調温，調湿が可能な実験室があると，温度や湿度をノイズとして調合したり，逆に一定に保ったりすることができるので実験をする時にはとても有益ですが，多くの場合，それを望むことは難しいでしょう．

　筆者は温度をノイズとして扱う時，環境試験機や恒温槽，あるいは保冷・保温庫を使うようにしています．しかし，それらを使って実験をするには，設定した温度条件にいたるまで時間がかかります．まして，そのなかに置いた評価対象が目標とする温度になるにはさらに時間がかかります．そのため，実験を短時間で終わらせなければいけない時には，冷却スプレーとヘアードライヤーを使うことがあります．

　筆者が対象としている技術評価が，テーブル上でもできるほど小型なものであるからできることですが，これでもノイズ因子の水準効果は十分に観測できます．つまり，ノイズ因子のテストピース化です．ただし，冷却スプレーを噴

射する距離・方向・時間を一定にするなど，ノイズを印加する時，ノイズ効果の再現性には十分配慮する必要があります．

筆者の方針として，制御因子の割りつけでは，なるべく空き列をつくらないようにしています．L18直交表の場合，8個の制御因子を割りつけることができます．システムを構成する制御因子が4～5個程度しかない場合，電源コードのさばき方やモーターのリード線の長さなど，そのシステムの機能にはまったく影響を及ぼさないと考えられるものでも，なにか見つけて割りつけます．

その結果，予想通りにそれらの感度とSN比がともに水準間で要因効果の差が小さければ，それは，実験によって確認できた情報になります．その後，追加の実験などをする時にそれらの水準はどれを選んでもよい，つまり，気にしなくてよい，という情報が得られたことになります．

筆者が所属していた地方研究会での事例で，センサから計測器につながるケーブルのさばき方の違いがSN比の要因効果の違いとしてあらわれた，ということがありました．直交表にケーブルのさばき方など，本来システムの機能に影響を与えないであろうと思われるものも取りあげて，空き列を作らないように直交表に割りつけたので，このような情報を得ることができたのです．

続いて，直交表に制御因子とその水準を割りつけるときのテクニックと留意点をまとめます．

L18直交表では，7個の制御因子で3水準の割付ができます．それらはすべて3水準用意して割りつけなければいけないわけではありません．2水準だけを割りつけることもできます．これをダミー水準法といいます．

ある列にダミー水準法を採用した場合，例えば，第1水準を採用する実験が12組，第2水準を採用する実験が6組となるので，その列と他の列の直交性が失われます．そのため，3つの水準のうちどれとどれを組みあわせて1つの水準にするか，で結果に大きく影響する場合もあります．

これも筆者の考えですが，ダミー水準法を使って2水準しか割りつけない場合でも，一般的な品質工学の教科書にあるような2水準として要因効果を求める作業と，実際は2水準だけれども，3水準割りつけたことにして3つの要因効果を求める作業を行い，2通りの解析結果を確認すればよいと思います．2水準で解析した場合と3水準で解析した場合の要因効果図を見比べることで，

第7章 パラメータ設計 実験計画から確認実験，最適化まで

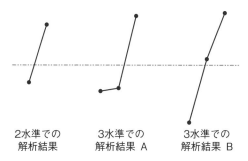

2水準での　　　3水準での　　　3水準での
解析結果　　　解析結果 A　　　解析結果 B

図7・1　ダミー水準法と3水準で解析した結果の要因効果図

交互作用の強度や実験自体の信頼性が確認できる場合があります．

図7・1は，ある制御因子の第1水準と第2水準に同じ選択肢を割りつけて実験結果を解析した場合の要因効果図です．3水準で解析した結果 A は第1水準と第2水準の差が小さく，両者には同じ選択肢が割りつけられていた結果である，と実証できます．しかし，結果 B の場合は第1水準と第2水準の差が大きいので，両者に同じ選択肢が割りつけられていたとは考えにくい状況です．これは，制御因子間の交互作用が強いとか，実験計画自体の信頼性が乏しいことに結びつきます．

また，L18直交表の場合，6・1・2項で述べたようにA列とB列はほかの列とは性質が異なります．しかし，このA列とB列を1つの列とすることで6水準の割りつけが可能になります．これを多水準の割付といいます．

この場合も6水準をダミー水準法により5とか4水準で割りつけることが可能です．

この結果，L18直交表は，**表7・1**のような構造になり，1因子が6水準，6因子が3水準の割付が可能になります．ただし，6水準を割りつけているので同じ水準の実験データが3組しか採集できないことになり，他の列よりも要因効果に関する情報の信頼性が低くなる可能性があります．

直交表への制御因子や水準の割付は思いつくまま行うと失敗します．ある列の制御因子が他の列と交互作用を持つことがあるからです．パラメータ設計の修得のために研修で実施されるカミコプターという自由落下する有翼の回転体があります．紙で**図7・2**のような造作をします．

この時，制御因子として当然のごとく，翼の長さ：Lと幅：Wを採用した

223

表7・1 6水準を割りつけることができるL18直交表の多水準化

制御因子と水準	A & B		C	D	E	F	G	H
第1水準	11	14	31	41	51	61	71	81
第2水準	12	15	32	42	52	62	72	82
第3水準	13	16	33	43	53	63	73	83

	A & B	C	D	E	F	G	H
実験 No. 1	11	31	41	51	61	71	81
実験 No. 2	11	32	42	52	62	72	82
実験 No. 3	11	33	43	53	63	73	83
実験 No. 4	12	31	41	52	62	73	83
実験 No. 5	12	32	42	53	63	71	81
実験 No. 6	12	33	43	51	61	72	82
実験 No. 7	13	31	42	51	63	72	83
実験 No. 8	13	32	43	52	61	73	81
実験 No. 9	13	33	41	53	62	71	82
実験 No. 10	14	31	43	53	62	72	81
実験 No. 11	14	32	41	51	63	73	82
実験 No. 12	14	33	42	52	61	71	83
実験 No. 13	15	31	42	53	61	73	82
実験 No. 14	15	32	43	51	62	71	83
実験 No. 15	15	33	41	52	63	72	81
実験 No. 16	16	31	43	52	63	71	82
実験 No. 17	16	32	41	53	61	72	83
実験 No. 18	16	33	42	51	62	73	81

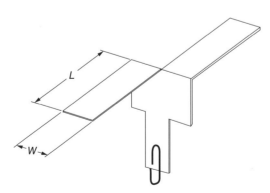

図7・2 カミコプターの翼という重用諸元の寸法

第7章 パラメータ設計 実験計画から確認実験,最適化まで

くなります.

　しかし,ここで L を 8 cm,10 cm,12 cm,W を 2.5 cm,3 cm,3.5 cm のように独立して水準を割りつけてしまうと,翼面積という落下体にとって最重要となる特性が 8 通り（30 cm^2 は 2 回出現）できることになります.

　これでは加法性の成立を前提としている直交表にのっとった評価はできません.そこで,翼面積やアスペクト比（L/W）が一定になるようにと L,または,W のいずれかに対して,その水準ごとに他方の制御因子の水準値を変えて割りつけます.このような処置を水準ずらしといいます.

　割付前に制御因子間に交互作用があるか否かを十分に検討しましょう.そして,目につきやすい要因をすぐに制御因子として採用するのではなく,直交表の性質を理解したうえでシステムの本質を追求し,なにを制御因子として採用すればよいか,よく検討しましょう.

　そうすればカミコプターの場合は,翼面積とアスペクト比を制御因子として採用すればよい,という考えにたどりつくはずです.

　ところで,それぞれの制御因子の第 1 水準にはどのような選択肢を採用すべきか,あまり意識されていないかもしれません.筆者は,第 1 水準にはなるべく機能の発揮に寄与しそうもないものとか,ばらつきが大きくなりそうなものを割りつけるようにしています.この理由は次の節で説明します.

　直交表が完成したらいよいよ評価対象となるシステムの具現化です.

　18 通りの異なる子孫を作るわけですから,これを実行するためには,難色を示す上司を説得し,18 通りの子孫を実現するための設計をして部品を手配し,実験室や計測器をおさえ…かなり骨の折れる作業になります.

　特に上司を説得して納得を引きだすのは大変なことだと思います.そんな時には,

　「パラメータ設計は自然の摂理にのっとった開発手法です」という言葉が有効でしょう.

　近年,3D プリンターが普及してきて 18 種の部品を同時に製作することも可能になりました.特に,テストピース製作にはとても有効です.3D プリンターはパラメータ設計と非常に親和性のよい道具だと思います.パラメータ設計でなにか部品として具現化する必要がある場合,ぜひ 3D プリンターの活

用を検討してみてください．

7・1・3　実験を実施するときの心得

　L18直交表にのっとった実験を行うために手配した部品がそろいました．早速，組みたてて実験しようとなるのですが，ここで大切なことがあります．

　組立作業において，再現性の確保を強く意識することです．L18直交表で指示された内容を具現化するとき，システムを分解，再組立という工程が必ずあります．この時，組立の順番だけでなく，締結用のねじをしめるドライバーも同じものを使い，同じトルクで締めつける，というところまで気を使うべきです．

　L18の実験が完了して確認実験を行ったとき，再現性が得られなかった場合，あれやこれやいろいろ原因を考えることになりがちです．しかし，上記のような意識を持って実験に臨んでいたのであれば，少なくとも，組立の順番や，工具，締めつけトルクの違いが再現性を悪くしていたのではないか？　という疑念を持たずにすみます．

　筆者は過去，試作品の検証で組立の順番をノイズ因子として調合したことがあります．結果として，それが機能に影響を与えるという情報が得られ，製品化の前に事前に組立治具を用意することができ，安定した生産に移行することができました．

　次に，実験をする順番についてですが，統計学でのサンプリングの条件どおり，無作為に行うのが基本です．しかし，分解，再組立の観点から実験の能率を優先して順番を決めても構わないと思います．ただし，実験環境や組立工程手順などが調整，制御できている場合には，という条件がつきます．

　7・1・2項で，各制御因子のなかでもっとも特性やふるまいが悪いと想像される水準を第1水準に採用するとよい，と述べました．そして，この割付が実現できている時には，最初の実験はNo.1とします．この理由を説明します．

　No.1の制御因子の水準はすべて第1水準で構成されています．そして，この組みあわせは4374通りの群では，辺境に存在しています．しかも，もっとも悪い特性やふるまいになるように構成してある場合，この実験でデータが採集できれば，残りの実験でデータが採集できなくなってしまう，という懸念が大幅に低減でき，以後，安心して実験を進めていくことができるからです．

第7章 パラメータ設計 実験計画から確認実験，最適化まで

あとは，実験ナンバーと各制御因子の水準の整合性に最大限の注意をはらい再組立などを行います．水準ずらしがある場合には特に注意しましょう．そして，調合ノイズ因子の水準の組みあわせ，信号因子の水準など間違えないように実験を進めてデータを採集していきます．

7・1・4 実験結果の解析

実験データの採集が完了したら，いよいよデータの解析を始めたいところですが，まずは採集した生データをしっかり確認します．ただ数値をながめるだけでなく，グラフを描いて可視化します．特に動特性の場合，18通りの実験の入出力関係を散布図で確認します．そして，ノイズ因子の水準効果も確認しておきます．

生データの確認が終わって実験や計測に問題がなかったと判断できたら，すべての実験結果から実験ナンバーごとに，感度とSN比を計算します．数式は第5章に示した通りです．そして，第6章で説明したように感度とSN比の要因効果の補助表を作成します．

その結果をもとに感度とSN比の要因効果図を作成します．これをもとにシステムを最適化するため，制御因子ごとに最適と判断される水準を選択していきます．

それでは要因効果図の見かたを解説します．直交表にのっとった実験で採集されたデータを解析すると，図7・3のように感度（下）とSN比（上）それぞれの要因効果図が得られます．

一般的な開発過程では感度が気になるところですが，パラメータ設計では先にSN比に着目します．パラメータ設計の第1の目的は，安定して機能する制御因子の水準を見つけることだからです．

SN比の要因効果図で水準間に大きな差がある場合，感度の値にとらわれず高いSN比を示す水準を，まずは，その制御因子の最適水準とします．図7・3の場合，A2, B3, D1, E3, F3, H1が最適水準です．

その結果，それに対応する感度の値も自動的に決まります．A2, B3は感度を大きくしD1, H1は感度を小さくします．E3, F3は感度にはほとんど影響していません．

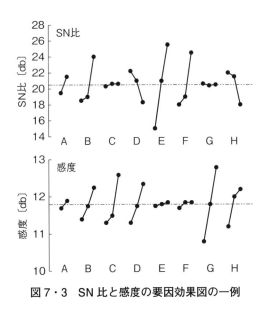

図7・3　SN比と感度の要因効果図の一例

　さて，制御因子CとGはSN比の水準間要因効果は微弱です．しかし，感度には大きな差が見られます．このようなふるまいをする制御因子が見つかった場合，それはとても幸運なことです．制御因子Cの感度は第1水準を選択すればSN比に大きな違いがでないまま感度を下げることができます．また，第3水準を選択すれば感度をあげることができます．つまり，ばらつきに影響を与えずに感度をあやつることができるわけです．

　そして，制御因子Gはさらに優秀です．特に，制御因子Gの水準が連続性のある量的変数であった場合，第1水準の値と第3水準の値の間で，自由に感度の値を調整できる未知の水準が存在する可能性があるからです．このように便利な特性を持つ制御因子CやHをチューニング因子と呼びます．

　しかし，このように都合よくふるまってくれる制御因子が見つかるのか，と疑問を持たれることでしょう．このようにふるまう制御因子を1つでも2つでも見つけるために，直交表にのっとって多数の制御因子を割りつけて実験する，これがパラメータ設計がとっている戦術になるのです．

　以上が，要因効果図を使った最適水準の探索法になります．

　田口がパラメータ設計を提案したときから，技術をとりまく環境は大きく変

第7章 パラメータ設計 実験計画から確認実験，最適化まで

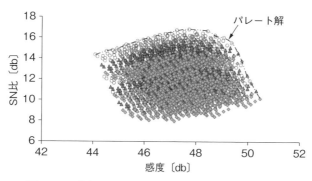

図7・4 感度-SN比散布図による要因効果の可視化

化しています．PCが活用できるようになったからです．そこで，筆者は，感度とSN比の要因効果図だけでなく，別な要因効果の可視化を提案します．

感度とSN比の要因効果の補助表は，制御因子ごとの水準の組みあわせで，補助表に示された情報を総当たりすると4,374通りの組みあわせとなります．各制御因子の水準ごとに感度とSN比の要因効果（推定値）は抽出されているわけですから，PCを使えば簡単に4,374通りすべてについて感度とSN比を推定することが可能になります．

そして，得られた4,374対の感度とSN比を，感度を横軸，SN比を縦軸として散布図を描きます．これを感度-SN比散布図となづけました．一例を図7・4に示します．

このように可視化することで，ある感度の領域において最大のSN比となる組みあわせが自然にみてとれます．

そして，最大となるSN比を示すプロットを感度のとる領域全体で結んだものが，パレート解と呼ばれる集合になります．したがって，ある感度が欲しい時には，その感度でのパレート解を選べばよい，ということになります．逆説的にいうと，現在得られている情報では任意の感度においてパレート解のSN比より高いSN比を望むことはできない，ということです．

例えば，直交表にのっとった実験で図7・4のような結果が得られた時，感度が49〔db〕より大きくなると急激にSN比が低下することがわかります．もし，対象システムの感度の理想値が50〔db〕ならば，なんらかの手段を講

229

じてパレート解を右にずらす方法を見いだす技術活動をするべきである，と即座に判断できます．

また，感度-SN比散布図は他にもいろいろ使い道があります．図7・4はある制御因子の水準ごとにプロットシンボル（○，▲，◇）を変えています．

このようにすると，どの水準が感度の増減に関係し，どの水準がSN比の高低に寄与しているか，という情報も一目瞭然です．

そして，感度-SN比散布図のもっとも有益な使い方を紹介します．

要因効果はL18直交表で提示された制御因子ごとの水準を組みあわせて実験をしています．当然，現実の実験結果が採集されています．

一方，その結果をもとに感度とSN比を計算し，さらにそれをもとに制御因子ごとに水準の要因効果を推定します．4374通りのなかから選択された18通りの実験については，感度とSN比それぞれ現実の値と推定値の両方を認識することができます．

この現実の値と推定値を感度-SN比散布図にあてはめてみます．その結果が図7・5と図7・6です．図中の18個の大きい○は感度とSN比の推定値をプロットしたもので，小さい●は実際の値です．図7・5では，両プロットが非常に近い位置に散布されているのに対して，図7・6はぴったり一致しているものもあれば離れているものもあります．この感度-SN比散布図の観察から，図7・5の場合は再現性が良好で，図7・6の場合は再現性を期待できない，と想像することができます．

事実，図7・5はこの後説明する確認実験で利得の再現性が非常に高く，図7・6では利得の再現性があまり高くありませんでした．この情報を，確認実験を行う前に確認できるのが感度-SN比散布図の強力な効果です．また，この可視化によって，自身が採用した18通りの実験組みあわせが全体のなかでどのような位置に存在するものであったか，も確認できます．

この可視化は制御因子の水準が質的変数の場合は当然ですが，量的変数であっても，とる値が離散的な場合には有効な要因効果の可視化方法になります．

7・1・5　確認実験の実施と再現性の検査

まず，確認実験の目的と意義を説明します．確認実験の目的は，直交表に

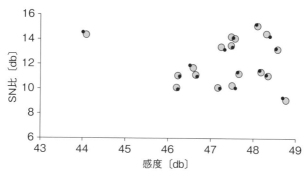

図7・5 再現性が良好なときの18組の実験結果による感度・SN比散布図

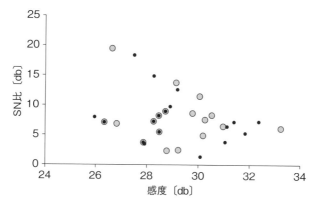

図7・6 再現性が悪いときの18組の実験結果による感度・SN比散布図

のっとって実施した実験自体が妥当か，という検査と，直交表にのっとった実験から得られた感度とSN比の要因効果を信頼してよいか，を判断することです．

　実験自体の検査とは，おもに採用した制御因子間で交互作用が発生するような割付がなされていなかったか，つまり，7・1・2項で紹介したカミコプターで，制御因子として"翼長"と"翼幅"のような特性を割りつけていなかったか，を確認することです．もし，制御因子間で交互作用が発生していると，それらの制御因子を使っていては，この後行うシステムの最適化の望みが薄くなるためです．また，実験した環境や計測器などに，システムの機能をばらつかせる未知のノイズが存在していなかったか，も確認することです．

筆者が協力したある実験は，直交表にのっとった実験を夏休みの実験室で行いました．夏休みが終わってから確認実験をしたのですが，感度，SN 比とも再現しませんでした．実は，夏休みの実験室では1人だけで実験をしていました．しかし，夏休みあけの実験室は不特定，多数の人間が出入りしていて，その呼気によって冷房をいれて閉めきった部屋の二酸化炭素濃度が，高めで変動していました．結果として，この二酸化炭素濃度の高さと変動が，未知のノイズとしてシステムの機能の発揮をばらつかせていることを知りました．

その後，実験室への入室を制限して再度確認実験を行ったところ，感度，SN 比とも良好な再現性を得ることができました．

それでは，確認実験はどのように実施して，なにをもって成功と判断するのか，を説明します．

まず，設計者が目標とするシステムの姿を実現できると判断した最適水準を組みあわせたモノを最適条件として用意します．同時に，別の水準を組みあわせたモノも対抗条件として用意します．対抗条件の水準は現在実在するモノがあるならば，現行の条件としてこれを採用します．新規開発案件のように現状実在するモノがない場合は，SN 比が最悪となる水準を組みあわせます．感度が最悪になる組みあわせをすると実験データが採集できなくなる可能性があります．そして，用意したこの2つのモノで確認実験を行います．

実験に先だって，2つの条件の感度と SN 比を推定します．感度と SN 比それぞれの要因効果から推定するのですが，その計算方法は，採用する制御因子ごとに選択した水準の要因効果を足しあわせ，採用する制御因子の個数から1を引いて全体平均に掛けた値を引きます．L18 直交表にのっとって，8個の制御因子を採用している時は，

"制御因子 A で選択した水準の要因効果"
　　+ "制御因子 B で選択した水準の要因効果"
　　　+ "制御因子 C で選択した水準の要因効果"
　　　　+ "制御因子 D で選択した水準の要因効果"
　　　　　+ "制御因子 E で選択した水準の要因効果"
　　　　　　+ "制御因子 F で選択した水準の要因効果"
　　　　　　　+ "制御因子 G で選択した水準の要因効果"

　　　　　　　＋"制御因子Hで選択した水準の要因効果"
　　　　　　　　　　－7×"全体平均"
で計算します．各制御因子の要因効果は全体平均からの増減量ではなく，全体平均の値も含めた値で提示されているので，8個の制御因子の増減分を計算し，それに全体平均を加えることで推定値になる，という原理からこのような計算になります．

　このようにして最適条件と対抗条件について，それぞれの感度とSN比，合計4個の値を推定しておきます．

　確認実験の実施では，直交表にのっとった実験を行ったときの諸条件をしっかりと再現させた環境で行います．また，調合ノイズのレシピや信号因子の水準も遵守します．

　実験を行い採集したデータをもとに，最適条件と対抗条件の感度とSN比，合計4個の値を計算します．しかし，この4個の結果を直接それぞれの推定値と比較しません．最適条件と対抗条件の値の差を利得と呼び，この利得を推定値と実際に観測された結果から計算した値それぞれ求め，

　　"利得の再現性"＝"実験で得られた利得"/"推定値の利得"×100

の計算式で計算し，百分率としてあらわします．表7・2に利得の再現性を調べてまとめた結果の一例を示します．

　感度の実験結果の利得が推定した利得の70～130％程度の範囲にあれば，最初の直交表にのっとった実験と，確認実験との間に再現性が担保されたと考えます．そして，すべての実験を通して得られた感度に関する情報の信頼性があ

表7・2　感度とSN比の利得の再現性　まとめ方

感度　再現性	推定値	実験結果	推定値－実験値
最適条件	47.72	47.75	－0.03
対抗条件	47.16	47.12	0.04
利得	0.56	0.63	
再現性	112.5％		

SN比　再現性	推定値	実験結果	推定値－実験値
最適条件	16.80	18.30	－1.50
対抗条件	7.99	8.40	－0.41
利得	8.81	9.90	
再現性	112.3％		

ると判断します．そして，その情報をもとにした技術活動は成功する可能性が高いと結論づけます．

SN比の場合も同様に利得が70〜130％の再現性があれば理想的ですが8・2節で説明するように，感度に比べて原理的にSN比の再現性は悪くなるので，それほど気にする必要はない，と筆者は考えます．

このように利得の再現性が確認されれば，パラメータ設計を通じて得られた情報が活用でき，その後の技術活動においても目標とする感度において，高いSN比を獲得できる技術と，それらが担保された成果物を実現できる可能性が高くなります．

その結果，工場での不適合品の発生を抑制できるだけでなく，市場にもトラブル，クレームの少ない商品を供給することができるため，企業としてのブランド力の向上，そしてそれを通じてシェアの拡大と利益の増大に結びつき，それはやがては技術者たちにも還元され，多くの人々に幸福をもたらすことになることでしょう．

7・2 L18直交表 実験計画から解析の体験

7・2・1 L18直交表〜解析支援ファイルのダウンロード

L18直交表実験の実験計画から解析までを支援するために，教材としていくつかのExcelファイルを用意しました．

このファイルは，本書籍をご購入していただいた方に日刊工業新聞社のインターネットサイトのページ

> http://pub.nikkan.co.jp/html/hinshitsukougaku

から無償でダウンロードしていただけます．

また，本書で使用するその他のファイルも一緒にダウンロードされます．ファイル群のダウンロードにあたっては，以下の使用許諾書をご熟読，ご了承の上，実行してください．

第7章 パラメータ設計　実験計画から確認実験，最適化まで

■使用条件の許諾に関する条項

　以下に明記する使用条件を承諾のうえ，「**品質工学 Excel VBA ファイル群**」のダウンロードを実行してください．ダウンロードの実行により，以下に記載の使用条件を承諾されたことといたします．なお，「**品質工学 Excel VBA ファイル群**」とは，『L18直交表実験_静特性.xls』，『L18直交表実験_動特性.xls』，『6水準_静特性.xls』，『6水準_動特性.xls』，『中心極限実験.xls』，『損失関数.xls』，『静特性チュートリアル.xls』，『動特性チュートリアル.xls』の8個のExcelファイルと『取扱説明書.pdf』が対象となります．

1. 日刊工業新聞社のインターネットサイトよりダウンロードすることで使用可能になる「**品質工学 Excel VBA ファイル群**」は，Microsoft® Excel2000で制作しています．今後，Excel，および，Microsoft® Officeのヴァージョンアップにともない，使用できなくなる懸念があることを認識してダウンロードしてください．
2. 当該「**品質工学 Excel VBA ファイル群**」を再頒布，再配布しないこと．
3. 当該「**品質工学 Excel VBA ファイル群**」は無償で提供する教材であり，自己責任にて使用すること．当該ファイル群を使用し解析・検証した内容をもとに評価した結果を用いて発生した損害・損失について，出版社，著者，書籍販売者に賠償をもとめないこと．
4. 当該「**品質工学 Excel VBA ファイル群**」を保存したパソコンになんらかの障害が発生したとしても，出版社，著者，書籍販売者に賠償をもとめないこと．
5. 当該「**品質工学 Excel VBA ファイル群**」は個人のパソコンにのみ保存すること．公開，非公開を問わず，不特定多数の人が利用可能なサーバなどには保存しないこと．
6. 当該「**品質工学 Excel VBA ファイル群**」は著作権法によって保護されています．プログラムの解析，改造はしないこと．

　　以上．

7・2・2　解析ファイルの説明

「**品質工学 Excel VBA ファイル群**」は日刊工業新聞社のインターネットサイトからダウンロードできます．圧縮されたファイルのサイズは約 **6MB** です．

「**品質工学 Excel VBA ファイル群**」には『L18 直交表実験_静特性』，『L18 直交表実験_動特性』，『6 水準_静特性』，『6 水準_動特性』という 4 つの L18 直交表実験を実施する時に使用できる Excel ファイルが含まれています．

これらのファイルは VBA によるマクロ機能が実装されています．ファイルを使う場合は，マクロのセキュリティレベルをマクロが実行できるように設定する必要があります．詳しくは，Microsoft 社のホームページなどで確認してください．

この 4 つのファイルでは，品質工学の静特性，動特性の評価を行う場合の実験計画立案後の L18 直交表への割付，データ入力，解析，要因効果図の生成，分散分析とプーリングの実施，最適化のための最適水準と対抗水準の設定，確認実験のデータ入力と解析というパラメータ設計における一連の処理が簡単な操作で実行できます．詳しくは，『取扱説明書.pdf』を参照してください．

4 つのファイルともすべての制御因子の列でダミー水準が自由に設定可能です．また，7・1・4 項で紹介した『感度-SN 比散布図』の作成と，それに関するいくつかの機能も実装してあります．そして，第 8 章で紹介する静特性評価のための『SN23』，動特性評価のための『回帰寄与率型 SN 比』，さらに，関西品質工学研究会のご許可をいただき『エネルギ比型 SN 比』を静特性，動特性の両方で解析する機能も実装しています．

なお，『取扱説明書.pdf』にしたがって『静特性チュートリアル.xls』，『動特性チュートリアル.xls』を試していただくと理解が深まるものと思います．

「**品質工学 Excel VBA ファイル群**」にはその他，『中心極限実験.xls』と『損失関数.xls』が含まれています．

『中心極限実験.xls』は第 3 章で紹介した，なかなか理解しがたい"中心極限定理"を体験することで，その理解を深めていただけるはずです．

また，『損失関数.xls』は第 4 章で説明した正規分布にしたがう品質特性の総損失金額の確認，カイ 2 乗分布に従う特性の総損失金額の確認，そして，MT 法を使い判別をする時にしきい値となる MD 値の最適化の支援，という 3

つのモデルケースを検証するためのシートで構成されています．

　3章，4章を読む時，これらのファイルが理解を深めるためのお役に立つものと思います．

第8章
SN比について考えてみる

8・1 進化するSN比

　統計をはじめいろいろなデータ解析は，料理にたとえられることがあります．データが食材で解析方法が調理方法です．料理の場合，それを食べる人にとって，もっとも口にあい満足できるように，集めた食材を活かした調理方法を選ぶことが大切です．データ解析では，解析対象に関する情報を引きだし，所望する判定や判断が正しくくだせるようにデータを集め，解析方法を選択することが重要です．

　しかし，データ解析と料理には決定的な違いがあります．料理では調理方法の選択を間違えると，食材がむだに消費されてしまいます．新たに料理をするには，再度食材を調達しなければいけません．しかし，統計解析ではいろいろな解析を試みてもデータは消失しませんから，いろいろな解析を実施して，多方面から別系統の情報を収集できるという点で，料理とはまったく異なります．複数の解析方法を実施することで，そこから得られる情報にも多様性を持たせることができる，ということです．そして，いろいろな情報のなかから，現実との整合性があるものを選択して使えばよいのです．

8・1・1　汎用性と拡張性が大幅に向上―エネルギ比型SN比とは―

　2008年6月に開催された品質工学会の研究発表大会で，新しい概念の画期的なSN比が関西品質工学研究会の会員の方々から提案・発表されました．それがエネルギ比型SN比です．もとは標準SN比の利便性や信頼性の向上を目的とした研究から，その考えに帰着したそうです．

第8章 SN比について考えてみる

　このエネルギ比型SN比は，動特性評価によるパラメータ設計での一連の実験計画と解析における問題の解決や，数々の制約からの解放が可能になるすばらしい考案です．さらに，静特性の望目特性評価にも展開，応用することも可能です．そして，提示された数式も実に単純明快であり，SN比の概念を忠実に再現しているため，非常に理解しやすいものになっています．

　それでは，エネルギ比型SN比の真値を計算する式を示します．

　　動特性の場合　　$\eta_E = \dfrac{S_\beta}{S_N}$　　……(8.1)

　　静特性の場合　　$\eta_E = \dfrac{S_m}{S_e}$　　……(8.2)

　どちらの式も田口のSN比の問題を解決する思想のもとに導出されています．その問題とは5・2・5項で述べたように，田口の動特性のSN比では入力値が大きくなるとそれにともなって，梃子（てこ）関係によりばらつきも拡大されるというアナログ的な思考を前提にしている数理です．このため，同じ原理を基本機能とするシステムや事象であっても，入力する信号の領域や値が異なると，SN比は違う値を示します．その結果，入力信号が違う実験同士では，SN比を比較して評価することができなくなってしまいます．

　表8・1は，2系統の入出力関係がある事象について，動特性の解析をした結果です．

　事象Bは事象Aの入力値と出力値を単純に10倍しています．事象Aはあるモノの長さをcm単位で計測した結果であり，事象Bはそれをmm単位で計測した結果と考えてみると，本質が同じ内容を違う単位系で表示しているにすぎません．しかし，動特性のSN比は両者でまったく異なる値になってしまうのに対して，エネルギ比型SN比は同じ値となり，両者の本質の一致がSN比にも反映されます．

　さて，肝心の計算式の導出ですが，そのながれは単純で明快なものです．5・4・2項では，標準SN比において異なる信号同士の特性を比較するために提案された動特性のSN比の式について，分母のV_Nをrで基準化した(5.34)式を示しました．エネルギ比型SN比は，分子もデータ数：nで基準化します．このとき5・3・4項で説明したV_eを引く補正を行わないことで(8.1)式が得ら

表 8・1　動特性評価での SN 比の計算結果

	事象 A		事象 B	
	入力	出力	入力	出力
	1	1.1	10	11
	2	1.8	20	18
	3	3.3	30	33
	4	3.6	40	36
r		30		3000
S_T		28.30		2830.00
L		29.00		2900.00
S_β		28.03		2803.33
Se		0.27		26.67
Ve		0.09		8.89
感度（真値）：S		0.93		0.93
SN 比（真値）：η		10.48		0.10
エネルギ比型 SN 比：η_E		315.38		315.38

れます．同様の思考で望目特性の SN 比の(8.2)式も導くことができます．

　それでは，同じデータを動特性の SN 比とエネルギ比型 SN 比で，それぞれ解析した場合の両者の関係を調べてみます．**表 8・2** は L18 直交表にのっとって実施した実験結果について動特性の SN 比とエネルギ比型 SN 比を計算したものです．また，**図 8・1** はその結果の散布図で，回帰直線の方程式と寄与率：R^2 を求めました．

　回帰直線の傾きは 1 で y 切片が 3.222 です．また，寄与率：R^2 は 1 です．つまり，両 SN 比まったく等価な評価が可能ということです．

　SN 比は絶対的な尺度ではなく相対的な尺度です．したがって，この散布図の回帰直線の y 切片は，実用上まったく問題にはなりません．

　エネルギ比型 SN 比ではシリーズとして，望大特性，望小特性，ゼロ望目特性の式も提案されています．

望大特性　$\eta_E = \dfrac{S_m - S_e}{n} = m^2 - \sigma^2$ ……(8.3)

望小特性　$\eta_E = \dfrac{n}{S_m + S_e} = \dfrac{n}{S_T}$ ……(8.4)

第 8 章　SN 比について考えてみる

表 8・2　SN 比の計算結果

実験	動特性 SN 比 η [db]	エネルギ比型 SN 比 η_E [db]
No. 1	8.45	11.67
No. 2	8.69	11.92
No. 3	9.10	12.32
No. 4	8.65	11.87
No. 5	9.53	12.75
No. 6	7.98	11.20
No. 7	8.83	12.05
No. 8	7.75	10.97
No. 9	9.71	12.93
No. 10	9.27	12.49
No. 11	9.49	12.71
No. 12	9.02	12.24
No. 13	9.45	12.68
No. 14	8.69	11.92
No. 15	8.44	11.66
No. 16	8.44	11.67
No. 17	8.98	12.20
No. 18	9.10	12.32

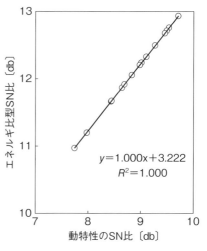

図 8・1　両 SN 比の相関

ゼロ望目特性　$\eta_E = \dfrac{n}{(S_e/n)} = \dfrac{n}{S_e}$　……(8.5)

それではエネルギ比型 SN 比の利点をまとめます．

- 数理が明快，かつ，SN 比の原理思想を忠実に反映しているため，非常に理解しやすい．
- 性質が同じ事象であれば，信号の取り方に関係なく SN 比は等価に評価される．信号水準の値やそれらがとる領域，さらに，信号因子の水準数が異なっていても等価に評価することができる．
- ばらつきが過大になって，$S_\beta - V_e < 0$ になると通常の動特性の SN 比は計算できないが，エネルギ比型 SN 比にはそのような問題は発生しない．
- 解析対象のデータが従来の動特性で解析可能なデータ構造であれば，両 SN 比の相関係数は 1 になる，つまり，完全に互換性がある．

このように，SN 比を活用する対象となる技術活動が，ノイズの効果の研究ではなくシステムの最適化である場合には，エネルギ比型 SN 比は従来の動特

性のSN比に対して劣るところがないだけでなく，大幅に汎用性と利便性が向上しています．逆説的に述べると，動特性のSN比がエネルギ比型SN比に包括されている，とみることもできます．

機能性をエネルギ比型SN比で解析することにより，ノイズ因子の水準ごとに信号の水準数や領域，値が異なっていても，同じ土俵で評価することができるようになります．つまり，時間と空間が異なって採集されたデータでも，エネルギ比型SN比を使えば，機能性の評価が可能になるということです．

8・1・2 回帰寄与率型SN比の紹介

動特性の評価では統計学のゼロ点回帰式を原理とした解析を行います．しかし，3・4・6項で紹介したようにゼロ点回帰分析はいろいろな問題を含んでいます．そのため，実験で得られたデータによっては，解析できないこともあります．多くの場合，その原因は動特性の感度を計算する(5.15)式で $Ve > S_\beta$ となってしまい，$\hat{b}^2 < 0$ になるからです．これは，3・4・6項で解説した $R^2 < 0$ になってしまうことと同源の問題によります．そしてこのことは，ゼロ点回帰直線をあてはめるという行為の本質的な問題点でもあります．

ここで図8・2に示す2つの事象について考えます．システムの基本機能の多くは，ゼロ点回帰式をあてはめることができる自然科学の法則を使っています．しかし，システムの入出力関係によっては，ゼロ点を通らない出力がなされる場合も起こりえます．

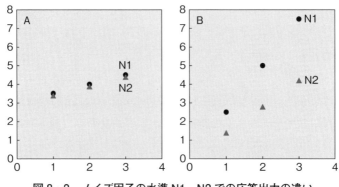

図8・2　ノイズ因子の水準N1，N2での応答出力の違い

第 8 章　SN 比について考えてみる

　図 8・2 の A は入出力関係に y 切片が存在しますが，ノイズ因子の 2 水準間でのゼロ点回帰直線の傾きのばらつきは小さいというシステムです．一方，B は入出力関係がゼロ点を通る入出力関係に支配されているけれども，ノイズの水準間でゼロ点回帰直線の傾きが大きく異なるというシステムです．

　さて，システムとしては A と B，どちらが扱いやすいでしょうか．

　ここで，動特性の SN 比を計算したところ，システム A は 3.1〔db〕，システム B は 3.5〔db〕でした．システムの目的にもよりますが，ノイズ因子の水準間で出力のばらつきが小さい A のシステムがよい，という評価をしたい場合，動特性の SN 比ではこの事例を正しく評価することができません．

　このようなときに役に立つのが，筆者が提案する回帰寄与率型 SN 比です．

　本来，SN 比の原理はばらつきを公正に評価するための指標です．そして，その原理は（有効成分）/（無効成分）です．また，ものごとの入出力関係を直線であらわすとき，もっとも残差の合計が小さくなるようにあてはめた直線はゼロ点回帰式ではなく，y 切片をもつ単回帰式で提示されます．このあてはまりのよさの指標が 3・4・4 項で解説した寄与率：R^2 です．(3.45) 式で示したように，R^2 は出力の偏差平方和：S_y と回帰平方和：S_R の比 $R^2 = S_R/S_y$ です．そして，残差平方和：S_E は両者の差 $S_E = S_y - S_R$ です．ここで，S_R を有効成分，S_E を無効成分とすると，

$$\eta = \frac{S_R}{S_E}$$

で計算される値も SN 比の原理にのっとった指標になります．

　それでは，この式を変形していきます．

$$\eta = \frac{S_R}{S_E} = \frac{S_R}{S_y - S_R}$$

　分子と分母を S_y で割ると

$$\eta = \frac{(S_R/S_y)}{1-(S_R/S_y)} = \frac{R^2}{1-R^2} \quad \cdots\cdots(8.6)$$

という単純な式が得られます．この式で計算した結果を対数変換すれば，動特性の SN 比を補完する SN 比として利用することができます．

　回帰寄与率型 SN 比にはノイズの効果である $S_{\beta \times N}$ を分離する思想はなく，ノイズ因子の水準が違っても，すべてのデータに対して 1 本の単回帰直線をあ

てはめて，その結果である寄与率：R^2 のみに着目します．$S_{\beta \times N}$ を分離しなくても評価してもよい理由は，5・3・5 節で説明したように，パラメータ設計を活用する多くの技術者の仕事はノイズの効果の研究ではなく，システムの最適化だからです．

図 8・2 の事例について回帰寄与率型 SN 比を計算するとシステム A は 18.2〔db〕，システム B は 2.5〔db〕となって，システム A のほうがノイズに対して抗たん性が高いという結果になりました．

回帰寄与率 SN 比は原理とその数式が単純であるため，動特性の数理を知らない人に対しても，比較的簡単に説明できるので説得が容易であり納得を得やすいと思います．また，品質工学に懐疑的な方々にとっても，(8.6) 式を真値とした SN 比をあたまから否定することはできないのではないでしょうか．

さらに，Excel のグラフウィザードを使ってグラフ上に表示させた寄与率の結果から，簡単に計算できるという利点もあります．

それでは，動特性の SN 比と回帰寄与率型 SN 比を比較してみます．

図 8・3 は筆者が実施した実験結果を，動特性の SN 比と回帰寄与率型 SN 比で解析した結果です．この実験は，第 7 章で説明した確認実験の再現性が良好で，その後のシステムの最適化が非常にうまく行えた事例になります．

このときの SN 比の要因効果図において，動特性の SN 比と回帰寄与率型

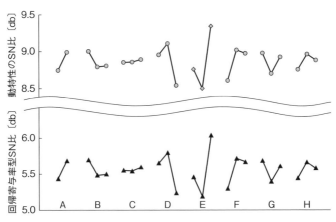

図 8・3　再現性がよいときの動特性の SN 比と回帰寄与率 SN 比の関係

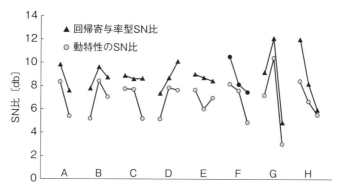

図 8・4 再現性が悪いときの動特性の SN 比と回帰寄与率型 SN 比の関係

SN 比の値はすべての制御因子で値は異なりますが，傾向やそのレンジは同等とみることができます．

一方，**図 8・4** は確認実験での再現性が得られなかった事例について，同様の比較をした結果です．この SN 比の要因効果図では，制御因子 C，D，E，F でならびや屈曲の傾向が異なっています．したがって，最適な水準の組みあわせは動特性の SN 比と回帰寄与率型 SN 比では違う結果となります．

しかし，これが問題か，というとそうではありません．この事例での確認実験は再現性が悪いため，動特性の SN 比でしめされた最適水準を組みあわせても，システムの最適化ができる可能性が低いためです．結果として，このならびや傾向の異なりは，実験計画の不備やなんらかの因子間交互作用によるものであり，2 つの SN 比でどちらがよりシステムの実体をあらわしているのか，という本質的な判定はこの段階ではできません．この後，追加の実験を行うなどして，情報の取捨選択をしていけばよいのです．

この章の最初に述べたように，解析方法やそこから得られる情報にも多様性を得て，そのなかから目的，目標に適したものを選択すればよい，と筆者は考えます．

8・2 SN比の計算工程についての問題点とその解決方法の提案

8・2・1 SN比の計算工程にひそむ問題点とは

筆者は望目特性のSN比の要因効果について，その計算工程で2つの問題を認識しています．これが原因となって，7・1・5項で述べたように確認実験でのSN比の再現性が悪くなることがあると想像しています．それらについて順をおって説明し，1つの問題についての解決方法を示します．もう1つについては，現在のところ，よい解決方法は見つかっていません．

まず，望目特性のSN比は(5.3)式に示していますが，はなしを簡単にするために，その原理となる式

$$\eta = \frac{(母平均)^2}{母分散} = \frac{m^2}{\sigma^2} \quad \cdots\cdots (1.5 \quad 再掲載)$$

で説明を進めます．

制御因子間で完全に加法性が成立しているという条件でこの式をながめると，分子を構成する母平均：m は各制御因子の水準効果と1個の全体平均の和になっているはずです．つまり，m には加法性が成立しています．しかし，これを2乗すると加法性は成立しません．このため，m^2 を真値とする感度は対数変換を行って加法性を得ています．対数変換を行えば分子は加法性が成立します．

一方，分母の分散は制御因子間で加法性が成立している場合，分散の加法性という統計学上の性質により加法性が成立しています．対数変換を行った分子と分母，ともに加法性が成立しています．しかし，その計算結果であるSN比の真値：η に加法性が成立するでしょうか．分数の計算は，分子同士の足し算，分母同士の足し算ではないのです．たとえば，

$$\frac{1}{2} + \frac{1}{3} = \frac{5}{6} \neq \frac{2}{5}$$

ということです．分子，分母にそれぞれ加法性があってもその結果は両者の足し算にはなりません．そのため，直交表実験で実験ごとに計算したSN比の真

値：η には加法性があるとはいえないことになります．

　たとえば，標準的なL18直交表にのっとりノイズ因子を2水準与えて採集した18組（36個）の実験データの場合，解析の初期の段階で感度の真値（：m^2）とSN比の真値（：η）をそれぞれ18個計算します．そして，これら18個の情報から，2+7×3＝23個の制御因子の要因効果を求めます．

　実験ごとに計算した18個の平均：m から，各制御因子の水準ごとに求めた m に関する要因効果には加法性があります．そして，それを2乗した感度でも対数変換をすれば，18個の感度，さらには23個の感度の要因効果にも制御因子間で加法性が成立します．

　しかし，分数の計算結果として提供される18個のSN比には加法性がないので，そこから求めた23個の要因効果には制御因子間の加法性が成立することが保証できません．この問題の原因は，18組の実験データから直接18個のSN比の真値を計算してしまう工程にあります．

　この問題への対策として，SN比の真値の計算工程を見なおしました．コンピュータを使える現在ならば，計算工程を見なおした演算は簡単に実施できます．それでは，L18直交表にのっとって採集したデータを例にして，計算工程の見なおしについて**表8・3**を使って説明します．

　L18直交表にのっとって採集した2水準のノイズを印加して得た18組36個のデータで，実験ごとに18個の対数変換をした感度を計算します．実験No.1では，ノイズ因子の第1水準を印加して採集された実験結果d011と第2水準を印加して採集された実験結果d012の平均を計算し，それを2乗し，さらに常用対数をとって10倍した対数変換後の感度"S1"を求めます．ここまでは，パラメータ設計の作法どおりです．

　つぎにd011とd012の分散を対数変換して"V1"を求める工程を新たに加えます．このようにして18組の対数変換された感度と分散を求めてから，それぞれの要因効果をまとめて感度と分散の要因効果の補助表を作ります．

　たとえば，制御因子Aの第1水準は感度の要因効果を"SA1"，分散の要因効果を"VA1"とします．そして，これらの情報から対数変換した23個のSN比の要因効果を計算します．SN比の真値は感度を分散で割るという計算になりますが，対数変換後の情報ですから

表8・3 SN比 計算工程の追加

	A	B	C	D	E	F	G	H	N1	N2	$10\log m^2$	$10\log\sigma^2$
実験 No. 1	1	1	1	1	1	1	1	1	d011	d012	S1	V1
実験 No. 2	1	1	2	2	2	2	2	2	d021	d022	S2	V2
実験 No. 3	1	1	3	3	3	3	3	3	d031	d032	S3	V3
実験 No. 4	1	2	1	1	2	2	3	3	d041	d042	S4	V4
実験 No. 5	1	2	2	2	3	3	1	1	d051	d052	S5	V5
実験 No. 6	1	2	3	3	1	1	2	2	d061	d062	S6	V6
実験 No. 7	1	3	1	2	1	3	2	3	d071	d072	S7	V7
実験 No. 8	1	3	2	3	2	1	3	1	d081	d082	S8	V8
実験 No. 9	1	3	3	1	3	2	1	2	d091	d092	S9	V9
実験 No.10	2	1	1	3	3	2	2	1	d101	d102	S10	V10
実験 No.11	2	1	2	1	1	3	3	2	d111	d112	S11	V11
実験 No.12	2	1	3	2	2	1	1	3	d121	d122	S12	V12
実験 No.13	2	2	1	2	3	1	3	2	d131	d132	S13	V13
実験 No.14	2	2	2	3	1	2	1	3	d141	d142	S14	V14
実験 No.15	2	2	3	1	2	3	2	1	d151	d152	S15	V15
実験 No.16	2	3	1	3	2	3	1	2	d161	d162	S16	V16
実験 No.17	2	3	2	1	3	1	2	3	d171	d172	S17	V17
実験 No.18	2	3	3	2	1	2	3	1	d181	d182	S18	V18

感度	A	B	C	D	E	F	G	H
第1水準	SA1	SB1	SC1	SD1	SE1	SF1	SG1	SH1
第2水準	SA2	SB2	SC2	SD2	SE2	SF2	SG2	SH2
第3水準		SB3	SC3	SD3	SE3	SF3	SG3	SH3

分散	A	B	C	D	E	F	G	H
第1水準	VA1	VB1	VC1	VD1	VE1	VF1	VG1	VH1
第2水準	VA2	VB2	VC2	VD2	VE2	VF2	VG2	VH2
第3水準		VB3	VC3	VD3	VE3	VF3	VG3	VH3

SN比	A	B	C	D	E	F	G	H
第1水準	SA1-VA1	SB1-VB1	SC1-VC1	SD1-VD1	SE1-VE1	SF1-VF1	SG1-VG1	SH1-VH1
第2水準	SA2-VA2	SB2-VB2	SC2-VC2	SD2-VD2	SE2-VE2	SF2-VF2	SG2-VG2	SH2-VH2
第3水準		SB3-VB3	SC3-VC3	SD3-VD3	SE3-VE3	SF3-VF3	SG3-VG3	SH3-VH3

$$\log\frac{m^2}{\sigma^2} = \log m^2 - \log\sigma^2$$ という関係より

"対数変換後のSN比 = 対数変換後の感度 − 対数変換後の分散"で計算します．そして，それぞれの制御因子の水準ごとに23個の要因効果を求めます．

このような計算工程に見なおすことで，分子間，分母間それぞれが加法性を持った情報となり，その結果，得られるSN比の信頼性が高まるものと考えら

第8章 SN比について考えてみる

れます.ここまでが,SN比の要因効果を計算する工程についての第1の問題とその解決方法になります.

つづいて,第2の問題について説明します.この問題は前述の第1の問題について追及しているときに気づきを得ました.しかし,残念ながらこの問題を解決する方法は現状ありません.ただし,前述した分散の要因効果を求める工程を追加した解析方法を使うと,結果的に多少の改善効果を得られることもあります.

6・1・1項で述べたように,直交表にのっとった実験結果から感度とSN比を計算するとき,結果として得られる感度とSN比に関する,ある制御因子の水準ごとの要因効果は,結果系の全体平均にその水準効果を足した値として提示されています.6・1・1項のくり返しになりますが,水準効果とはその水準を選ぶことにより,結果系がその全体平均から上下どちらかに変化する量です.

つまり,感度やSN比の要因効果として得られた情報は絶対的な値ではなく,それぞれの全体平均を基準とした相対値になっています.

まず,通常のパラメータ設計の作法で求めたSN比の要因効果はもちろんのこと,分散の要因効果を計算する工程を加えて求めたSN比であっても,実験ごとに求めた18個の平均と分散から求めた23個ずつの要因効果は,感度や分散,それぞれの全体平均からの変化量(ΔSとΔV)です.つまり,全体平均を基準とした相対値です.

感度の場合は相対値であっても問題はないのですが,SN比の場合はつぎのような懸念がうかびます.

SN比は平均の2乗と分散の比ですから,分散が同じ値の場合,原理的に平均,あるいは,感度が大きいほどSN比は高くなります.また,そうあってほしいのです.しかし,パラメータ設計における感度の要因効果は感度の絶対値ではなく,全体平均からの変化量です.つまり,感度の絶対的な大きさの違いがSN比に反映されていない,という懸念があるのです.

残念ながら,制御因子の水準ごとに感度の絶対値の要因効果を求めることができない,というのが現実です.

それでは,望目特性のSN比を計算するとき,現状の工程よりも分散の要因効果を求める工程を加えたほうが,確認実験での再現性が向上する場合もあ

る，ということを，つぎの例を使ってしめします．

L18直交表にのっとった2水準（N1，N2）のノイズを印加してシステムを評価します．システムは各制御因子の水準に割りつけた要因効果の総和を出力するものとします．そして，水準に割りつけた要因効果は**表8・4**に示すようにN1とN2で違う値です．これを神のみぞ知るシステムの入出力原理とします．

あらかじめ，この原理からN1とN2の出力結果の平均，分散を計算し，そこから対数変換したSN比を求めて**表8・5**にまとめました．そして，**図8・5**に要因効果を可視化しました．

そして，この原理に基づいて計算した結果を**表8・6**に示します．図8・5よりわかるように，原理による真のSN比の要因効果図は一般的な感度やSN

表8・4　検証のためのシステム原理

N1	A	B	C	D	E	F	G	H
第1水準	11	11	28	11	65	10	25	20
第2水準	41	16	35	31	65	30	40	30
第3水準	—	21	48	56	75	50	55	40

N2	A	B	C	D	E	F	G	H
第1水準	9	9	22	9	55	5	15	15
第2水準	39	14	25	29	55	5	30	15
第3水準	—	19	32	44	65	5	35	15

表8・5　原理の要因効果

平均	A	B	C	D	E	F	G	H	総平均
第1水準	10	10	25	10	60	7.5	20	17.5	30.0
第2水準	40	15	30	30	60	17.5	35	22.5	
第3水準	—	20	40	50	70	27.5	45	27.5	

分散	A	B	C	D	E	F	G	H	総平均
第1水準	2.0	2.0	18.0	2.0	50.0	12.5	50.0	12.5	109.0
第2水準	2.0	2.0	50.0	2.0	50.0	312.5	50.0	112.5	
第3水準	—	2.0	128.0	72.0	50.0	1012.5	200.0	312.5	

SN比〔db〕	A	B	C	D	E	F	G	H	総平均
第1水準	17.0	17.0	15.4	17.0	18.6	6.5	9.0	13.9	14.1
第2水準	29.0	20.5	12.6	26.5	18.6	−0.1	13.9	6.5	
第3水準	—	23.0	11.0	15.4	19.9	−1.3	10.1	3.8	

比の要因効果図とは違って，絶対的な出力の大きさが意味を持つため，SN 比の要因効果の存在する位置が制御因子ごとに異なります．

表 8・6 はシステムの原理にのっとって得られた N1 と N2 の結果です．この結果から計算した望目特性の SN 比と，分散を計算する工程を加えて求めた

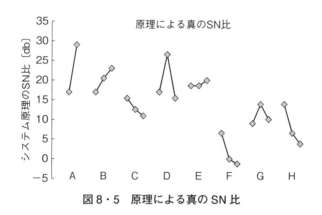

図 8・5　原理による真の SN 比

表 8・6　システムの出力結果

実験 No.	N1	N2
No. 1	181	139
No. 2	253	177
No. 3	346	214
No. 4	256	164
No. 5	263	177
No. 6	276	204
No. 7	286	184
No. 8	273	207
No. 9	251	169
No. 10	301	229
No. 11	298	192
No. 12	271	199
No. 13	286	224
No. 14	308	212
No. 15	291	199
No. 16	316	214
No. 17	273	207
No. 18	311	229

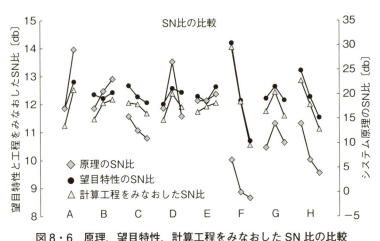

図8・6 原理,望目特性,計算工程をみなおしたSN比の比較

SN比の要因効果図を**図8・6**に示します.なお,これ以降分散を計算する工程を加えて計算したSN比を"計算工程を見なおしたSN比"とよぶことにします.

図8・6よりわかるように,システムの原理,望目特性,計算工程を見なおしたSN比の3つのSN比で,各制御因子とも最適水準は同じです.しかし,最悪の水準は若干の違いがみられます.そのため,確認実験の対抗条件を最悪水準の組みあわせとした場合,利得の再現性に違いがでるはずです.

今回,N1,N2の出力は表8・4に示した各制御因子の要因効果の総和ですから,N1,N2の結果について4374通りすべての結果を正確に計算できます.そのため,望目特性のSN比もすべて計算可能です.今回の望目特性のSN比は,4374通りの実験ごとに $\eta = 10\log(m^2/V_e)$ という原理式で計算しました.

さて,最悪条件は

望目特性のSN比の場合 ⇒ A1, **B2**, C3, D1, **E2**, F3, G3, H3

計算工程を見なおしたSN比の場合 ⇒ A1, **B1**, C3, D1, **E1**, F3, G3, H3

となって,制御因子BとEで異なる水準が最悪の水準になっています.

そして,4374通りのSN比を昇順(悪い順)に並べかえた結果を**表8・7**に示します.その結果,計算工程を見なおしたSN比(9位)のほうが望目特性

表8・7　最悪組みあわせの推定結果と実際

悪い順	A	B	C	D	E	F	G	H	N1	N2	望目特性 SN比〔db〕
1	1	1	3	1	1	3	1	3	261	149	8.3
2	1	1	3	1	2	3	1	3	261	149	8.3
3	1	1	2	1	1	3	1	3	248	142	8.3
4	1	1	2	1	2	3	1	3	248	142	8.3
5	1	1	1	1	1	3	1	3	241	139	8.4
6	1	1	1	1	2	3	1	3	241	139	8.4
7	1	2	3	1	1	3	1	3	266	154	8.5
8	1	2	3	1	2	3	1	3	266	154	8.5
9	1	1	3	1	1	3	3	3	291	169	8.5
10	1	1	3	1	2	3	3	3	291	169	8.5
11	1	2	2	1	2	3	1	3	253	147	8.5
21	1	3	3	1	2	3	1	3	271	159	8.7
22	1	2	3	1	1	3	3	3	296	174	8.7
23	1	2	3	1	2	3	3	3	296	174	8.7
24	1	1	2	1	3	3	3	3	258	152	8.7

のSN比（23位）よりも悪い結果となっています．

　常にこのように計算工程を見なおしたSN比のほうが，良好（この事例でははより悪いSN比）な結果をもたらすとはかぎりませんが，計算工程を見なおしたSN比も情報のひとつとして採用することで，情報の多様性が獲得でき，システムの最適化に役立つことが期待できます．

　参考までに，望目特性と計算工程を見なおしたSN比，それぞれの利得の再現性を**表8・8**に示します．計算工程を見なおしたSN比の再現性は良好な値を示しています．

　ただし，計算工程を見なおして求めたSN比は，分散分析ができない，という欠点があります．たとえば，L18直交表にのっとって実施した実験の場合，18個のSN比が得られ，それを分解して23個の要因効果を求め，18個のSN比の偏差平方和を全体の平方和としているので，分散分析を実施することが可能です．

　しかし，計算工程を見なおして求めたSN比は，18通りの実験ごとでのSN比を計算しないので，全体の偏差平方和を計算できない，というのが理由です．

表 8・8　利得の再現性

	望目特性の SN 比〔db〕	
	推定値	実験結果
最適条件	16.3	18.3
最悪条件	8.8	8.7
利得	7.5	9.6
利得の再現性〔%〕		128.6

	工程をみなおした SN 比〔db〕	
	推定値	実験結果
最適条件	17.3	18.3
最悪条件	7.5	8.5
利得	9.8	9.8
利得の再現性〔%〕		100.6

なお，第 7 章で紹介しました L18 パラメータ設計支援の Excel_VBA『L18 直交表実験_静特性 Ver0.xls』では，計算工程を見なおした SN 比を『SN23』という名称で，SN 比計算の一連の処理を実行できますので，ぜひ，お試しください．

参考文献

- 品質工学講座1　開発・設計段階の品質工学　田口玄一　日本規格協会　1988
- 品質工学講座3　品質評価のためのSN比　田口玄一　日本規格協会　1988
- ベーシックオフライン品質工学　田口玄一　横山巽子　日本規格協会　2007
- 入門　タグチメソッド　立林和夫　日科技連　2004
- 品質を獲得する技術　宮川雅巳　日科技連　2000
- タグチメソッドのはなし　長谷部光雄　日科技連　2014
- ベーシックタグチメソッド　長谷部光雄　日本能率協会マネジメントセンター　2005
- 開発現場で役立つ品質工学の考え方　長谷部光雄　日本規格協会　2010
- はじめてのパラメータ設計　渡部義晴　日科技連　2013
- バーチャル実験で体得する実践・品質工学　越水重臣　鈴木真人　日刊工業新聞　2007
- 試して究める！品質工学 MTシステム解析法入門　鈴木真人　日刊工業新聞　2012
- 超成功法　矢野宏　講談社　2005
- 開発・設計における品質工学の有用性について　鈴木真人　越水重臣　産業技術大学院大学 紀要第3号　2011
- 品質工学のススメ　EDN Japan 2009 7月号
- 品質工学における回帰寄与率SN比の提案　鈴木真人　越水重臣　産業技術大学院大学 紀要第4号　2012

索 引

数字

2 水準系 203
2 乗情報 58
2 乗和の分解 58
2 水準系の直交表 111
2 段階設計 157, 163
21 世紀型の SN 比 188
3σ 理 119, 124
3D プリンター 225
3 水準系 203
4374 通り 45, 226, 229

アルファベット

CHIINV 139
Excel 64
F0 値 106
F0 比 104
FDIST 107
FINV 94
F 検定 92
F 値 106
F 表 94
F 分布 93
ISO9000 9
JIS 規格 9
L12 203
L18 直交表 43, 151, 168, 195, 215
L36 直交表 195
L8 直交表 170, 204, 215
L9 直交表 170
LINEST 関数 90
MD 142

Microsoft 社 64
MT システム 137
MT 法 138, 142
NORMSDIST 64, 129
NORMSINV 130
p 値 107, 210
SN23 236, 254
SN 比 29, 149, 220
system 24
t 検定 93
VBA 68
$y = \beta M$ 171

あ行

空き列 203, 222
アスペクト比 225
あてはまりのよさ 83
異質 93
いたちごっこ 38, 41
一様分布 68
遺伝子 36, 149
遺伝子の核 37
遺伝情報 37
因果関係 61
運動エネルギ 25
エネルギ 24, 150, 219
エネルギ比型 SN 比 236, 238
円周率 62
オームの法則 23

か行

回帰寄与率型 SN 比 236, 243

索 引

回帰係数 ……………………………… 77
回帰式 ………………………………… 77
回帰直線 ……………………………… 29
回帰分析 ……………………………… 75
回帰分析関数 ………………………… 90
回帰平方和 …………………………… 83
カイ2乗検定 ………………………… 93
カイ2乗値 …………………………… 139
カイ2乗分布 ………………………… 138
外乱 ………………………… 4, 27, 40, 219
拡張性 ………………………… 168, 171
確認実験 ……………………………… 2
確率変数 ……………………………… 66
確率密度 ………………………… 62, 140
確率密度関数 ……………………… 122, 147
確率密度曲線 ………………………… 123
確率密度変数 ………………………… 147
可視化 …………………… 61, 220, 229
仮説 …………………………………… 94
カテナリ ……………………………… 20
加法性 …………………………… 59, 196
カミコプター ……………………… 223
神のみぞ知る ……………………… 52, 151
環境による選択と淘汰 …………… 36, 151
環境要因 ……………………………… 219
感度 ………………………… 30, 149, 220
感度-SN比散布図 ………………… 229
完備型 ………………………… 96, 207
完備型実験 ……………………… 100
管理コスト …………………………… 15
管理図 ………………………………… 66
機会損失 ……………………………… 12
機械的エネルギ ……………………… 25
規格限界（値）……………………… 140
規格値 ………………………………… 10
規格幅 ………………………………… 15
規格範囲 ……………………………… 2
技術 …………………………………… 21

基準化 ………………………………… 63
擬似相関 ……………………………… 75
偽相関 ………………………………… 75
期待値 ………………………………… 59
機能 ………………………… 2, 12, 14, 167, 219
機能限界 ……………………………… 15
機能水準 ……………………………… 2, 19
機能性 ………………………………… 11
機能特性 ……………………………… 121
機能性評価 …………………………… 86
機能の限界（値）…………………… 118
機能の目標値 ………………………… 15
機能不全 ……………………………… 6
機能分解 ……………………………… 220
基本機能 ………………………… 35, 219
基本統計量 …………………………… 51
帰無仮説 ……………………………… 95
狭義の非線形問題 ………………… 189
共分散 ………………………………… 75
極小点 ………………………………… 78
寄与率 ………………… 74, 85, 113, 210
偶然誤差 ………………… 93, 100, 151
偶然誤差の変動 …………………… 181
空電雑音 ……………………………… 26
区間損失 ……………………………… 123
グラフウィザード …………………… 90
くり返し回数 ……………………… 175
クレーム ……………………………… 6
計算工程 …………… 153, 160, 185, 246
計算工程を見なおしたSN比 ……… 252
計測工学 ……………………………… 172
計測誤差 ……………………………… 87
結果系 ………………………………… 25
原因系 ………………………………… 25
懸垂線 ………………………………… 20
検定 …………………………………… 93
原理式 ……………………………… 164
公害 …………………………………… 13

257

索引

広義の非線形問題 …………………… 189
交互作用 ………………… 25, 107, 213
公差 …………………………………… 6
公差解析 ……………………………… 6
公差範囲 ……………………………… 6
工場内損失 ………………………… 143
抗たん性 ………………… 28, 40, 213
工程平均 …………………………… 100
個体差 ……………………………… 4, 27
誤差 ………………………… 56, 172
誤差因子の効果 …………………… 179
誤差情報 …………………………… 111
誤差全体の自由度 ………………… 183
誤差全体の分散 …………………… 183
誤差全体の変動 …………………… 182
誤差の全体 ………………………… 209
誤差の範囲 ………………………… 111
誤差分散 …………………………… 112
故障 ………………………………… 3, 12
コピーエラー ……………………… 36
固有技術 ………………… 113, 151, 194
混合型直交表 ………………… 195, 219
コンティンジェンシープラン ……… 46

さ行

再現性 ………………………………… 22
最終検査 ……………………………… 2
最適化 ……………………………… 28
最適解 ……………………………… 46
最適組みあわせ …………………… 220
最適条件 …………………………… 220
最適水準 …………………………… 228
材料力学 …………………………… 126
雑音 ………………………………… 26
サブシステム ……………………… 26
残差 ………………………………… 77
残差平方和 ………………………… 78

算術平均 …………………………… 52
散布図 ………………………… 29, 71
サンプル …………………………… 30
サンプル群 ………………………… 54
サンプル数 ………………………… 67
サンプル平均 ……………………… 67
しきい値 …………………………… 95
指数関数 …………………………… 20
システム ………………… 5, 150, 167, 219
自然対数 …………………………… 62
自然の摂理 ………………… 36, 151
実験計画 ………………… 150, 194, 220
実験計画法 ………………… 42, 149, 219
実損失 ………………………… 12, 134
質的変数 …………………………… 45
修正項 ……………………………… 57
出荷検査 …………………………… 2
出力 ………………………………… 5
出力特性 …………………………… 170
種の起源 …………………………… 36
従属変数 …………………………… 75
自由度 ………………………… 59, 104
主成分分析 ………………………… 173
寿命 ………………………………… 5, 50
使用許諾書 ………………………… 234
純変動 ………………………… 113, 210
情報 ………………………… 24, 150, 219
初期不良 …………………………… 3
進化論 ………………………… 36, 151
信号 ………………………… 24, 172
信号因子 …………………………… 169, 174
信号水準 …………………………… 188
真実を映す鏡 ……………………… 48
真値 ………………………………… 155
真の値 ……………………………… 172
信頼性 ……………………………… 46
水準 ………………………………… 28
水準効果 …………………………… 195

| 水準数 106, 219
| 水準ずらし 219, 227
| 推定精度 160, 202
| 推定値 77
| 正規化 31
| 正規分布 10
| 制御因子 28, 219
| 製造コスト 15, 19
| 生存戦略 38
| 静特性 31
| 静特性評価 167
| 正の相関 71
| 製品寿命 5
| 製品品質 7
| セキュリティレベル 236
| 積和 73
| 設計マージン 6
| 説明変数 75
| ゼロ点回帰 88
| ゼロ点回帰係数 182
| ゼロ点回帰式 86, 171
| ゼロ点回帰直線 175
| ゼロ点回帰の有効成分 179
| ゼロ点回帰分析 81
| ゼロ望目特性 164
| ゼロ望目特性の SN 比 165
| 線形式 86, 175
| 線形性 23, 167
| 線形問題 189
| 全事象 125
| 全体誤差 211
| 全体平均 100
| 選択 36
| 総当たり 96, 207, 229
| 総当たり実験 45
| 相関 71
| 相関係数 44
| 総損失 132

| 総変動 175
| 総和平均 52
| 狙撃兵 40, 153
| ソルバー機能 145
| 損失 9, 10, 14, 134, 150
| 損失関数 15, 18, 118, 34
| 損失金額 15, 19
| 損失コスト 15, 19

た行

| 第 1 主成分軸 173
| 第 1 種の過誤 95
| 第 2 種の過誤 95
| ダーウィンの進化論 36, 149
| 対抗組みあわせ 220
| 対抗条件 220
| 大数の (弱) 法則 54
| 対数変換 155
| 耐用年数 134
| ダウンロード 68, 122, 234
| 多水準 96
| 多水準割付 219
| 多変量解析 138
| ダミー水準 236
| ダミー水準法 222
| ダミー水準割付 219
| 多様性 37
| 多様性の獲得 36, 151
| 単位空間 138
| 単回帰式 77
| 単回帰分析 77
| 断面 2 次モーメント 126
| チャンピオン 36
| チューニング 42, 149, 163
| チューニング因子 228, 228
| 中心極限定理 59, 66
| 調合ノイズ 49, 219

索引

調合ノイズ因子 ……………………………… 171
調合ノイズのレシピ ……………………… 49, 221
調合レシピ …………………………………… 171
直交 …………………………………………… 44
直交表 ……………………… 39, 150, 195, 219
通信システム ………………………………… 26
データ構造 …………………………… 96, 185
データ数 ……………………………………… 52
データ平均の変動 …………………………… 57
テイラー展開 ………………………………… 135
適合度検定 …………………………………… 69
適合品 ………………………………………… 120
梃桿（てこ）関係 ……………………… 164, 239
デシベル ……………………………………… 155
テストピース ………………………………… 219
手直し ………………………………………… 119
転写 …………………………………………… 21
転写性 ………………………………………… 21
転写性のSN比（評価）……………………… 189
伝達特性 ……………………………………… 26
統計解析 ………………………………… 52, 65
統計学 ……………………… 30, 51, 150, 152
統計関数 ……………………………………… 90
統計的ゼロ仮説 ……………………………… 95
同質 …………………………………………… 92
淘汰 …………………………………………… 36
動特性 …………………………………… 34, 168
動特性解析 …………………………………… 88
動特性のSN比 ……………………………… 34
動特性評価 ……………………………… 86, 173
特性値 ………………………………………… 15
特性要因図 …………………………………… 220
特徴量 ………………………………………… 52
独立変数 ……………………………………… 75
度数 …………………………………………… 61
度数分布 ……………………………………… 61
度数分布表 …………………………………… 61
突然変異 ……………………………………… 36

取扱説明書 …………………………………… 236

な行

内積 …………………………………………… 44
内乱 ………………………………… 4, 27, 40, 219
日刊工業新聞社 ……………………………… 68
入出力 ………………………………………… 5
入出力関係 ………………………… 5, 167, 172, 219
入出力特性 …………………………………… 164
入力 …………………………………………… 5, 172
入力の効果 …………………………………… 159
入力量 ………………………………………… 167
ねらい値 ……………………………………… 6
ノイズ ………………………………… 4, 150, 167
ノイズ因子 ……………………… 49, 175, 219
ノイズ環境 …………………………………… 158
ノイズ効果 …………………………………… 222
ノイズセット ………………………………… 170
ノイズの調合 …………………………… 49, 170

は行

廃棄 …………………………………………… 119
バスタブ分布 ………………………………… 68
バネ定数 ……………………………………… 34
ばらつき ………………………………… 6, 167
パラメータ設計 ……………………… 36, 149, 218
パレート解 …………………………………… 229
範囲 …………………………………………… 54
汎用性 …………………………………… 168, 171
ヒストグラム ………………………………… 61
非線形挙動 …………………………………… 190
非線形現象 …………………………………… 190
非線形問題 …………………………………… 188
必要成分 ……………………………………… 30
表計算ソフトウェア ………………………… 64
標準SN比 ……………………………… 188, 238

標準化	63
標準状態	171
標準正規分布	62, 140
標準正規分布表	60
標準偏差	30, 65
標本平均	66
表側	104
表頭	104
疲労	3
品質	9, 14, 150
品質管理	2, 124
品質管理七つ道具	66, 220
品質検査	120
品質工学	3, 13, 218
品質水準	11
品質損失	143
品質特性	14
品質問題	14
プーリング	111, 210
プーリング処理	112
ファイルサイズ	236
フォルム	190
不具合	6
付帯構造	37
フックの法則	23
物質	24, 150, 219
不適合品	119
不適合品率	120
負の指標	10, 151
負の相関	71
負の特性	10
不偏推定値	71
不偏分散	59
不満	11, 12, 134
不要成分	30
ブランド	13, 19, 132
不良品	143
プロジェクトマネージメント	46

プロット	29
プロットシンボル	230
分散	17, 65, 67
分散の加法性	60, 246
分散比	104
分散分析	44, 207, 253
分散分析表	104
分配法則	53
分布	8
弊害	5
平均	30, 52, 65
平方和の加法性	83
変換機	5, 167, 219
変換機能	150
変換効率	6, 33, 167, 173
偏差	55
偏差平方和	56, 67
ベンチマークテスト	191, 213
変動係数	159
ベル	155
望小特性	154
望小特性のSN比	154
望大特性	163
望大特性のSN比	163
望目特性	34, 153
望目特性のSN比	31, 158
母集団	31, 65
補正項	57
母分散	31
母平均	31

ま行

マージン	2
マクロ	236
マクロ機能	236
マハラノビス距離	138, 142
まるめ	56

丸め誤差	56, 113
無限母集団	51
無効成分	174
無効な成分	30
無作為抽出	52
目的機能	34, 35
目標値	15
目的変数	75
もぐらたたき	38, 41

や行

有意水準	95
有限母集団	51
有効除数	86, 175
有効成分	174
有効な成分	30
要因効果	195, 196, 229
要因効果図	158, 198, 220
要因効果の補助表	198, 247, 220
翼面積	225

予備実験	170

ら行

ライフテスト	2, 50
乱数	68
ランダムサンプリング	52
利得	220
利得の再現性	220
利便性	242
量的変数	45
良品	142
レシピ	50, 219
劣化	2, 3, 27
レンジ	54

わ行

割付	44
割りつける	44

著者紹介

鈴木　真人（すずき　まさと）

1958年　静岡県生まれ。
1982年　芝浦工業大学工学部　機械工学科卒業。
同年　アマノ株式会社に入社。
同社にて，タイムレコーダ，駐車場管理機器，集塵機，業務用清掃機，洗剤リサイクル，電解水生成装置，信号処理，時刻配信，デジタルタイムスタンプ，電子署名の技術開発，商品開発に従事。
現在同社にて，実験計画立案，データ解析，および，品質工学の指導・支援を担当。品質管理検定1級，統計士，データ解析士，生涯学習2級インストラクター（統計）

論文・著作

・論文
「自動搬送車のための音源探知技術の最適化」2010
「自動搬送車のための音響誘導技術の最適化」2011　以上　品質工学会
「開発・設計における品質工学の有用性について」産業技術大学院大学 紀要 第3号
「品質工学における回帰寄与率SN比の提案」産業技術大学院大学 紀要 第4号

・著作
「バーチャル実験で体得する実践・品質工学」日刊工業新聞社　2007
「品質工学のススメ」EDN Japan　2009　7月号
「試して究める！品質工学　MTシステム解析法 入門」日刊工業新聞社　2012
「めざせ！最適設計　実践・公差解析」日刊工業新聞社　2013（共著）

今度こそ納得！
難しくない品質工学　　　　　　　NDC509.6

2016年7月25日　初版1刷発行

定価はカバーに
表示してあります

Ⓒ著　者　　鈴木　真人
　発行者　　井水　治博
　発行所　　日刊工業新聞社
　　　　　　〒103-8548
　　　　　　東京都中央区日本橋小網町 14-1
　電　話　　書籍編集部　03（5644）7490
　　　　　　販売・管理部　03（5644）7410
　F A X　　03（5644）7400
　振替口座　00190-2-186076
　U R L　　http://pub.nikkan.co.jp/
　e-mail　　info@media.nikkan.co.jp
　印刷・製本　美研プリンティング㈱

落丁・乱丁本はお取り替えいたします。　2016 Printed in Japan
ISBN978-4-526-07584-1

本書の無断複写は，著作権法上での例外を除き，禁じられています。